rororo

Katharina Adler wurde 1980 in München geboren. Mit ihrem viel beachteten Debütroman *Ida* (2018) war sie unter anderem für den Alfred-Döblin-Preis, den Klaus-Michael Kühne-Preis und den ZDF-aspekte-Literaturpreis nominiert. 2019 wurde sie mit dem Bayerischen Kunstförderpreis, 2020 mit dem Premio Letterario Adei-Wizo ausgezeichnet. Katharina Adler schreibt auch Drehbücher. *Iglhaut* ist ihr zweiter Roman.

«*Iglhaut* erzählt auf zauberhafte Weise von einem Frauenleben, das sich gegen die Verhältnisse richtet.» (Xaver von Cranach, *Der Spiegel*)

«Katharina Adler hüllt ihre stachelige Figur in eine so verblüffend einleuchtende Sprache, in einen Sound aus behütender Zärtlichkeit und milder Ironie, dass die Zumutungen des Alltags sich immer wieder verwandeln. Der Tonfall ist alles in *Iglhaut*. Er kommt unspektakulär und leicht daher, dass er sowohl zum Amüsement als auch zur Transzendenz taugt.» (Christoph Schröder, *Zeit Online*)

«Ein herrlicher Roman, der bodenständig bleibt und zugleich beschwingt daherkommt.» (Katharina Borchardt, *SWR2 lesenswert*)

KATHARINA ADLER

IGLHAUT

Roman

ROWOHLT TASCHENBUCH VERLAG

Die Autorin dankt dem Internationalen Künstlerhaus
Villa Concordia und dem Bayerischen Staatsministerium
für Wissenschaft und Kunst für die Förderung
ihrer Arbeit an diesem Buch.

Veröffentlicht im Rowohlt Taschenbuch Verlag,
Hamburg, Januar 2024

Covergestaltung Hafen Werbeagentur, Hamburg
Coverabbildung Thomas Dashuber
Satz aus der DTL Dorian ST
bei Pinkuin Satz und Datentechnik, Berlin
Druck und Bindung CPI books GmbH, Leck
ISBN 978-3-499-00695-1

IM WINTER

GLÜCK

Die Iglhaut kam aus dem Untergrund. Die Rolltreppe trug sie hinauf. Die Nacht, wie blank poliert. Niemand nahm das zur Kenntnis, nicht einmal die Iglhaut selbst. Sie war müde vom Flug, von der Ferne. Die Narbe an ihrer Seite juckte.

Am Eck ein Paar, unschlüssig, ob ihr Treffen hier zum Ende kam. Solche Abschiede konnten sich hinziehen, da wollte sie nicht weiter stören und ging näher am Klohäusel vorbei. Vor dem Eingang: zerknüllte Plastikhandschuhe, achtlos weggeworfen. War die Polizei wieder einer armen Seele auf die Pelle –?, dachte die Iglhaut. Es war gerade so ein halber Gedanke. Die andere Hälfte: dass Herakles' Imbiss sicher schon geschlossen hatte. Aber was sollte sie dem jetzt auch erzählen? Von einem Pauschalurlaub kam eine Iglhaut eigentlich nicht.

Diese Reise hätte sie nie selbst geplant. Sie war ihr widerfahren. Schuld hatte der Uli aus dem zweiten Stock, rechts. Nein, Valeria aus dem zweiten, links. Begonnen hatte es mit Gejammer: «Bei Kreuzworträtseln gewinnt man nicht den Hauptpreis. Das gibt es einfach nicht!» So letzten Monat der Uli bei einer Selbstgedrehten im Hof. «Ägypten. All-inclusive.» Uli, der aus seiner Windjacke den Brief mit der Gewinnbestätigung zog. «Eine Zumutung eigentlich. Was muss man denn gleich so ein Glück –?» Er sprach es aus, als sei das Wort von einem nässenden Ausschlag befallen. Der dritte Preis wäre es gewesen. Den dritten wollte er haben. Einen *Allesmixer.* Das sagte er zärtlich und mit Sehnsucht.

Die Iglhaut, die nicht mehr rauchte, den Geruch einer brennenden Zigarette aber immer noch schätzte, ließ sich von Uli die Vorzüge des Küchengeräts aufzählen. Er schwärmte von den Standard-Funktionen: Rühren! Häckseln! Kneten! Welche Gerichte mit so einem Gerät möglich wären. Er ließ Soufflés aufgehen, buk eigenes Brot und streute gehackte Kräuter wie Flitter auf Rezepte, die er hoffnungsfroh studiert hatte.

«Was siehst du mich so an?», unterbrach er sich dann.

«Ich?» Die Iglhaut hatte ein Treibholz aus der Garage zur Hand genommen und schnitzte es mit einem Messer zurecht. Sie fuhr mit dem Daumen über eine Wellenmaserung, sagte dann: «Ich schau nicht.»

«Und ob du.»

«Wirklich nicht.»

«Jetzt schaust du schon wieder so!»

«Bild dir nichts ein!» Ein Holzsplitter war ihr von der Schnitzklinge gesprungen. Die Iglhaut sah auf. «Aber wenn du schon fragst. Kochen wird dir der Mixer nicht beibringen.»

Ulis linkes Augenlid begann zu flattern, er faltete die Gewinnbestätigung, schob sie zurück in seine Windjacke. «Fürs Protokoll», sagte er. «Ich habe dieses Kreuzworträtsel in Minuten gelöst. In Rekordzeit, würde ich sogar behaupten.» Seine Zigarette ging empört zu Boden.

Die Iglhaut sah ihr nach. Da ging er dahin, der gute Geruch. Zurück blieb der leichte Muff vom Uli.

«Nichts wird mehr bei so einem Kreuzworträtsel erwartet.» Er schüttelte gleich eine weitere Selbstgedrehte aus dem zerknitterten Kuvert. «Keinerlei höheres Wissen. Die Allgemeinbildung», sagte er, «ist ein siecher Kassenpatient, ohne jede Hoffnung auf einen Termin beim Spezialisten.» Uli zündete die Zigarette nicht an, leider. «Aber das nur am Rande.»

«Natürlich nur am Rande. Wie immer.» Valeria war aus der Haustür getreten, ihr Telefon erleuchtet. Sie drückte die Iglhaut zur Begrüßung, Augen bei der eingehenden Nachricht.

Die Iglhaut nahm ein neues Stück Holz. «Stell dir vor, Valeria, Uli will mir gerade erzählen, wenn er ein Küchengerät gewonnen hätte, wäre er jetzt schon auf dem Weg zum Sternekoch.»

Uli wurde rot. «So doch nicht. Hab ich doch überhaupt nicht. Dass du immer gleich … Das Übertreiben steht dir nicht.»

«Natürlich steht ihr das!» Valeria tippte eine Antwort an ein mögliches Date. «Übertreibung», Valeria suchte ein Emoji in ihrer App, «Übertreibung», setzte sie noch einmal an, «ist das Rouge auf den Wangen des Alltags.»

Die Iglhaut schob beeindruckt die Unterlippe vor, aber Valeria war schon wieder ins Telefon abgetaucht.

Ulis Miene: Pein.

«Bist du gar nicht auf die Idee gekommen, dass du auch den ersten machen könntest?», fragte die Iglhaut, um ihn abzulenken.

Uli seufzte. «Sachpreise verstehe ich. Sind direkt Werbung fürs Produkt, wenn man die abbildet. Aber eine Reise?»

Auf das Stichwort hin tauchte Valeria aus ihrem Telefon auf. «Du hast eine Reise gewonnen? Wie phantastisch! Ich habe noch nie, ich wollte schon immer!»

Ulis Augenlid senkte sich müde. «Das Glück trifft stets die Falschen.»

Nach zwei Wochen Hurghada wollte die Iglhaut ihm zustimmen. Leicht waren die Ferientage nicht für sie gewesen, alleinstehend unter Familien, Mittvierzigerin unter Pensionisten, Schattenfreundin unter Sonnenbränden, eine, die ein Buch las zwischen lauter Telefonen. Und wem hatte sie das zu verdanken?

So ein Gewinn sei doch immer für zwei, hatte Valeria – mit halbem Blick aufs Telefon – angemerkt. Sie selbst könne ja nicht, wegen Thea. Aber die Iglhaut, die sei schon so lange nicht mehr weg gewesen, und wenn Uli sich mit seinem Glück derart schwertat, warum sich nicht zusammentun?

Die Iglhaut hatte erst noch gestaunt, als Uli, bedächtig nickend, den Brief wieder aus seiner Windjacke zog, dazu einen stumpfen Bleistift, und doch tatsächlich fragte: «Soll ich bei der Rückantwort besser Lebensgefährtin sagen oder doch Lebensabschnittspartnerin?»

«Da kannst du improvisieren», bestimmte Valeria über Iglhauts Kopf hinweg. «Aber, ganz wichtig: Du bittest um getrennte Hotelzimmer!»

«Ge-trennt», notierte Uli.

«Genau, weil deine Liebste schlimm schnarcht», diktierte Valeria.

Die Iglhaut staunte nicht mehr. Sie begann, innerlich zu fluchen.

«Wisst ihr, was noch viel schöner klingt?» Der Uli hob die Bleistifthand mit einem doppeldeutigen Lächeln. «Nicht Lebensgefährtin, Verlobte! Zweien, die sich versprochen sind, werden vor der Hochzeit Einzelzimmer bestimmt nicht versagt.»

«Wunderbar», lobte Valeria. «Da denkt einer mit.»

«So ersparen wir uns auch die Peinlichkeit mit dem Schnarchen», fügte Uli hinzu und zog ab, mitsamt ungerauchter Zigarette.

Als er im Haus verschwunden war, richtete die Iglhaut ihr Schnitzmesser auf Valeria. Auf keinen Fall werde sie Ulis «Glück» mit ihm teilen, nirgendwohin wolle sie verreisen mit dem!

Valeria schreckte das Messer nicht. «Beruhige dich. Ich hab dir Ferien umsonst besorgt.»

Aber der Ärger ging der Schreinerin so schnell nicht aus dem Messer. Von umsonst könne keine Rede sein! Vierzehn Tage mit Uli seien ein hoher Preis.

Valeria legte ihren Zeigefinger auf die Klinge, lenkte die Spitze von sich weg. «Iglhaut. Wann hat der Uli das letzte Mal die Stadt verlassen?»

Anfang der Zweitausender, hatten sie dann überschlagen. Seitdem nicht mehr. Schon wenn er in ein anderes Viertel musste, klagte er, als rechne er mindestens mit Jetlag. Und darauf fußte Valerias Idee: «Wir bestärken den Uli in dem Gedanken, dass er hier über sich hinauswachsen kann. Damit tut man ihm etwas Gutes.»

«Aber er wird es nicht schaffen», wandte die Iglhaut ein.

Valeria hob die Arme. «Ja eben: Vierzehn Tage, die dich nichts kosten, und nur für dich allein!»

Auch wenn das einleuchtend klang, die Idee hatte ihr nicht geschmeckt. Erst recht nicht, als der Uli, jetzt doch glücklich, bei ihr vor der Tür gestanden hatte, um ihr mitzuteilen, die Reise der «Verlobten» sei gemäß den Forderungen der «Hochzeitsplanerin» bei der Gewinnstelle organisiert.

Er hatte sich sogar ein paar neue Sandalen gekauft, wo eine Nagelschere die wichtigere Anschaffung gewesen wäre. Überlegte, ob er zur Vorbereitung ins Solarium solle, da die ägyptische Sonne völlig neue Anforderungen stelle an seinen «nordischen Teint».

Nordisch. Die Iglhaut schüttelte den Kopf, Uli war Hauttyp «Stubenhocker». Auch deshalb bereitete ihr seine überraschende Geschäftigkeit Sorgen.

Im Vorderhaus wurde schon geredet. Frau Ivanović (3. Stock, links) passte sie im Hof ab: Eine Hochzeitsreise, bevor man überhaupt vor den Altar getreten ist ... Wäre sie nie draufgekommen. Aber gut.

Tildi Rolff (3. Stock, rechts): «Immer wieder erstaunlich, dass der aufgeklärte Bürger so gern dort seinen Urlaub verbringt, wo die Grundrechte wenig gelten.»

Jasmina aus der betreuten Wohngemeinschaft (1. Stock, rechts): «Mit dem Reizberg? Haben Sie Torschlusspanik, Frau Iglhaut? Ich meine, da würde ich meine Schnecke lieber vertrocknen lassen, bevor der mich bewässert.»

Die Iglhaut knurrte Jasmina fort. An sich war sie Derbheiten nicht abgeneigt, aber *Schnecke bewässern lassen*. Das war ihr doch ein bisschen zu viel.

Frau Ivanović, noch mal: «Dass Sie beide heiraten, joj! Hat man im Haus gar nicht bemerkt, die heimliche Liebe. Sie ziehen jetzt sicher zusammen. Wissen Sie, mein Neffe sucht wirklich dringend. Also, Sie geben gleich Bescheid, wenn Ihre Wohnung frei wird, ja?»

Selbst die Garage im Hof, wo die Iglhaut ihre Werkstatt eingerichtet hatte, selbst diese Garage schien eine Meinung zu ihrer Reise zu haben. Ständig fiel etwas herunter in den letzten Tagen, das Winkelmesser, die Säge, nichts war an seinem Platz. Aber was genau das bedeuten sollte? Die Garage hielt sich bedeckt.

Wenn sie so überlegte: Auch die Schriftstellerin aus dem

Dachgeschoss machte sich rar. Das war an sich nicht ungewöhnlich. Genauso wie von der Zenkerin (2. Stock, Gartenhaus) kein müdes Wort kam. Das konnte so viele Gründe haben wie das Jahr Tage. Oder nur einen: den Zenker. Und das Paar im Erdgeschoss war zu beschäftigt, um sich für das Glück anderer Leute zu interessieren – die waren ihr von allen Nachbarn die liebsten.

Die Zweige des Kirschbaums tippten wie zufällig ans Werkstattdach. Die Iglhaut beugte sich über den Zargentisch (Auftrag 12). Die alte Lackschicht musste von der Platte herunter. Eine erste weiße Strähne fiel ihr ins Gesicht. Sie klemmte sie unter das Haarband, das sie beim Arbeiten trug. *Urlaub*. Ein Laut wie aus einer unbekannten Sprache. Urlaub, dachte sie, brachte nur Erholung, wenn man ungestört war. Für einen Schwatz von ein paar Zigarettenlängen war der Uli schon in Ordnung. Innerhalb des Hinterhofs. Darüber hinaus wurde es schon schwierig.

Der Lack ließ sich nur schwer vom Tisch schmirgeln. Die Iglhaut setzte die Schleifmaschine noch einmal mit mehr Druck an. Allein schon Ulis lose Zunge! Wirklich überall hatte er von ihrer «gemeinsamen Reise» erzählt. Bestimmt «nur am Rande». Aber wie konnte irgendjemand glauben, dass sie mit dem …?

Die Iglhaut und die Liebe, das waren einige gekrachte Hölzer, ein paar Spreißel, in jedem Fall alles aus einem anderen Holz als dieses Zweiglein von Uli. *Torschlusspanik*. Keine Ahnung hatte diese Jasmina! Und die Frau Ivanović mit ihren Vorstellungen. Auf ihre Wohnung im Gartenhaus hoffte der Neffe vergeblich. Ein Schmuckstück mit Veranda nach Süden! Die würde sie erst auf der Bahre verlassen. Wenn hier jemand zu jemandem zöge, dann dieser Jemand zu ihr. Allein die Idee:

zum Uli, der in der Küche nur eine Heizplatte hatte und dessen Backofen zum Bücherregal umfunktioniert worden war? Ein Horter war er, der Postkarten seit dem Ersten Weltkrieg sammelte und ein Faible hatte für Atlanten, in denen Grenzen eingezeichnet waren, die heute längst nicht mehr existierten. Auch für jemanden wie Uli gab es bestimmt die Richtige irgendwo, aber eine Iglhaut war es nicht.

Sie zog die Schleifmaschine energisch über die Tischbeine. Außerdem konnte sie immer noch abspringen, sagte sie sich, müsste es, wenn der Uli doch Ernst machte. Sie hatte niemandem etwas versprochen und keinerlei Verpflichtungen. Allenfalls gegenüber der Kanzlerin.

PILOT

Montag. Der Tisch neu verleimt, vom frischen Lack noch feucht in der Garage. Ein nächster Auftrag war nicht in Sicht. Montag, und Uli immer noch frohgemut, am Donnerstag die Reise mit ihr anzutreten. Die Iglhaut dagegen am Zweifeln: Den Hauptpreis gewinnen bei einem Kreuzworträtsel. War das nicht mehr als unwahrscheinlich? War es womöglich einer dieser Gewinne, die sich im Kleingedruckten als Schwindel herausstellten? Würde ihm ähnlich sehen, auf so was reinzufallen, dachte die Iglhaut. Begann zu hoffen.

Dienstag. Eine E-Mail von Uli mit einem fröhlichen Gruß auf Arabisch, den Lila Tawfeek (1. Stock, links) für ihn übersetzt hatte (und dann wieder für die Iglhaut rückübersetzte). Im Anhang, bitte sehr, das Flugticket und der Infobrief eines Touristikunternehmens, wann und wo sie nach der Landung abgeholt werden würden.

Die Iglhaut rührte sich einen Old Fashioned. Sie hatte sich die Datei genau angesehen. Das Flugticket war nicht gefälscht, ihre Daten stimmten. Sie hatte sich sogar bei der Flughafen-Hotline erkundigt, ob es die Chartermaschine am Donnerstag wirklich gab. Alles in bester Ordnung. Leider. Musste sie sich jetzt einen Koffer ausleihen und den Hund unterbringen?

Valeria bitten die Blumen zu gießen und ihr einschärfen, die Spirituosen nicht anzurühren?

Mit den nächsten Schlucken die Einsicht: Sie hatte die ganze Angelegenheit nicht ernst genug genommen. Das Glas leerte sich, ihre Nüchternheit schwand. Dafür schwipste eine neue Hoffnung hoch, der Nachbar habe plötzlich neuen Mut und werde seinen Preis allein einlösen. War es nicht *sein* Kreuzworträtsel? Er, nur er, hatte den Gewinn verdient! «Auf geht's, Uli! Flieg du und lass mich zu Hause! So lernst du doch viel eher jemand Passendes für dich kennen», rief die Iglhaut der Brunnenkresse auf ihrer Fensterbank zu.

Den ganzen Mittwoch Kater. Aber dann abends kam die Wende. Valerias Plan ging auf. Es klingelte. Der Uli untröstlich, seinen Körper verwünschend, der urplötzlich Schwäche zeigte. Er röchelte, Halskratzen. Sehr wahrscheinlich auch erhöhte Temperatur. In der Hand hielt er ein Buch, das er extra für die Exkursion besorgt hatte. Sie müsse es auf jeden Fall an seiner Stelle lesen.

Donnerstag, kurz vor Morgengrauen, die Iglhaut im Bett mit eigenen Bedenken: Wann war sie selber das letzte Mal raus? Nicht einmal in die Hauptstadt hatte sie es bisher geschafft. Der letzte Flug? Vor etlichen Jahren. Bevor irgendjemand davon gesprochen hatte, hatte sie das Klima schon geschont.

«Jaja», sagte sie laut ins Dunkel. «Die Iglhaut macht sich was vor.»

Die Maschine ging mittags. Ihren Schlüssel legte sie Valeria unter die Fußmatte, der Vater hatte ihr einen Koffer geliehen, den Hund abgeholt und eine Kürbissuppe gebracht. Vernünftig, dass die Tochter endlich einmal eine Verschnaufpause mache. «Wirst ja auch nicht jünger», hatte er gesagt und zugleich seinen kleinen Ärger nicht verborgen, dass bei ihr immer alles so ungeplant war.

Die Iglhaut ging mit einem mulmigen Gefühl vom Hof. Tildi Rolff stand wie bestellt im Fenster zum Abschied. «Freundschaft!», rief sie und ballte die Faust.

Am Gate war es noch ruhig, die Chartermaschine dann aber Bierzelt: laut und eng. Eine Euphorie, wie sie nur möglich ist, wenn das Individuum in der Gruppe aufgeht. Die Iglhaut saß in der Reihe beim Flügel. Der Sitz neben ihr, der ihres «Verlobten», war der einzig freie in der Maschine. Irgendjemand hinter ihr blies Sommerhits über sein Telefon in die Kabine. Der Iglhaut war nicht ganz wohl. Die Musik aus den Telefonlautsprechern ging trotzdem ins Bein, in ihrer Ferse wippte eine Party, zu der sie gar nicht eingeladen sein wollte.

Die Flugbegleiterin versuchte, auf die Sicherheitshinweise aufmerksam zu machen. Es wurde weitergeratscht, in Magazinen geblättert, Küsse flogen gegen Handybildschirme. Wie konnten alle hier nur so unbesorgt sein, fragte sich die Iglhaut. Gleich würden sie beim Start ihr Leben dem Hochrisiko überlassen!

Sie stellte sich vor, wie ihr Vater zu Hause saß und sie souverän und furchtlos auf seinem Telefon überwachte: Flugzeugtyp, Startzeit, Route. Hegte erneut den Nachtgedanken, dass sie dem Uli ähnlicher war, als sie es vor sich zugeben wollte. Sie roch an ihren Achseln: so frisch geduscht wie beim Uli nie. In diese Beobachtung hinein die Ansage des Flugkapitäns. Das Übliche: Willkommen, kurz vor Starterlaubnis, einen angenehmen Aufenthalt an Bord.

Aber seine Stimme! Die gehörte nicht in ein Cockpit,

dachte die Iglhaut, die gehörte auf den leeren Platz neben ihr! Nicht der ganze Mensch in Uniform, nur sein weiches Timbre und das, was die Iglhaut rund um den Klang imaginierte.

Sie wollte, dass diese Stimme ihr über den Arm streichelte! Dass diese Stimme ihr sagte, sie werde sie von hier an begleiten. Durch ihren tollsten Urlaub seit Langem!

Als sie nach dem Start die Reisehöhe erreicht hatten, gähnte die Iglhaut, allmählich konnte sie die anderen Passagiere vergessen. Sie streckte die Beine aus.

Auf halber Strecke dann wieder eine Durchsage des Kapitäns. Die Iglhaut öffnete die Augen, schaute aus dem Fenster in die Weite über den Wolken. So ein Hauptgewinn führte zu ungeahnt erhabenen Erfahrungen. Jetzt wollte sie die Stimme über sich zu Flügeln formen auf ihrem Rücken und für immer hier oben sein. Weshalb hatte sie so viel Zeit vergehen lassen seit ihrem letzten Flug?

Auf der Rückreise bekam sie die Antwort. Vor dem Abflug: keine Telefonmusik, Gespräche beschränkten sich auf das Nötigste. Ein Mann, dessen kahle Kopfhaut sich schälte, hämmerte ein übergroßes Gepäckstück in die Kofferablage. Aus der Belüftung kam Eis. Gänsehaut auf Beinen und Armen, die sich der langärmeligen Rückkunft noch nicht stellen wollten. Es klapperte, klopfte, rauschte und heulte funktional auf und konnte doch die Melancholie in den Reihen nicht überdecken. In ein paar Stunden wäre der Urlaub für alle Insassen nur noch ein Album in der Fotogalerie.

Ungeschminkter Alltag wartete auch auf die Iglhaut. Und ein ernüchternder Blick auf ihren Kontostand. Die Reise war umsonst gewesen und hatte eben doch ihren Preis. Die Old Fashioneds am Pool, wo es den ganzen Tag gratis nur Softdrinks gab, das Trinkgeld fürs Hotelpersonal (die Iglhaut hatte lange genug gekellnert, um beim Service nicht knauserig zu sein). Mit dem Ausflug ins Tal der Könige hatte sie ihr Budget dann ganz klar überzogen. Aber nach fünf Tagen hatte sie rausgemusst aus ihrem Gefängnis mit Infinitypool. Zu Hause, selbst in den einsamsten Stunden, hatte sie ihre Garage, das Holz und die Kanzlerin. In diesem Hotel blieb nur die Hoffnung, dass ihr beim Schnorcheln nicht irgendwer einen Hexenschuss ins Kreuz strampelte.

Die Iglhaut brachte ihre Rückenlehne in eine aufrechte Position und stöhnte leise. Auch der Flirt mit dem älteren Herrn am vorletzten Abend hatte sie nur vermeintlich nichts gekostet. Ihn den besseren Whiskey und sie in Charme gekleidete Lügen. Es dauerte nicht lange, da bot er an, «die paar Jahre», die sie beide trennten, auf seinem Hotelzimmer vollends vergessen zu machen. Mit einem Kuss und einem strategisch lustvollen Griff hatte die Iglhaut ihm wenigstens eine kurze Amnesie verschaffen wollen, ein Zugeständnis, das sich als Fehler erwies. Der Großvater wich ihr nicht mehr von der Seite, nicht einmal, als sie ihn direkt darum bat. Stand die halbe Nacht auf dem Flur vor ihrem Zimmer, um wortreich zu beschreiben, was sie erwarten durfte, wenn sie ihn doch noch hinein zu sich ließe.

Der letzte Tag war deshalb ein Versteckspiel gewesen. Frühstück im abgelegensten Teil des Saals, verborgen hinter dem Buch, das Uli ihr mitgegeben hatte. Vorher hatte sie den Roman der Schriftstellerin aus dem Dachgeschoss gelesen. Die hatte jedem aus dem Karree ein signiertes Exemplar in den Briefkasten gesteckt. Ihre erste nachbarschaftliche Geste überhaupt. Aber: Der Roman hatte der Iglhaut gefallen! Eine historische Geschichte, nur gar nicht antiquiert. Andererseits: wie unaufgeklärt man junge Mädchen früher gelassen hatte.

Und die Doppelmoral des Bürgertums! Vieles war heute zum Glück nicht mehr so krass. Frauen hatten ihre Rechte und Freiheiten. Stand sie nicht selbst jeden Tag dafür ein? Der Gedanke gefiel ihr, auch wenn er ihr nicht ganz darüber hinweghalf, dass sie sich gerade vor einem zudringlichen älteren Herrn versteckte.

Zum Schutz seiner Enkel, sagte sie sich. Die würden schön schauen, wenn sie hier am Buffet eskalierte. Nein, eine Iglhaut scheute nicht den Eklat!

Sie tunkte einen Fladen in Hummus, formte Tiraden gegen den Großvater im Stillen und erfuhr zugleich einiges über die einzige Pharaonin Ägyptens. Das Leben der Hatschepsut fand sie derart faszinierend, dass sie beschloss, den restlichen Tag lesend auf ihrem Zimmer zu verbringen. Und ja, da war schon etwas Selbstbetrug dabei.

Bitte aufhören zu reden!, drängelte die Iglhaut jetzt in Gedanken, als der Erste Offizier beim Rückflug Turbulenzen in Aussicht stellte. Der Kahle, dessen Kopfhaut sich schälte, weigerte sich weiterhin, seinen Koffer, der nicht in die Ablage passte, abzugeben. Der Flugbegleiter erklärte ihm, der Koffer müsse hinunter in den Gepäckraum. Der Kahle bestand darauf, dass es sich um Handgepäck handle, sonst hätte man ihn doch gar nicht damit an Bord gelassen.

Dass es beim Bodenpersonal hin und wieder unterschiedliche Auslegungen hinsichtlich der Gepäckgrößen gebe, gestand der Flugbegleiter ein. Aber der Stauraum sei nun mal nicht so flexibel wie solche Interpretationen.

Der Kahle hielt den Koffer, den nur er für Handgepäck hielt, noch immer umklammert. Er wollte sich setzen, konnte es nicht. Der Koffer war einfach zu sperrig.

Das Stück werde mit größter Umsicht behandelt, wenn er

es in den Gepäckraum gebe, versprach der Flugbegleiter. Wie man so höflich bleiben konnte bei dieser sinnlosen Sturheit, war der Iglhaut ein Rätsel.

Nicht nur ihr. Rufe wurden laut, man möge doch bitte den Herrn gleich mit hinunterbefördern.

Der Flugbegleiter bat den Starrsinnigen nach vorne, um ihn aus der Schusslinie zu nehmen. Der sonnenverbrannte Kopf war ungesund dunkelrot angelaufen, als er zurückkehrte. Ohne sein Gepäck. Nun tat er der Iglhaut doch wieder leid.

Bloß blieb nicht viel Zeit für weiche Gefühle. Kaum in der Luft, schüttelte es die Maschine, als werde mit Götterfäusten auf sie eingedroschen. Sie flogen durch Schwarz. Das Flugzeug sackte ab. Jemand schrie auf. Die Iglhaut drückte die Knie zusammen. Sie wäre auch in Panik gewesen, hätte sie nicht so dringend auf die Toilette gemusst. Sie schwitzte, sie atmete flach, konzentrierte sich. Es war nicht lange her, da hatte sie wieder diesen Albtraum gehabt, von einem Messer, das sie verfolgte. Auf dem Messer steckte ihre Niere, der Harnleiter tanzte wie eine Luftschlange im Wind. In ihrem Bauch aber klaffte ein Loch. Es schloss sich langsam, heilte, während sie um ihr Leben lief. Über ihr kreisten Vögel, die nur darauf warteten, sie wieder aufzupicken. Sie rannte, sie stolperte vor dem Schnitzmesser her, die Vögel dicht über ihr, fing sich so eben. Aber ja, ihre Beine trugen sie! Triumphierend blickte sie nach oben, aber im ganz falschen Moment. Sie prallte gegen eine Mauer, fiel und blieb liegen. Das Messer, jetzt über ihr, stach auf sie ein. Sie versuchte, sich zu wehren, ein bisschen noch. Gab sich geschlagen.

Die Iglhaut war überrascht, wie erleichtert sie war ob dieser Niederlage, wie angenehm warm. Bis sie aufwachte. Der Traum war ihr wohl in die Blase gefahren.

Der festgeschnallte Flugbegleiter wedelte aufgeregt mit den Armen, deutete auf die leuchtenden Anschnallzeichen. Sie müsse um-ge-hend zurück zu ihrem Platz!

Die Iglhaut aber zog die Toilettentür auf und rief, als würde das alles erklären: «Ich muss!» Und leiser: «Wegen der Mutter.»

Wieder daheim, duckte sich die Iglhaut in ihre Jacke. Hier war es immer noch Winter. Sie bog in ihre Straße ein, vorbei am *Cleopatra Tattooshop*, dessen Name mit einem Mal vielsagend klang, vorbei an Nurjas *Hexenladen*. Die hatte ein großes Schild im Schaufenster stehen:

Einmaliges Sonderangebot
10 Minuten Handlesen = 10 Euro.

Kam das als Geburtstagsgeschenk für die Mutter infrage? Ein Scharren unter dem Koffer. Eine Rolle war auf dem Flug abgebrochen. *Im Handgepäck wäre das nicht passiert*, hörte die Iglhaut den kahlen Passagier höhnen, packte den Griff und schleppte den Koffer die letzten Meter. Der Narbe in ihrer Seite gefiel das nicht. Weiter, nur weiter. Durch die Einfahrt in den Innenhof mit dem ausgeblichenen Plakat, von dem ein glatt rasierter, vormals gebräunter Muskelkerl heruntergrüßte in Badehosen, die der Phantasie bis heute wenig Spielraum ließen.

Als die Besitzer des Wäschegeschäfts das Werbebanner aufgehängt hatten, wurde schon geschmunzelt im Karree, und der Zenker hatte ernsthaft eine Homosexualisierung des Innenhofs befürchtet. Das kam der Tildi Rolff damals gerade recht: «Wenn da so ein dicker Busen drauf wäre, würde ich nichts von Ihnen hören», hatte sie ihn gleich belehrt. «Außerdem, sobald ich hier stehe, ist der Innenhof schon komplett homosexualisiert.»

Die Iglhaut sah Tildis Lavalampe grün und gelb am Fensterbrett im Dritten gurgeln. Auch bei der Schriftstellerin unterm Dach brannte Licht. In der Zenker-Wohnung über ihrer eigenen flackerte es blau. Sie nahm die letzten Stufen, sperrte auf. Spürte schon das wohlige Gefühl, endlich wieder zu Hause zu sein. Aber, gleich auf der Schwelle, unvertraute Zimmerluft: Zigaretten, abgestandener Alkohol, ein herber Herrenduft.

Die Iglhaut trat ein. Ihre Blumen fand sie ausreichend gewässert. Aber das Wohnzimmer sah aus! Sie machte auf dem Absatz kehrt. Diese Valeria! Aber darum würde sie sich morgen kümmern. Ihr Bett, immerhin, schien unberührt. Sie streifte sich die Schuhe von den Füßen, spürte zwischen den Zehen noch schmirgelnden Sand, fiel schwer und gut aufs Bett.

Es klingelte.

Sollte es doch.

Wieder klingelte es.

Die Iglhaut rührte sich nicht. Geräusche vor der Tür zu ignorieren, hatte dieser Urlaub sie gelehrt. Aber die Klingel gab nicht auf. Die Iglhaut ächzte, ging zur Tür, schaute durch den Spion. Dahinter: Uli, der mit flatterndem Auge zurückschaute. «Bist du gerade heimgekommen?»

«Bin erst morgen wieder so richtig da.»

Ulis Auge entfernte sich vom Spion. «Ach so», klang es dumpf durch die Tür. «Wollte nur mal hören, wegen des Buchs und natürlich im Allgemeinen?»

«Heute nicht», gab die Iglhaut zurück.

«Schon gut.» Uli hüstelte. «Bis morgen dann.» Ein bisschen verletzt klang er. Aber vielleicht kam es auch nur so durch die Tür.

Die Iglhaut war froh, dass sie nicht aufgemacht hatte. Auch war sie mit Ulis Buch noch nicht ganz fertig. Las jetzt: Fettleibig und kariös sei Ägyptens erste Pharaonin gewesen. Einen Bandscheibenvorfall habe sie gehabt. Bluthochdruck, Schuppenflechte. Und noch dazu einen nach Bauch-OP und Narbendurchbruch fliehenden Darm? Ihr Geruch aber wurde als *der Wohlgeruch Gottes* beschrieben, ihre Haut als *mit Elektron vergoldet, wie Sterne strahlend.*

Sprache ist halt doch der beste Fotofilter, dachte die Iglhaut und griff sich an den Bauch, von den Buffets der letzten Tage hatte sie einiges mit nach Hause geschmuggelt. So dick wie die Hatschepsut war sie sicherlich noch nicht, überlegte sie schläfrig. Aber *wie Gold und Sterne strahlend?* Das konnte man auch nicht gerade behaupten.

ZORN

Die Iglhaut räumte die leeren Flaschen aus dem Wohnzimmer. Sie schüttelte ausgedrückte Zigaretten aus einer Tasse in den Müll. Der herbe Herrenduft weigerte sich, zum geöffneten Fenster hinauszugehen. Auf ihrem Telefon: Valeria, Valeria, Valeria, Valeria.

06:07 Uhr
Du bist schon wieder da? Ich dachte, du kommst erst heute Abend.

06:09 Uhr
Ich hätte doch alles, wirklich ALLES aufgeräumt. Ich musste nur schon so früh, weil heute die Vernissage, und gestern ... Erkläre ich dir auch noch.

09:54 Uhr
Iglhaut. Schläfst du noch?

10:02 Uhr
Es wäre alles perfekt aufgeräumt gewesen, ich schwöre. Noch mehr picobello als zuvor.

Eine Iglhaut machte vielleicht keinen Pauschalurlaub, aber Zimmerservice hätte sie jetzt doch gerne gehabt. Und ein Frühstücksbuffet. Stattdessen wischte sie mit einem feuchten Tuch Aschereste und Tabakkrümel von ihrem Couchtisch. Am Boden: eingetrockneter Sirup. Hier kümmerte sich keiner mehr um sie. Noch schlimmer, sie musste sich mit dem Dreck von anderen befassen.

Die morgendliche Iglhaut war ein bisschen wehleidig. Suhlte sich. Vergaß auch um des Grolls willen, dass der Fehler bei ihr lag. Sie hatte Valeria tatsächlich gesagt, sie komme erst heute Abend zurück. Auch ihrem Vater. Hatte den Irrtum später bemerkt, ohne ihn aufzuklären. Noch ein wenig für sich sein, bevor der Wahnsinn wieder losgeht, so hatte sie es sich gedacht.

Ihr Telefon vibrierte wieder. Ruhe war das nicht. Ihr Vater saß wahrscheinlich auch bald vor dem Bildschirm, würde sich ausrechnen, wie lange sie bis nach Hause brauchte. Er steckte sich gerne Ziele. Ihre Treffen genau zu timen, ohne Kontakt zuvor aufzunehmen, war so eines. Um dann alles, was sie durchlebt hatte, anhand der technischen Daten mit ihr durchzusprechen. Sie würde den Flug, der heute ging, verfolgen müssen, damit sie nachher wenigstens ungefähr Bescheid wusste, wie er verlaufen war.

Die Spuren von Valerias Stelldichein waren noch nicht vollends beseitigt, aber die Iglhaut hatte genug. Sie wollte Ulis Buch zu Ende lesen. Der stand sicher gleich wieder vor ihrer Tür. Sie legte sich aufs Sofa, suchte nach der Stelle, über der sie letzte Nacht eingeschlafen war. Genau. Um den Vater der Hatschepsut ging es. Nicht er habe das *Tal der Könige* ausschlagen lassen, nein, die Tochter hatte den Friedhof der Pharaonen eröffnet!

Das regte die Iglhaut auf. Natürlich hatte man sich nicht denken können, dass die Hatschepsut das war – ein weiblicher Pharao? Unvorstellbar! Aber sie schweifte ab. Beim Herrschernamen vom Vater der Hatschepsut, da war sie hängen geblieben, «Mondkind» hatte er sich genannt. Das war schon herzig. So ganz anders als ihr eigener Name.

Die Iglhaut wusste noch, wie sie schreiben lernte – viele, viele Monde war das her –, da hatte der Vater ihr erklärt, ihr Name, das sei ein versehrter Igel, ein armes Tier, dem ein Stachel ausgerissen worden ist. Als kleinem Mädchen war ihr das schrecklich vorgekommen, und bis heute spürte sie einen gewissen Respekt. An guten Tagen brachte eine Iglhaut etwas Widerständiges, ja Rebellisches mit sich. An schlechten fühlte sie sich darunter, als sei ihr tatsächlich ein Stachel ausgerissen worden. Und in ganz, ganz dunklen Stunden kehrte sich die Sache um: Bei unbegründeten Reklamationen gab sie noch Rabatt, fing einmal sogar an, entschuldigend zu lächeln, als einer nicht glauben wollte, dass in der *Holzwerkstatt Iglhaut* eine Frau der Meister war.

Wieder bei Kräften und mit allen Stacheln bewehrt, konnten solche Szenen ihr überhaupt nichts anhaben. Da fand sie es nur klug, die Schreinerei nicht unter ihrem vollen Namen zu betreiben. Wer wollte sich schon in der Anbahnungsphase mit den Vorurteilen potenzieller Kundschaft herumschlagen?

Männergebrüll von oben riss sie aus ihren Gedanken. Der Zenker wieder. Etwas ging krachend zu Boden. Stampfen und Gebrüll. Die Zenkerin schimpfte zurück.

Hatten die nur auf ihre Heimkehr gewartet? Die Iglhaut legte Ulis Buch weg. Noch ein Donnerschlag. Gift und Galle von der Zenkerin. Brauchten die sie als Publikum? Die Kinder waren anscheinend nicht da. Tagsüber, wenn die Kleinen außer Reichweite waren, intervenierte sie nicht. Eine Iglhaut mischte sich nicht ein, solange sie den Eindruck hatte, dass Schwächere keinen Schaden nahmen.

12:08 Uhr
Komm nachher in den Markt. Bitte, Iglhaut!
Wir müssen das aus der Welt schaffen. Sonst wird es größer, als es ist.

12:09 Uhr
Wenn du nicht langsam mal antwortest, bin ich selber beleidigt.

Na gut, sagte sich die Iglhaut, dann eben später zu Valeria in den Supermarkt. Da musste sie irgendwann sowieso hin. Sie nahm das Telefon und tippte eine einsilbige Nachricht. Valeria antwortete überschwänglich. Von oben weiterhin Eruptionen einer Ehe. Die Iglhaut stand auf, war nicht bereit, länger das Publikum zu mimen. Sie packte den Koffer ihres Vaters und trug ihn hinunter zur Werkstatt.

Die Garage tat unbeeindruckt, als die Iglhaut aufsperrte. Nur der Kirschbaum tippte leise aufs Dach. Sie nahm es als Willkommensgruß, hob den Koffer auf die Arbeitsfläche und sah sich die Stelle an, wo die Rolle abgebrochen war: Die Halterung war nicht beschädigt, nur die beiden Räder waren verloren.

Sie kramte im Altholzkasten nach einem Klotz und vermaß den Umfang der verbliebenen Kofferrolle. Aus dem Block fräste sie zwei Räder. So war das. Massenware bekam ein Holzrädchen nach Maß. Sie wusste, dass eine solche Arbeit hoffnungslos rückständig war. Aber, sagte sie sich, der Koffer veraltete in seiner Machart schließlich auch! Das Ende der Massenproduktion war längst eingeläutet. Irgendwann würden Alltagsgegenstände individuell konfigurierbar sein: produziert von Objektdruckern im 3-D-Copyshop ums Eck. Sie hatte nichts dagegen, wenn die Digitalisierung gleich morgen eine Menge Arbeitsplätze vom Markt fegte. Dann kämen sie am Grundeinkommen für alle nicht länger vorbei. Ihr eigenes Konto lechzte Monat für Monat nach einer solchen Überweisung.

Was sie dann machen würde? Einfach so weiter in ihrer Garage, nur weniger nervös, mit einer bedingungslos guten Grundlaune. Sie war sich sicher, dass die meisten einer Beschäftigung nachgehen würden, nur eben einer, die sie für wirklich sinnvoll hielten. Wobei. Wenn alle anfingen, nach dem Sinn zu fragen, dann wäre vieles bald nicht mehr so unglaublich bedeutend.

Eine Klingel und ein Mountainbike, das vor der Garage abbremste. Ronnie L. ließ sein Fahrrad auf den Boden fallen, ein Wimpel mit dem Abzeichen des Pflegediensts, für den er arbeitete, pendelte am Gepäckträger aus.

«Iglhaut!» Er schleuderte seinen Rucksack neben das Rad. «Gott, wie hab ich dich vermisst!» Er warf sich in den Sessel neben dem Werkstatttor, holte ein Taschentuch aus seiner weiten Hose, wischte sich über die Stirn.

«Aha», nickte die Iglhaut. «Und du? Immer noch nicht hinter Gittern?»

Der Pfleger schlug sich auf die Schenkel, irre komisch fand er das. Er wischte sich noch einmal über die Stirn. «Rucksack, Rucksack, Rucksack. … Ach so, hier.» Er stand auf und griff sich seinen Rucksack, ließ sich wieder in den Sessel fallen und begann zu kramen. Erst verschwand der Arm, dann der Kopf. Ronnie L. tauchte wieder auf, versuchte es mit dem anderen

Arm. «Oh nee, echt. Habe ich das jetzt auch noch daheim liegen gelassen? Ich bin so ein Trottel ... Ah nee, okay, da ist es. Hätte ich mal lieber früher geschaut. Was ist denn heute schon wieder?»

«Heute?», fragte die Iglhaut von ihrer Werkbank.

«Ja, ist ja gut. Bei mir ist immer ein bisschen Chaos. Geb ich sofort zu.»

Er zog eine Schere und eine Tabakdose aus der Seitentasche seines Rucksacks, feuerte ihn auf den Boden, nahm die Dose auf das eine Knie, auf das andere die Schere, schloss die Augen, wie um sich zu sammeln, öffnete sie wieder. «So. Wie war dein erster Urlaub seit der Steinzeit? Ich will alles hören. Ägypten stelle ich mir wahnsinnig spannend vor. Unsereiner kommt ja höchstens einmal im Jahr in die Berge.»

«So spannend war es nicht.»

«Wie, nicht spannend? Du warst doch hoffentlich in Kairo?»

Die Iglhaut schüttelte den Kopf.

«Oder Alexandria? Die Große Bibliothek.»

«Nur ein Tagesausflug ins Tal der Könige. Sonst Hurghada.»

Ronnie L. schnitt mit seiner Schere ein Zigarettenblättchen zurecht und befeuchtete es mit der Zunge, um es mit einem zweiten Blättchen zu verkleben. «Und was hast du da sonst gemacht? Sag bitte nicht: Strand.»

Die Iglhaut nahm einen Stift zur Hand und zeichnete aus dem Gedächtnis die Kartusche der Hatschepsut, die sie auf einer Abbildung in Ulis Buch gesehen hatte: ein längliches Oval, das in einer Schlaufe endete, und darin, in altägyptischen Zeichen, ihr Herrschername. «Nicht so viel Strand», erwiderte sie nach einer Pause. «Hauptsächlich Pool.»

«Pool, aber nicht Kairo. Das pack ich einfach nicht.»

Die Iglhaut legte ihre Skizze auf die Kofferrolle und übertrug sie aufs Holz. «Erstens», sagte sie, «kann ich machen, was ich will.»

«Freilich», räumte Ronnie L. ein.

«Und zweitens auch», fuhr die Iglhaut fort. «Und drittens hast du anscheinend keine Ahnung, wie ich zu diesem Urlaub gekommen bin.»

Ronnie L. strich die beiden zusammengespeichelten Blättchen auf seinem Knie glatt. «Tildi hat nur gesagt, die Iglhaut ist nach Ägypten. Kurz hab ich einen Schreck gekriegt und gedacht, du bist da hingezogen.»

Die Iglhaut suchte bei ihrem Handwerkszeug nach dem richtigen Eisen. «Ach komm!»

Ronnie L. drehte seine Dose auf und holte eine getrocknete Blüte hervor. Davon schnitt er mit der Schere Schnipsel ab und krümelte die aufs Papier. Dabei zog er ein Gesicht, als vollführe er eine Operation. «Dir trau ich alles zu», sagte er.

Die Iglhaut schaute nicht auf, wollte nicht zeigen, dass ihr das schmeichelte. Während sie das Holz entlang der Zeichnung kerbte, erzählte sie, wie alles gekommen war.

Ronnie L. operierte weiter an seinem Rauchwerk und rief zwischenrein. «Nein!» Und: «Wie unglaublich, kein Mensch macht heute noch Kreuzworträtsel!» Und: «Dieser Uli. Knilch. Schickt so was auch noch ein!» Und: «Nicht mitgefahren? Ich pack's nicht, nein, das pack ich nicht. Sich in eine Krankheit hineinsteigern. Himmel. Das innere Gefängnis ist der schlimmste Hochsicherheitstrakt.» Er hob seinen Joint ins Licht, steckte ihn zufrieden zurück in die Dose.

«Zündest du den jetzt nicht an?», fragte die Iglhaut.

«Bitte, doch nicht im Dienst!» Ronnie L. war ehrlich überrascht. «Außerdem ist der für Tildi. Sie braucht gerade vorgerollte Ware. Mal wieder ein Anfall. Aber so dosiert sie auch besser. Wenn ich ihr das Produkt grammweise bringe, dann zieht sie's in einer Geschwindigkeit weg, das muss nicht sein. Willst du was, Iglhaut?»

Sie winkte ab. «Hätte nur gern mal gerochen.»

«Aaahh. So eine bist du», rief Ronnie L. «Aber ich versteh's, ich versteh's. Es gibt keinen süßeren Odem als den der Mary Jane.»

Eine Tür schlug hinter ihnen zu. Der Zenker marschierte an ihnen vorbei. Frisch geduscht, die noch feuchten Haare mit Zorn zurückgekämmt. Ronnie L.s Hinterrad war ihm im Weg. Er trat dagegen.

«Hey!», rief Ronnie L. Der Zenker war schon fast aus dem Hof.

Ronnie L. kniete neben seinem Fahrrad. Behutsam wie die Rippen eines Menschen untersuchte er die Speichen. Die Iglhaut fuhr über die Hatschepsut-Gravur auf dem Rädchen und steckte es auf. Sie schob das Rädchen an, es rollte durch.

Ronnie L. war von seinem Fahrrad weg und sah ihr jetzt über die Schulter: «Ist das schon wieder so ein Freak-Auftrag – Holzrad an einem Koffer?»

Sie steckte das zweite Rädchen an die Halterung.

«Und diese Gravur da?»

Die Iglhaut sah ihn von der Seite an. «Ronnie L.», sagte sie. «Bist du nicht längst im Dienst?»

Er holte sein Telefon aus der Hosentasche, schlug sich an die Stirn. «Himmel, ja. Viel zu spät. Wo bleibt denn die Zeit, wenn man sie braucht?» Er zog sein Dienstfahrzeug am Lenker hoch und schob es zu den Fahrradständern hinter dem Kirschbaum. Die Iglhaut nahm den Koffer von der Werkbank und zog ihn hinter sich her. Das neue Doppelrädchen rollte perfekt.

Wieder oben im Gartenhaus, klappte sie den Laptop auf, um nach der Flugortungsseite zu suchen. «Ihr Flieger» war gerade in Ägypten gestartet. Ein kleines rotes Flugzeug entfernte sich auf der Landkarte vom als Punkt markierten Flughafen. Geschwindigkeit und Flughöhe wurden im Minutentakt durchgegeben. Ob der Pilot mit der schönen Stimme heute wieder Dienst hatte?

Sie stellte es sich vor. Alles besser als das leise Weinen, das oben von der Zenkerin kam.

KNOCHEN

Der Kunde an der Selbstbedienungskasse versuchte vergeblich, die Dosenbohnen über den Scanner zu ziehen. Valeria fragte, ob sie ihm die abnehmen dürfe, scannte die Dose, drehte sich zur Iglhaut, deren Magen nach allem greifen wollte, um es sofort zu verschlingen. Sie hatte auch schon alle Einkäufe im Wagen, musste nur noch zahlen. Bloß an Valeria kam sie nicht vorbei. An Valeria, die nicht schuld war an der Unordnung in ihrer Wohnung, wie sie beteuerte, schuld war nur der Algorithmus. Sie zog das Telefon aus der Hosentasche und deutete in ihrer Dating-App auf das Foto eines unscheinbaren Mannes: schwindendes, aschfarbenes Haar, ähnlicher Hauttyp wie Uli.

«Weißt du», sagte Valeria zur Iglhaut. «Fast hätte ich dem abgesagt, weil er sieht wirklich nach nix aus. Konnte aber alles!» Danach aufräumen sei unmöglich gewesen, fuhr Valeria fort. «Dieser Algorithmus!», wiederholte sie. Der habe zusammengebracht, was zusammengehörte, für eine Nacht.

Valeria mochte noch in der Arbeitskleidung des Supermarkts stecken, ihre Gedanken hatten schon frei. Verloren sich in einer Erinnerung, in der Iglhauts Sofa vorkam und der Couchtisch und irgendetwas Ekstatisches mit Vanillesirup.

Für den Sirup müsse sie sich entschuldigen. Der sei zwar

nicht ihre Idee gewesen, aber sie habe es nicht übers Herz gebracht, ihn wegzufeudeln.

Die Iglhaut versuchte, ihren Unmut zu verbergen.

Sie wolle sich nicht rausreden, gar nicht, nur erklären! Die Iglhaut solle es ihr nachsehen. Sie habe so viel Stress in der Galerie, mit Thea und dann die zusätzlichen Arbeitsstunden hier. «Warte mal.» Valeria nahm dem Kunden den Sellerie aus der Hand, wog ihn, gab die Produktnummer ein und wandte sich wieder der Iglhaut zu.

Einen Verweis habe Thea bekommen, weil sie während des Unterrichts nicht aufgehört hatte, an ihrem Telefon zu spielen. Als der Lehrer ihr das Telefon hatte abnehmen wollen, habe sie auch noch dreist behauptet, in ihrem Handy werde ihr alles viel besser erklärt.

«Ganz genau. Weil Thea ihr Telefon ausschließlich zur Weiterbildung nutzt.»

«Aber sie schaut doch schon solche Tutorials.» Die Iglhaut wunderte sich, dass sie den Satz noch herausbrachte. Der Hunger ließ ihre Hände zittern.

«Ich hab nichts gegen Schminktipps, aber – Sekunde …» Ein Orangensaft musste über den Scanner. «Einfach nur den Strichcode im richtigen Winkel halten.» Valeria drehte sich wieder zurück zur Iglhaut: «Also, sind wir wieder gut?»

Die Iglhaut hob die Schultern. Ihr Magen brannte, wollte die Bananen unbedingt, die Valeria für den Kunden wiegen musste. Selbst in das abgepackte Stück rohes Fleisch hätte sie ihre Zähne geschlagen.

Valeria schob für den Kunden die Geldkarte ins Lesegerät. «Vielen Dank für Ihren Einkauf – und noch eine Frage: Würden Sie dic Selbstbedienungskasse auch beim nächsten Einkauf nutzen?»

Der Kunde zuckte gleichgültig mit den Schultern.

Nachdem er gegangen war, holte Valeria ein Tablet aus der Schublade unter der Kasse und gab in der Statistik «Nein» ein, der Kunde werde die Selbstbedienungskasse auf keinen Fall wieder nutzen. Sie legte das Tablet zurück. «Jetzt sag, Iglhaut, wie war der Urlaub, den ich dir organisiert hab?»

Die Iglhaut verzog den Mund. Musste sie sich nun auch noch bedanken, dass sie von ihr verschickt worden war – um in eine Wohnung zurückzukehren, in der sich die Algorithmen ausgetobt hatten?

Valeria begann, den Inhalt ihres Einkaufswagens in die Kasse einzulesen. Das ging so irrwitzig schnell, und der Scanner gab dieses monotone Geräusch von sich, das sich überhaupt nicht in die Töne der anderen Kassen einfügte, und dann hörte sie Valeria auch noch flachsig nach «Urlaubsbekanntschaften» fragen, und das – in Verbindung mit diesem disharmonischen Piepen – war für die hungrige Iglhaut plötzlich Marter, der sie sich entziehen musste. Deshalb wurde sie doch noch laut.

«So ein Siebzigjähriger ist mir im Hotel nachgestellt», schimpfte sie los. «Stelzbock, elender!» Ob denn niemand kapiere, wenn es auch mal gut sei, wetterte die Iglhaut, meinte damit ihre Hotelbekanntschaft, aber schon auch Valeria. Über gewisse Regeln des Benimms müsse man doch nicht noch diskutieren!

Die Wartenden in der Kassenschlange schauten schon. «Pssst.» Valeria – besorgter Blick Richtung Filialleiterin – zog ihren Dienstausweis durch die Kasse. «Hör zu, ich geb dir Prozente.»

«Ich gehöre nicht in einen Hotelkomplex», gab die Iglhaut zurück. «Nie wieder quatschst du mich in so was rein.»

Valeria packte die abkassierte Ware in Iglhauts Stoffsäcke.

«Ich wollte nur das Beste für dich.»

Die Iglhaut riss ihr die Tüten fast aus der Hand. «Manchmal ist das Beste einfach nicht passend. Manchmal ist das Beste einfach nur Qual!»

Heiß war ihr, als sie den Supermarkt verließ. In der Iglhaut brodelte eine Wut, die umgab sie wie ein Zelt in praller Mittagssonne. Trotzdem: Hatte sie sich wirklich hinreißen lassen, Valeria öffentlich eine Szene zu machen? Eine Iglhaut, blieb die nicht ruhig und zahlte höchstens später mit feinen Gemeinheiten heim? Überhaupt: War das nicht schäbig, der Freundin nicht einmal einen guten Abend zu gönnen?

Aber darum ging es doch gar nicht, sagte sich die Iglhaut. Das Problem war: Valeria hatte ihrem Sex nicht hinterhergewischt, und das ärgerte sie. Gegen Missbrauch von Nutzungsrechten hatte sie nichts, aber nur wenn er zu hundert Prozent vertuscht wurde.

Wütend sein und dazu Hunger zu haben, das war aus einem Zelt in der Mittagshitze hinauszuwollen, aber der Reißverschluss klemmt. Sie bog in die Einfahrt zum Hof. Über ihr das Unterwäsche-Model, bei dem sie gerade nur an die Protein-Shakes denken konnte, die sich vor ihr als Muskeln aufwölbten.

Da plötzlich Gebell.

Dieses Bellen und ein Trippeln rissen der Iglhaut ihr Zorneszelt auf. Sie drehte sich um, setzte die Taschen ab, ging in die Knie und empfing die Kanzlerin mit offenen Armen.

Die Wiedersehensfreude war gegenseitig, die Kanzlerin ein kleines graues Springknäuel mit wild wedelndem Schwanz. Die Iglhaut kraulte ihr den Nacken, steckte die Nase in ihr Fell. Sie blickte auf zu ihrem Vater, der ungläubig auf sein

Telefon starrte. Mit seinem Rucksack und dem Schieberhut sah er aus wie ein verlorener Tourist.

Die Iglhaut betastete den Körper der Kanzlerin, fühlte Knochen. «Hat er sich nicht gut um dich gekümmert? Hat er dir nichts zu fressen gegeben?»

«Natürlich habe ich!» Er hob sein Telefon. «Ich habe ihre Fresszeiten sogar in der Hunde-App eingeloggt. Aber bei einem Hund, der kein Fleisch frisst, hilft auch die beste Routine nichts.»

Die Iglhaut richtete sich auf, um sie erstand erneut das Zelt. «Hast du wieder versucht, sie umzugewöhnen?»

Der Vater, störrisch: «So ein hündischer Vegetarismus ist nicht normal.»

Die Iglhaut umarmte ihren Hund und legte ihr Ohr auf die Schnauze.

«Normal ist mir egal, solange sie mir hier nicht verhungert. Wir päppeln dich auf. Heute gibt's für dich eine Extraportion Reis. Einen ganzen Zuber voll koche ich dir.»

Der Vater kam näher, düstere Erscheinung. «Dass sie läufig ist, hättest du mir auch sagen können.»

Die Iglhaut drehte die Kanzlerin, hob den Schwanz, um ihr Hinterteil zu inspizieren. «Ich sehe da nichts.»

«Ja, jetzt nicht mehr. Kaum war sie bei mir, ging es aber los mit der Sauerei.»

Die Iglhaut ließ vom Hundeschwanz ab. «Bist du dir sicher? Die Kanzlerin ist in den Wechseljahren.»

Der Vater rückte die Kappe auf seinem Kopf zurecht. «Das gibt es bei Hündinnen nicht.»

«Aber sie war schon lang nicht mehr läufig.»

«Im Alter wird es seltener, steht auch in der Hunde-App. Ich habe jedenfalls alles probiert. Die Flecken sind immer noch auf dem Parkett.» Der Vater blickte auf den Asphalt, als stünden dort seine nächsten Zeilen. «Ich habe mich buchstäblich in die *Unerträgliche Leichtigkeit des Seins* versetzt gefühlt.»

Die Iglhaut hatte genug gehört, sie packte ihre Tüten und ging durch den Hof. Ihr Vater hinterher.

«Warum bist du überhaupt schon da? Du bist erst vor zwanzig Minuten gelandet.»

«Was machst du dann schon hier, wenn ich frühestens in einer Stunde zurück bin?», fragte die Iglhaut zurück.

Ihr Vater schickte sich an, für die letzten Meter bis zur Tür eine der Tragetaschen von ihrer Schulter zu zerren.

«Ich wollte nach dem Rechten sehen, damit du eine angenehme Ankunft hast. Ich habe Lasagne mitgebracht. Aber dein Vater fragt sich gerade ...» Er machte eine Pause. Sie suchte weiter nach ihrem Schlüssel. «Dein Vater fragt sich», hob er noch einmal an. «Er wundert sich, ob seine Tochter überhaupt die letzte Woche weg war. Oder hast du mir den Hund untergejubelt, weil du selbst keine Scherereien haben wolltest, mhm?»

«Du hast mich durchschaut.» Die Iglhaut, ironisch, sperrte die Tür auf.

Ihr Vater drängte mit ihr in die Wohnung, als könnte er sie sonst verlieren. Er beschrieb die Sekrete, die aus dem Hund gekommen waren, ihre farblichen Unterschiede von Tag zu Tag. Auch Launen habe sie gehabt. Die Hündin sei mal anschmiegsam fordernd, dann wieder kalt und abweisend gewesen.

«Ich hab nie gewusst, woran ich bei ihr bin! Ich bin nicht bereit, die Nachteile des Junggesellentums auszuhalten, um dann durch ein launenhaftes Tier der Vorzüge beraubt zu werden.»

Er holte eine mit Folie bedeckte Auflaufform aus seinem

touristischen Rucksack. Die Iglhaut nahm eine Gabel, zog die Folie ab und hackte sich ein Stück heraus.

Hastig legte er die Hände über die Schüssel. Es werde nicht schnöde im Stehen gegessen! Dafür habe er nicht so lange in der Küche gestanden.

Die Iglhaut nahm sich noch eine Gabel, bevor der Vater ihr die Schüssel wegzog.

«Haben sie dir auf dem Flug, auf dem du nicht warst, nichts zu essen gegeben?», fragte er.

«Habe mich im Datum geirrt. Ich war auf dem gleichen Flug schon gestern.»

Der Vater nahm sein Telefon zur Hand. «Der war pünktlich. Aber ordentliche Schwankungen in der Reiseflughöhe.»

Sie setzte einen Topf Reis für die Kanzlerin auf. «Hast du das Flugzeug gestern auch verfolgt?»

Hatte er selbstverständlich, alle Flugbewegungen auf der Route in den letzten Tagen, für Vergleichsdaten. «Die Reise heute wäre weniger turbulent gewesen», sagte er, und es klang, als geschehe ihr das ganz recht.

Die Iglhaut schob ihren Ärmel hoch und zeigte ihm das sich wölbende Hämatom an ihrem Oberarm. Souvenir der Turbulenzen. «Bin zur Unzeit dort auf die Toilette.»

Dem Vater entfuhr ein Zischlaut. Er ging ans Alkoholkabinett, tränkte ein Geschirrtuch mit Schnaps und wollte es ihr auf den Arm legen. Die Iglhaut winkte ab, biss in eine Karotte und warf den Rest in das heiße Wasser zum Reis.

Nein, er bestehe darauf, ein altes Hausrezept. «Alkohol regt den Heilungsprozess an.» Dann holte er Teller und deckte den Tisch.

Etwas später saßen sie sich in der kleinen Küche gegenüber. Der Vater konnte sich jetzt doch an seiner Tochter freuen. Das erste Stück Lasagne hatte sie fast verzehrt, nahm sich schon das zweite. Ob die Kinder fünf, fünfzehn oder fünfundvierzig waren, ein gesunder Appetit beruhigte die Elternseele. Solange der Nachwuchs aß, war noch nicht alles verloren. Außerdem war er selbst angetan von seinem Gericht.

«Was sagst du zur Sugo? Eingekochte neapolitanische Tomaten. Da steckt noch einmal eine ganz andere Sonne drin.» Sein Geschmackssinn selbstverliebt, der Geruchssinn geschärft. «Was ist das hier? Den Duft kenne ich. Aber natürlich. *Invictus*. Nicht billig, aber nun, auch nicht ganz teuer. Gibt es jemanden, von dem ich noch nichts weiß?»

Dazu hob er die Arme, als müsse er gar nicht mehr wissen, selbstverständlich Privatsache der Tochter, wenn es sich bei diesem *homo invictus* um nichts Verbindliches handle.

Die Iglhaut aß lieber weiter Lasagne, als ihm die algorithmische Anbahnung des Geschlechtsakts Dritter im Detail auseinanderzulegen, da fing der Vater plötzlich selbst damit an. Ob er sich nicht auch einmal auf so eine Dating-Plattform wagen solle?, überlegte er laut.

Die Iglhaut, verblüfft von dieser Wendung, kaute extra gründlich, um etwas Zeit zu gewinnen. Einen Versuch sei es wert, sagte sie nach einer Pause. «Du machst sonst auch alles am Telefon. Hunde füttern, Flugzeuge verfolgen.»

Der Vater, stolz auf seine Medienkompetenz, aber nicht ohne Wehmut: «Ich gebe zu, die Effizienz zieht mich an. Bloß … auch auf seine alten Tage bleibt dein Vater ein Romantiker.»

Worauf die Iglhaut sich die Frage nicht verkneifen konnte, ob es nun so besonders romantisch gewesen sei, die Mutter damals bei der Kfz-Stelle kennengelernt zu haben.

Worauf der Vater sich Fragen, die keine waren, verbat,

bloß um zurückzufragen, weshalb sie von der Mutter anfange und ob sie zu deren Geburtstag eingeladen sei.

Die Iglhaut wollte schon, wie so oft, sagen, nach so vielen Jahren sei es nun auch mal gut. Sie wollte sagen, ja, sie werde die Mutter zum Geburtstag besuchen. Wollte umlenken auf weniger heikles Terrain. Sie könne gerne Valeria fragen, welches Datingportal sie für einen Herrn seines Alters empfehlen würde, also, sobald sie sich wieder mit ihr vertragen habe – als sie auf etwas Hartes biss. Noch mal zubiss, doch es blieb beinhart. Ein Backenzahn ging in die Brüche, der Schmerz war abenteuerlich.

Knochen in *seinem* Biohack? Unmöglich. Der Vater wollte es nicht glauben. Er wollte gar nicht mehr aufhören, sein Hackfleisch zu verteidigen, griff schon wieder zur Schnapsflasche.

Die Iglhaut dankte. Danke fürs Essen, trotz des Knochens. Danke fürs Hundesitten. Danke für den Koffer. «Danke, aber jetzt brauche ich meine Ruhe.»

Davon wollte der Vater nichts hören. Er nehme die Kanzlerin immer gerne, aber in Zukunft nicht, wenn sie leckte. Außerdem wolle er von nun an über korrekte Ankunftszeiten informiert werden. Immer noch nicht glauben könne er allerdings, dass in seiner exzellenten Soße von reifen neapolitanischen Tomaten und frischem Hack ein Stück Knochen gewesen war, der seine Tochter versehrt hatte.

Dabei sah er an ihr vorbei, schielte schräg auf die Holzrolle seines Koffers, der in der Ecke für ihn bereitstand. Ob das heutzutage ein übliches Mitbringsel sei? Wie ... Reparatur? Ach, dieser Koffer sei die Mühe nicht wert, bloß ein Sonderangebot aus der Ramschkiste.

Nichts zu danken, dachte die Iglhaut bei sich, als der Vater endlich in der Haustür stand. Gleich darauf lag sie gekrümmt auf dem Sofa. Ihre Schulter roch nach Schnaps. Die verbliebenen Stücke des Backenzahns marterten ihre linke Gesichtshälfte. Sie stöhnte. Für einen Zahnarzt war es zu spät. Blieb nur der Nachtdienst. Um sich das anzutun, war der Schmerz doch nicht schlimm genug.

Die Iglhaut überlegte, Ronnie L. um ein Betäubungsmittel zu bitten oder Tildi Rolff um ihren Vorgerollten, da klingelte es schon wieder an der Tür.

Uli: Heute sei sie offiziell zurück, nicht wahr?

Die Iglhaut nickte, hielt sich die Wange.

Uli: Ob sie sich etwa einen Ziegenpeter in Ägypten eingefangen habe?

Es klang hoffnungsvoll.

Die Iglhaut musste ihn enttäuschen. Sie holte sein Buch, hielt es bei der Übergabe extra so, dass ein wenig Sand herausrieselte, den sie für ihn hineingestreut hatte, drückte ihm den Arm. «Hätte nicht gedacht, dass du mir so ein interessantes Buch mitgibst.»

Uli schaute, als hätte er nun doch noch sein Küchengerät gewonnen. «Grandiose Geschichte, oder? Die Hatschepsut – in der Ägyptischen Staatssammlung gibt's noch mehr über sie. Sonntags könnten wir da hin. Da ist der Eintritt frei.»

«Sonntag. Alles klar. Jetzt muss ich mich aber sanieren.» Die Iglhaut deutete auf ihren Zahn.

Uli verneigte sich mehrmals. Natürlich, selbstverständlich, Gesundheit gehe immer vor.

Da klingelte auch noch das Telefon. Sie nutzte den Vorwand, um Uli eine gute Nacht zu wünschen, nahm den Anruf an. Ihre Wange wehrte sich gegen die Berührung, sie legte das Telefon ans andere Ohr.

Dori: «Iglhaut, ich glaube, du brauchst einen Anwalt.»

«Ich wünschte», sagte sie. «Leider brauche ich aber einen Zahnarzt.»

Dori, vorsichtig: «Hast du in Hurghada einen kennengelernt?»

Die Iglhaut fasste sich an die Stirn. «Nein. Ich brauche jemanden, der sich um meinen zerstörten Backenzahn kümmert.»

«Ach so. Echte Zahnschmerzen, ach.» Dori, erleichtert.

Das fand die Iglhaut liebenswert, ein bisschen bedenklich aber auch.

«Kann ich», fragte er, «trotzdem etwas für dich tun?» Sein Ton seit seiner Scheidung, so neu und doch vertraut.

«Du könntest die Kanzlerin einmal um den Block nehmen, und hat dir nicht der Pflegedienst, den ich dir empfohlen habe, neulich was gebracht? Ist davon etwas übrig? Nicht für mich, für den Zahn.»

«Bin sofort da», kam es aus dem Telefon.

Und so war es. Dori musste geflogen sein oder alle innerstädtischen Geschwindigkeitsbegrenzungen mit seinem Roller ignoriert haben, so rasch stand er bei ihr in der Tür. Über dem linken Unterarm trug er den Anzug für den kommenden Tag in der Kanzlei, zwischen Daumen und Zeigefinger ein Tütchen von Ronnie L., drehte flink eine angereicherte Zigarette, rauchte sie rasch für die Iglhaut an.

Musste noch einmal kurz inhalieren, bevor er seinen Spaziergang mit der Kanzlerin antrat. Die beiden, Anwalt und Kanzlerin, pflegten ein distanziertes Verhältnis, wobei der Anwalt mehr Respekt vor der Kanzlerin hatte als die Kanzlerin vor ihm.

Später strich er der Iglhaut übers Gesicht und formte ihr das Kissen zu einem U, damit der Kopf gut lag, aber kein Druck mehr Schmerzen brachte. Lange, lange habe sie nicht mehr so bequem gelegen, dachte die Iglhaut, bestimmt die letzten zehn, vierzehn Jahre nicht … Die Iglhaut lächelte im Wegdämmern. Aber vielleicht hatte sie auch nur einmal zu oft an der Anwaltszigarette gezogen.

WELTREISE

Die sedierende Wirkung des Marihuanas hatte nicht angehalten. Den Rest der Nacht rangen die Iglhaut und ihr Zahn miteinander wie um einen Schmerzmeistertitel. Der Zahn läutete Runde um Runde stechend neu ein. Schlaf war der Ringrichter, der der Iglhaut nicht auch nur einen Punkt gewährte. Der Siegergürtel ging im Morgengrauen an die offen liegende Zahnwurzel.

Dori neben ihr schlief geräuschvoll. Die Iglhaut rüttelte ihn zwischen zwei Runden auf. Wenn er schon Logis bei ihr in Anspruch nahm, sollte er da nicht wach bleiben und sie bei ihrem aussichtslosen Ringen anfeuern?

Es war bloß wie damals, als sie eine Weile, von der sie beide gedacht hatten, sie würde viel länger währen, zu ihm gezogen war. Dori fuhr tatsächlich hoch aus dem Schlaf, suchte etwas in seiner Nähe, an das er sich schmiegen konnte, drehte sich, fand ihren Oberschenkel, dämmerte fort und ließ sie wieder allein mit dem tobenden Kiefer, bis sein Telefonwecker zu schellen begann.

Er stand auf, mühelos, als habe man ihn bloß anknipsen müssen, und ging ins Badezimmer unter die Dusche. Sein Telefon gab weiter Töne von sich, die ersten Nachrichten aus der Kanzlei. Iglhauts Kopf wusste um ihre Dünnhäutigkeit,

Iglhauts Laune war aber nicht so reflektiert, die wollte das Telefon unter die Dusche schmeißen, dafür Dori am Schopf packen und ihn, nackt und nass, vor die Tür setzen. Einen solchen Anwalt brauchte sie gerade nicht.

Triefend kam er aus dem Bad, deutete einen Hechtsprung aufs Bett an, den die Iglhaut abwehrte. Er kniete sich zu ihr, legte seine Ellbogen auf die Bettkante und sah sie an, der Blick eines Publikums, das aus der ersten Reihe mit ausgelaugten Athletinnen sympathisiert.

«Mein Handy», nuschelte die Iglhaut. Dori sah sich suchend um. «Eher Wohnzimmer», dirigierte sie ihn.

Er folgte ihren Anweisungen, hinterließ dabei eine tröpfelnde Spur, kam mit dem Telefon zurück und legte es in ihre Hand. Zärtlicher hätte ein Kuss nicht sein können. Feuchter auch nicht. Die Iglhaut wischte das Handy an der Decke ab und begann, im Telefonverzeichnis nach der Nummer ihrer Zahnärztin zu suchen. Obwohl. Dr. Kranuschka *ihre* Zahnärztin zu nennen, war nicht ganz zutreffend. Sie kannte sie nur, weil Valeria in deren Praxis eine Weile am Empfang gearbeitet hatte. Ab und zu hatte sie sie dort zum Feierabendbier abgeholt, und die Dr. Kranuschka hatte sich auf einen Prosecco drangehängt.

Dori war inzwischen abgetrocknet, er stieg in seine aufgebügelte Anzughose und rümpfte die Nase. «In deinem Bad hängt übrigens eine üble Fahne», sagte er. «Wer benützt denn so einen Praktikantengeruch?»

Die Iglhaut versuchte, mit dem geringsten Schmerzensaufwand Valerias Date zu erklären. Längst war sie dabei in ihrem Telefonverzeichnis über den Buchstaben K hinweg. Die Notfallnummern, die sie bisher gefunden hatte: Reifendienst, Schraubenzentrale, Tierrettung, Spirituosenlieferant, die Transplantationsambulanz für die Nachsorgeuntersuchungen. Was war denn der *Kucksie-Alarm*? Musste ein Chiffre zu später Stunde gewesen sein. Genauso wie *Furzl* und *Spinner666*. Jeden Unsinn hatte sie gespeichert, sogar –

Der Iglhaut stieg die Hitze ins Gesicht, so heiß war ihr, kurz war da nicht einmal mehr der grimmige Zahn. Die Freigetränke an der Hotelbar, die mit verborgenen Kosten gekommen waren. Der Kuss. Der Griff in den Schritt. Die Flucht. Das Klopfen an ihrer Zimmertür, das nicht enden wollende Klopfen … Wann hatten sie denn noch Nummern getauscht? Ihr nervöser Daumen touchierte das Display.

«Valeria gönne ich jedes Date», sagte Dori gerade, zog erleichtert die Krawatte zurecht. «Aber dieser Gassengeruch.» Er nahm sein eigenes Aftershave aus dem Waschbeutel, sprühte im Schlafzimmer umher, Kammerjäger in Liebesdingen. Die Iglhaut hatte hastig «Auflegen» gedrückt, der Telefonanruf brach ab. Ihr war schummrig.

Der Zahn, der versehentliche Anruf bei einer Nummer, die sie gar nicht haben sollte, Dori, der viel zu langsam seine Sachen packte. Sie brauchte endlich Ruhe, um ihrer Wange beizukommen, für die Recherche nach dem Dr. Kranuschka-Kontakt.

Das Jackett warf Dori über den Arm, setzte den Rollerhelm auf. «Meld dich sofort, falls du etwas brauchst», sagte er. «Wenn ich nicht kann, besorgt es dir mein Referendar.»

«Was denn alles?», fragte die Iglhaut unschuldig.

Dori hob extra gelassen die Schultern, wollte sich wohl nicht anmerken lassen, dass sie seine Eifersucht am Schlafittchen hatte. «Der ist auf jeden Fall zu jung für dich. Die machen heutzutage gleich nach dem Kindergarten Examen.» Und war aus der Tür.

Die Iglhaut schloss erschöpft die Augen, schlief vielleicht ein für eine Sekunde, erwachte von einer Zunge an ihrem Zeh. Sie richtete sich auf, um das Tier an ihrem Fußende zu streicheln. Dem Zahn war das schon zu viel, er warf sie wieder ins Kissen zurück.

«Du hast vollkommen recht mit deinem Vegetarismus», sagte die Iglhaut, als sie sich wieder gefasst hatte. «Schau, wo mich das Fleisch hingebracht hat.»

Die Kanzlerin grinste.

«Aber Sie waren noch nie bei uns», sagte die Sprechstundenhilfe.

«Doch. Oft», nuschelte die Iglhaut in den Hörer.

«Tut mir leid», sagte die Sprechstundenhilfe. Ich habe Sie nicht in der Kartei.»

«Weil ich nicht direkt als Patientin … Nur zu Besuch.»

«*Gesetzlich* haben Sie gesagt.» Die Sprechstundenhilfe machte eine Pause. «Da hätte ich übernächste Woche wieder was.»

«Ich dachte, bei Schmerzen bekommt man immer einen Termin.»

«Wenn Sie hier Patientin wären.»

«Hören Sie, ich bin mit der Frau Dr. Kranuschka wirklich gut bekannt.»

«Sagen Sie noch mal Ihren Namen?»

«Iglhaut. Nur ohne E und ohne Stacheln. Ich bin eine Freundin von Valeria Santos. Sagen Sie ihr ‹Prosecco›. Sie weiß dann schon.»

Und sie wusste. Frau Dr. Kranuschka kam auf ihrem Drehhocker hereingerollt, streifte sich Einweghandschuhe über. «Wie geht es unserer Valeria?» Sie knipste die Lampe über dem Behandlungsstuhl an, leuchtete der Iglhaut ins Gesicht. «Gefällt es ihr denn in dieser … Galerie?»

Die Iglhaut, im Behandlungssessel, ließ sich einen Papierlatz umhängen. «Bei Ihnen klingt das, als wäre es ein Puff.»

Die Zahnärztin lachte. «Na ja. Im Vorzimmer hab ich sie immer gut brauchen können.» Sie setzte ihren Mundschutz auf. Die Worte nun wie eingewickelt und zugeklebt. «Jemand wie Sie hätte sich auf jeden Fall heute nicht einfach so reindrängen können.»

«Gut, dass sie nicht mehr hier ist», scherzte die Iglhaut, aber es stimmte: Valeria hatte stets streng über den Terminkalender der Frau Dr. Kranuschka gewacht. Wenn ihr jemand zu aufdringlich gewesen war, hatte sie dem einen Riegel vorgeschoben: Ihr Deutsch sei nicht gut genug für weitere Diskussionen.

Frau Dr. Kranuschka nahm die Zahnsonde zur Hand. «Wohnt sie immer noch in dieser Einzimmerwohnung mit der Tochter?»

Die Iglhaut nickte.

«Na schade, dass es bei der neuen Arbeit auch nicht für mehr reicht. Jetzt wollen wir uns das mal ansehen. Machen Sie bitte Ah!»

Die Iglhaut hätte am liebsten den Mund zugekniffen gelassen – sie ärgerte sich über diese herablassende Art, in der die Kranuschka über andere sprach. Aber der Schmerz öffnete ihr den Mund. Die Zahnärztin inspizierte ihr Gebiss. Machte ein Geräusch, als blickte sie in einen Abgrund.

Als später am Tag die Betäubung nachließ, läutete das Provisorium gleich die nächste Runde gegen die Iglhaut ein. Sie hatte auf eine schnelle Lösung gehofft, aber Frau Dr. Kranuschka hatte diese Hoffnung mit ihrer Zahnsonde zerstört.

«Viel zu lange vernachlässigt.» Die Zahnärztin hatte streng mit der Zunge geschnalzt. «Jetzt kommt die Rechnung.» Ihre Schmerzen, begriff die Iglhaut, waren nur der Zins. «Wärst du früher gekommen und regelmäßig, könntest du dir jetzt einen Kleinwagen kaufen oder Weltreise machen, anstatt dich hier mit mir herumzuschlagen.»

Frau Dr. Kranuschka war – wohl wegen der desolaten Lage in ihrem Mund – vom «Sie» ins «Du» gefallen. Es klang nicht nach Mitleid, eher nach einer verkürzenden Sprechweise im Angesicht der Katastrophe.

Die Iglhaut grollte. Grollte weiterhin Valeria. Das Geld, das sie in ihren Gratisurlaub investiert hatte, hätte sie jetzt vielleicht nicht ganz gerettet, aber jeder Hunderter zählte!

Sie grollte ihrem Vater. Dieser Knochen in seinem hochgelobten Bio-Fleisch ...

Sie nahm die Kanzlerin in den Arm und kraulte ihre Schnauze. «Für uns beide nur noch Reis, ein Jahr mindestens.»

Das Knäuel schaute ungerührt. Ja, schimmerte in den Hundeaugen gar ein wenig Freude? Die Iglhaut setzte sie wieder aufs Pflaster. «Oder ...» Ihr Blick wanderte eigenmächtig zu der Tafel neben Herakles' Imbiss. «Oder Eintopf aus dicken Bohnen mit geschmortem Lamm?»

Die Kanzlerin blieb demonstrativ draußen sitzen, als sie den Imbiss betrat. Herakles, vorne am Tresen, hörte sich ihre Leidensgeschichte mit großen Augen an. «Ein Kleinwagen?» Nahm ihre Hand. «Nein!» Schüttelte immer wieder den Kopf. «Der Zahnarzt ist der kleine Bruder vom Tod. Hat er dich einmal, dann ist es vorbei.»

«Ist eine *Zahnärztin*», warf die Iglhaut ein.

«Noch schlimmer, weil Frauen noch gründlicher sind als der Tod.»

«Herakles!», rief die Mama mahnend aus der Küche, knetete dabei den Teig, als gälte es, die Endlichkeit zu zähmen und nebenbei sämtliche Vorurteile abzuwürgen gegenüber ihrem Geschlecht.

Herakles gab Iglhauts Hand frei und riss einen Zettel von seinem Bestellblock. «Wir geben ab jetzt Prozente», sagte er. «Außerdem kannst du anschreiben, machen andere auch.»

Die Iglhaut holte ihren Geldbeutel aus der Jackentasche. «Gerade ist noch was im Säckel. Ich nehme den Eintopf, bitte.»

Herakles zögerte. «Der Eintopf ist ... köstlich. Aber das Skepasti mit Bauchspeck vom Schwein ist heute göttlich, einfach nur: Mmmh-ahh!»

«Glaub ich sofort, aber ...», die Iglhaut deutete auf ihre dumpf pochende Wange.

Herakles, voller Anteilnahme, gab eine große Kelle weiche Bohnen in ihren Teller, schnitzte aus einem Radieschen eine Blüte und pflanzte sie behutsam in die Mitte. Die Iglhaut hatte derweil der Kanzlerin draußen eine Schale Wasser hingestellt, setzte sich an den Plastiktisch vor dem Tresen. Das Telefon in ihrer Jackentasche summte. Dori wollte hören, wie es ihr beim Zahnarzt ergangen war. Sie brauche ganz sicher nicht die Hilfe des Referendars?

Darauf würde sie später antworten. Auch wenn Herakles nicht wissen konnte, wem sie schrieb, gab es die stumme Übereinkunft, dass die beiden, Anwalt und Imbissbesitzer, voneinander nichts wussten, nichts wissen wollten, als koexistierten sie, wie Schrödingers Katze, nur ohne die Iglhaut als Beobachterin.

Sie schaute auf die Blütenskulptur im Eintopf. So fein geschnitzt, als blühte da echte Zuneigung aus dem Gemüse. Manchmal packten die Iglhaut solche Kleinigkeiten. Sie hätte sich am liebsten umgedreht zu Herakles: Komm, lass uns zusammen verschwinden, irgendwo anders hin! Auf eine Insel, wo keiner Plackerei und Geldnöte kennt und wir bloß gemeinsam auf den Wellen des Daseins treiben.

Aber sie drehte sich nicht um. Weil eine Iglhaut sich noch nie umgedreht, sondern sich stets für das, was vor ihr lag, entschieden hatte. Deshalb überlegte sie, was in nächster Zeit einzusparen wäre und wie ihre Werkstatt im Netz besser zu bewerben.

Frau Ivanović hatte den Imbiss betreten, sie grüßte – «Ciao, Mama» – in Richtung Küche, nickte ihr zu, längst nicht so freundlich wie neulich. Was war der denn über die Leber –?

Als ihr Skepasti fertig war, fragte die Ivanović dann doch, ob sie sich zu ihr setzen dürfe. Die Iglhaut nickte und schob ihre Radieschenblüte an den Tellerrand. So etwas hatte Herakles der Nachbarin nicht auf ihr Sandwich geschnitzt. Frau Ivanović aß das Skepasti trotzdem mit einem Genuss, den die Iglhaut persönlich nehmen musste. Satt stand sie auf, wischte sich mit einer Serviette den Bratensaft vom Mund und stellte ihren Teller zurück auf den Tresen.

«Ach übrigens», sagte Frau Ivanović während sie ein paar Münzen in den Trinkgeldbecher warf. «Da fragt wer an der Werkstatt nach Ihnen. Von der Kirche wohl. Wegen der Trauung? Aber die findet ja, wie man hört, nicht statt. Leider.» Und ging ab ohne Gruß.

Die Iglhaut stand hastig auf, wusste nicht, was sie ärger finden sollte, die spitze Bemerkung oder dass die Ivanović sich erst jetzt dazu bequemt hatte, ihr von der Kundschaft zu berichten.

Herakles lachte.

«Die Ivanović ist so süß. Hat das mit der Verlobung wirklich ernst genommen.»

«Sehr süß.» Die Iglhaut reichte ihm ihren Teller. «Und denkt, sie muss es mir auch noch reinreiben. Hättest ja auch etwas dazu sagen können.»

Herakles hob die Arme. «Ich? Ich hätte doch nur irgendwas falsch … Und dann hätten wir wieder neue Gerüchte.»

Die Iglhaut schnippte auch etwas in den Trinkgeldbecher. Sie verließ den Imbiss, pfiff nach der Kanzlerin, die sich unter der Tageskarte zusammengerollt hatte, und ging zurück in den Hof.

Langes weißes Gewand, ein Schleier. Die Wartende sah selbst aus wie eine ältliche Braut. «Eine ausführliche Pause, so kurz vorm Feierabend.» Ihre Stimme klang spöttisch. «Nun, wer es sich leisten kann …» Sie streckte ihr doch noch die Hand entgegen.

Die Iglhaut schlug zögerlich ein, öffnete dann die Garage und sagte über ihre Schulter hinweg: «Um was geht es denn, Schwester? Was führt Sie zu mir?»

HOLZWERKSTATT IGLHAUT

Auftrag 13

Restaurierung von drei historischen Holzfiguren

Was die Ordensschwester zur Iglhaut brachte? Ein lang gehegter Wunsch der Oberin, der mit der Zeit zur Anordnung geworden war: Schwester Amalburga möge sich der Figuren im Keller annehmen. Nicht für die Kapelle, so bedeutend waren die Schnitzarbeiten nicht, aber für den Gang dorthin.

Amalburga gefiel der Flur eigentlich, wie er war; karg, die Wände geweißelt, ein abgewetzter Sisalläufer über dem Grätenparkett. Außerdem war sie beschäftigt. Erst das Morgengebet um kurz nach sechs, und danach hatte sie den Siphon unter der Spüle aufgeschraubt. Ein beißender Schlick war das gewesen, Essensreste im Rohr, zu Brocken verhärtet. Der Geruch saß ihr noch immer in der Ordenstracht, und den Nacken hatte sie sich auch unter der Spüle verrenkt.

Amalburga ließ die Schultern kreisen, dehnte den Hals. Wenigstens floss das Wasser wieder ab, staute sich nicht mehr trüb und ölig, ein klarer Rechtswirbel den Abfluss hinunter. Dafür belohnte sie sich mit einem Marmeladenbrot und mit einem weiteren, auch wenn sie wusste, dass solche Belohnungen dazu führten, dass das Habit noch mehr spannte. Den Zucker im Kaffee hatte sie sich verkniffen. Leidlich schmeckte der, nach nicht viel mehr als heißem Wasser. Extra für die Oberin. Die vertrug kaum noch Koffein.

Nach dem Frühstück klemmte Amalburga Teller und Tasse zwischen zwei Willibecher in die schon volle Spülmaschine, schaute aus der Küche in den Gang. Die Oberin krückte bereits hinüber zur Kapelle. Schwester Imani saß noch am Frühstückstisch und pflegte die offenen Stellen an ihren Händen mit einer Salbe. Auf dem Fensterbrett neben den Kräutern fiepten die Meerschweinchen in ihrem Käfig. Imani hatte die beiden «Luke» und «Leia» getauft. Sie sähen mit ihrem cremeweißen Fell wie kleine Jedis aus.

Gierig rupften sie Amalburga das angebotene Petergrün aus den Händen. Sie warf ihnen ein letztes Küsschen zu, schloss den Käfig und eilte neben Schwester Imani durch den Gang zum nächsten Gebet.

Winterliche Morgensonne fiel durchs Kapellenfenster, Amalburga kniete in der letzten Bank. Die kehlige Rezitation der Oberin, Schwester Imanis Sopranmurmeln, Amalburga überließ sich dem Gebet, warmes Flüstern vor steinernem Echo. Die Sonnenstrahlen wanderten, durchschnitten ihre Konzentration, erhellten Schwester Imanis blaue Ordenstracht.

Amalburga sah von hinten zu, wie ihre Mitschwester die Finger immer wieder vorsichtig voneinander löste, um die offenen Hautpartien zu schonen. Rubinwunde Hände. Seit Monaten konnte Imani nicht putzen, nicht tippen, kaum beten. Sie hofften nun auf heilende Sonnenstrahlen, wenn schon die Fürbitten nicht halfen und auch kein Kortison.

Die Sonne wanderte schneller weg vom Kapellenfenster als das Morgengebet verging. Irgendwann stemmte sich die

Oberin endlich von der Kirchenbank hoch, krückte zurück in die Schlafkammer, die sie ihr *Infirmarium* nannte. Amalburga sah ihr nach mit einem welken Gefühl. Wenn die Oberin, die Glaubensfeste, verstarb, dann ginge mehr dahin als sie.

Amalburga machte sich auf den Weg zum Schultrakt. Sie hatte heute keine Klasse zu unterrichten, trotzdem warteten die E-Mails im Sekretariat, den Aula-Belegungsplan wollte sie prüfen, damit es nicht wieder Überschneidungen gab zwischen Theater-AG, Chor und der Senioren-Computergruppe. Wenn die Senioren den Raum, den sie gemietet hatten, nicht bekamen, witterten sie gleich die ganz große Verschwörung – als wäre es ein Wunder, wenn nicht mindestens der Vatikan hinter der Überbelegung steckte.

Noch war alles ruhig, die Schüler in den Klassenräumen aufgehoben. Meistens mochte sie das Leben, das mit dem Pausenläuten aus den Zimmern strömte. Doch in letzter Zeit wurden ihr das hormongetriebene Gejohle und Getrampel zu scheppernd und zu kreischig. Sie holte im Lehrerzimmer eine Leggins aus ihrem Fach, zog sie unter den Rock, über ihre Strumpfhose, stahl sich hinaus.

Der Südfriedhof war nicht weit. Eine einzige Gebeugte saß zwischen leeren Flaschen auf einer Bank, krallte die Hände ins krustige Haar. Amalburga hätte sich gern zu der Trinkerin gesetzt, aber nicht heute. Stracks durchquerte sie den vorderen Friedhofsteil. Kiespfade, Matsch und eine zertretene Aludose. Sie kickte die Dose vor sich her bis zum Mülleimer. Ein süßlicher Geruch. In den oberen Klassen tranken einige solche Limonaden schon vor der ersten Stunde. So viel Energie brauchte sie gar nicht, ein stärkerer Kaffee wäre schon genug.

Zum entlegeneren Teil des Friedhofs gelangte man über eine schmale Passage. Ein Lapidarium säumte den Eingang.

Die Grabsteine keine Trauerorte, Denkmäler waren sie, auf denen längst vergessene Namen standen und darunter Berufe, die es heute nicht mehr gab: Schlachtenmaler, Oberbergrat, Medailleur, Heraldiker, Lohnkutscher. Am besten gefiel Amalburga der *Liebesbriefausträger und Vertrauensmann für heimliche Angelegenheiten.*

Sie schritt auf den Gekreuzigten zu. Er ragte auf einem Steinsockel empor. Sie ging in die Knie, nach den Frühgebeten im Dormitorium und der Kapelle zum dritten Mal. Der Stein war kalt, Amalburgas Knie wurden trotz der Strumpfhosen und Leggins sofort klamm. Sie faltete ihre Hände, legte den Kopf nach hinten, denn der Schleier war schwer. Ein Wirbel knackte. Sie hatte ihr Physioprogramm in letzter Zeit vernachlässigt.

Wie sie zum Zwiegespräch ansetzen wollte, rumpelte ein Läufer schwer atmend an ihr vorbei. Sie drehte sich unwillkürlich um. Der hatte Waden! Wuchtige Pakete am Hinterbein, Tritt für Tritt spannten sie sich an. Der hatte im Gegensatz zu ihr nichts vernachlässigt. Amalburga wischte sich mit dem Handrücken die Nase und wollte sich wieder dem Gekreuzigten zuwenden. Roch Kaffeeduft. Ein Espresso wie der im Alighieri, der wäre jetzt gut gegen die schweren Lider und den Schwindel vom Genick. Am Tresen könnte sie mit der Inhaberin plauschen oder den Azubi aufziehen. Yassin ärgerte sich so rührend.

Herrgott, was war denn heute mit ihr los? Sie nahm ein paar Abkürzungen in ihrer Zwiesprache und stand auf. Gerade ging es nicht besser, nicht ohne einen guten Kaffee. Vorbei an einer kahlen Schwarzpappel am nördlichen Ausgang des Südfriedhofs, vorbei an einer Kastanie, da vorn die Hainbuche. Bäume waren für Amalburga die schönsten Gewächse unter der Sonne. Sie zählte sie und bestimmte sie. Bäume säumten ihre Tage.

Sie trat aus ihrem blattlosen Schatten auf die Straße und ging direkt ins Café Alighieri. Die Inhaberin nickte ihr zu. Der Azubi bereitete unaufgefordert einen Caffè Doppio und stellte ihn vor Amalburga auf den Tresen. Die stürzte ihn hinunter, bat die Inhaberin, für heute anzuschreiben.

«Aber am Ende des Monats brauche ich das Geld», sagte die Inhaberin. «Gottes Lohn hat noch niemandem die Betriebskosten bezahlt.»

Das Koffein hellte Amalburgas Nerven, schubste ihren Schalk. Sie tat so, als habe sie den Kommentar im Rauschen der Maschine nicht gehört, legte die Hände übereinander und wandte sich Yassin zu. «Wie du dich heute wieder schön ausstaffiert hast», sagte sie zu ihm. «So schick. Für wen denn?»

Yassin wurde rot, strich sich über die ausrasierten Schläfen. Amalburga freute sich, dass es ihr wieder gelungen war, den Jungen zu verwirren. Doch dann verneigte er sich spielerisch: «Nur für Sie, Verehrteste», erwiderte er. «Man darf sich ja auch bei einer unmöglichen Liebe Hoffnung machen.»

Amalburga blieb stehen und hob den Daumen. «Den hast du dir aber schon länger überlegt, du Bazi.»

«Bazi?», fragte Yassin.

«Schlawiner, Schlitzohr, Gauner», thesaurierte die Inhaberin. «Bist du alles nicht. Lass dir von der Schwester nichts einreden.»

Amalburga nickte beifällig. «Hör gut auf sie. Die Chefin hat immer recht. Wie viele Tassen schulde ich? Fünf?», fragte sie und war schon aus der Tür.

«Acht, Schwester!», rief ihr die Inhaberin hinterher.

Wieder im Konvent, zog Amalburga ihren Schlüsselbund

aus der Rocktasche, öffnete die Tür zum Keller, machte Licht. Feuchtigkeit und Herbes. In irgendeiner Kiste musste noch Weihrauch lagern. Da vorn, die Heiligenfiguren. Gleich morgen würde sie sich um sie kümmern. Oder wenn nicht da, dann sicher übermorgen.

HÄRESIE

Ja, bestätigte die Iglhaut. Sie habe eine Weiterbildung als Restauratorin gemacht, sich auch mit Fassmalerei beschäftigt, aber schon lange nicht mehr in der Richtung gearbeitet.

Das hörte Schwester Amalburga offenbar nicht gern.

Das Wichtigste, schob die Iglhaut rasch hinterher, sei jedoch die Wertschätzung des Objekts. Bei allem handwerklichen Können werde dieser Aspekt oft unterschätzt.

In dieser Sache waren sie sich einig, bis die Ordensschwester sie informierte, dass es sich bei der zu restaurierenden Figurengruppe um einen Jesus, einen Franziskus und eine Magdalena handele.

«Mhm», nickte die Iglhaut langsam. «Sie sollten vielleicht wissen: Falls Sie eine spirituelle Dimension in der Wiederherstellung erwarten, bin ich auf keinen Fall die Richtige. Es steht eine überzeugte Atheistin vor Ihnen. Keine Agnostikerin. Kein Ausweg ins Nichtwissen. Ich weiß, das hier ist es, und mehr nicht. Nach dem Tod ist es vorbei.»

Amalburga verschränkte die Arme vor der Brust, ihre Augen blitzten. Die Iglhaut befürchtete einen Bekehrungsversuch, einen Gottesbeweis, schlimmer noch: Mitleid.

Aber die Schwester legte nur den Kopf im Schleier schief und taxierte sie: «Also, wann können Sie die Figuren abholen?

Die sind nicht leicht. Vielleicht bringen Sie jemanden mit, der Ihnen beim Schleppen hilft ... Haben Sie einen Zettel für meine Nummer?»

Die Iglhaut zog eine Lade auf und kramte. Derweil ging Schwester Amalburga zur Kirsche, zupfte an der Rinde.

«Ihr Kirschbaum hier», sagte sie, «um den muss man sich kümmern. Sonst macht der es nicht mehr lang.»

Aber es war ja noch nicht die Zeit für Blüten. Die Äste dunkel, winternackt, auf die Staffage des Frühlings wartend. Vor der Schwester hatte die Iglhaut so getan, als berühre die Warnung sie nicht. Jetzt betrachtete sie fast ängstlich den Stamm. Die Rinde blätterte tatsächlich ab. Mit Hölzern kannte sie sich aus, aber nur mit den gefällten und zugeschnittenen. Botanikerin war sie keine. Was brauchte ihre Kirsche? Eine Wurzelbehandlung, wie ihr Gebiss?

Die Iglhaut legte eine Hand auf die Kirschrinde, so vorsichtig wie auf eine schmerzende Wange. Seltsamer Vergleich. Und doch flüsterte sie: «Was machen wir bloß?»

In der Wohnung von Tildi Rolff ging das Fenster auf. Ronnie L. beugte sich heraus. Sein langer, knochiger Arm in einem weiten Pulli. Sorgfältig wischte er mit einem Lappen über die Scheibe. Seifenwasser nieselte in den Hof.

Die Iglhaut schaute über Ronnie hinweg in einen bleigrau vernagelten Himmel. Der Zahn, die Kranuschka, das frühe Abendessen, der überraschende Auftrag hatten sie erschöpft. Heute ging nichts mehr. Früher hätte sie sich eine Zigarette angesteckt, um den Geschäftsschluss einzuläuten. Stattdessen haderte sie mit dem Gedanken, ob es vertretbar war, Heiligenfiguren zu restaurieren. Die Figuren selbst waren nicht das Problem, die nicht. Aber die Institution!

Die Moralistin in ihr weigerte sich, auch nur einen Finger für die katholische Kirche zu rühren. Die Utilitaristin bewertete die Situation ganz anders – gerade mit Blick auf die neuen Zähne, die es zu bezahlen galt. Die Zynikerin kicherte, es sei doch wunderbar, wenn eine Kirche, die so viel Leid über die Welt gebracht hatte, gerade ihr, der Atheistin, das Gebiss sanierte.

Die Narbe in ihrer Seite juckte wieder. Sie stieß sich vom Baum ab, schloss das Werkstatttor. Als sie droben im Gartenhaus ihre Wohnungstür aufsperrte, hatten Zweckdenken und Zynismus den Sieg davongetragen.

Moral, sagte sich die Iglhaut, musste man sich leisten können.

MONDSCHEINKÄSE

In der Nacht verfolgten sie Schnitzmesser und Vögel mit geschärften Klauen und Schnäbeln. Wieder musste sie fliehen, musste rennen mit einem Loch in der Seite. Doch ihre Beine trugen dieses Mal gut. Kein Brennen im Hals, kein Wadenkrampf. Hatten auch Albträume einen Trainingseffekt?

Sie hätte nicht fragen sollen. Denn jetzt: stolpern, zu Boden gehen, wie jedes Mal. Hilfloses Rudern auf dem gefährdeten Bauch. Die Vögel würden gleich auf sie niederstoßen mit ihren Schnäbeln. Das Messer war bereit zum großen Stich.

Messer? Nein, ein Messer war es nicht, das auf sie niederging. Die Finne eines Maurerhammers. Interessantes neues Werkzeug. Vorhersehbaren Albtraum gab es wohl nicht. Diesmal stopften sie ihr auch noch Sand zwischen die Zähne.

«Lass mich.»

«Verpiss dich.»

«Du sollst mich lassen!»

Ein Knall.

Iglhauts Hand ging zum Kiefer.

Die Zähne waren noch da, waren noch ganz.

Die Hand ging zum Laken.

Alles trocken.

Der Blick ging zur Weckeruhr.

Ja, waren die wahnsinnig geworden? Die Iglhaut stöhnte. Sollte sie sich jetzt anziehen und zu den Zenkers rauf? Klingeln und gegen das Toben antoben? Oder Augen zu und auf Schlaf hoffen? Die Iglhaut streckte die Glieder, in denen noch Hammerstiele und nicht Knochen zu stecken schienen.

Jedes Wort war genau zu verstehen. Der Zenker nannte die Zenkerin ein Dreckstück. Noch ein dumpfer Schlag. Darauf ein Schrei der Zenkerin. Die Kanzlerin wimmerte in ihrem Hundebett.

«Ich geh ja schon.» Die Iglhaut stand auf und stieg mit steifen Beinen in die Trainingshose. Ärger ballte sich in ihr als Schleim, den sie ins Badwaschbecken spuckte. Ihre Füße rutschten noch bettwarm in die kalten Stiefel. Das Flurlicht um kurz nach drei in der Früh: ein Angriff aus der Dunkelheit.

Die Iglhaut stieg die halbe Treppe hinauf, hielt kurz inne, horchte. Der Schall war schon ein Schuft. Wie kam der Krach direkt zu ihr ins Schlafzimmer? Hier im Treppenhaus hörte man beinahe nichts. Sie ballte die Linke mit dem Schlüssel zur Faust, nahm die letzten Stufen.

Klingelte.

Und wartete.

Nichts.

Einen Pulli hätte sie sich anziehen sollen. Sie fröstelte. Klingelte wieder. Wollten die das aussitzen?

Sie klopfte. Nun war sie schon hier hoch, dann musste die Situation auch besprochen werden. Sie klopfte lauter.

«Mach schon auf», hörte die Iglhaut die Zenkerin durch die Tür. «Die geht nicht einfach wieder.»

Ein Schlüssel drehte sich im Schloss, die Tür ging einen Spaltbreit auf. Mehr wollte man auch nicht sehen. Der Zenker in Unterhose und mit nacktem Oberkörper, der Hanteltraining und Bier nicht zu neuer Einheit brachte. Nein, dem Bier schien einiges in Zenkers Oberkörper zu gelingen, an dem die Hanteln gescheitert waren.

«Ich höre wieder alles», sagte die Iglhaut. «Ich höre jedes einzelne Wort.»

«Ist gut. Kommt nicht mehr vor.» Der Zenker wollte die Tür wieder schließen.

«Dafür haben wir das jetzt zu oft gehabt, dass das nicht mehr vorkommt.»

«Es ist alles in Ordnung.»

«Nein», rief sie. Das sei es eben nicht! Weil es schon nicht in Ordnung war, dass sie da unten lag und fürchten musste, der Frau könnte etwas zustoßen, oder den Kindern. Dass sie am Ende Schuld hätte, weil sie nicht eingeschritten war. Eine Zumutung sei das! Albträume bekomme sie davon, die sie bis in den Morgen quälten. «Ich bin selbstständig, das kann ich mir auf Dauer nicht leisten», wütete die Iglhaut.

«War's das?», fragte der Zenker bloß, dazu eine Handbewegung, die Iglhaut solle sich woanders ausheulen. Die Zenkerin hinter ihm nickte ihr zu. Dann schloss er die Tür.

Schon wieder eine Nacht unrettbar verloren, obwohl nun oben Ruhe war. Irgendwann, kurz vor Morgengrauen, stand sie auf, gab der Kanzlerin eine Schippe Reis in ihren Napf, wechselte das Wasser. Das Tier freute sich, die Iglhaut knurrte. Knurrte beim Anziehen, knurrte beim Lippe-übers-Zahnfleisch-Hochschieben (um das Provisorium zu begutachten), knurrte beim Vereinzeltes-Haar-zwischen-den-Augenbrauen-Auszupfen, beim Hausschlüssel-Suchen, der nicht am Haken hing. Irgendwo musste sie den abgelegt haben, nachdem sie von den Zenkers gekommen war …

Der Schlüssel steckte. Sie ging die Treppe hinunter, ignorierte den Briefkasten. Nach Rechnungen stand ihr nicht der Sinn. Sie ging durch den Hof, nickte Jasmina aus der betreuten Wohngemeinschaft zu, die ihr nachrief: «Alles klar bei Ihnen, Frau Iglhaut? Sie sehen richtig scheiße aus.» Ging auf die Straße, drehte eine große Runde. Im Telefon eine Erinnerung: Geburtstagskaffee mit der Mutter.

Sie hatte noch kein Geschenk.

Nurjas Hexenladen hatte noch immer das Weissagungsangebot im Schaufenster, machte allerdings erst in zwanzig Minuten auf. Also eine Ehrenrunde.

Die Kanzlerin begrüßte das.

Als sie zurückkamen, war die Tür weiterhin verschlossen. Die Iglhaut ging doch erst in die Werkstatt, räumte da ein bisschen herum, verlor beinahe die Lust, die Mutter zu beschenken, überwand sich dann doch. Irgendetwas Kleines musste sie ihr bringen. Durch den Dunst von ätherischen Ölen fragte sie, ob das Sonderangebot noch gelte. Die Frau hinter dem Tresen – langes, rauchgraues Haar, schwarz umrandete Augen – musste Nurja selber sein.

Sie habe Glück, raunte sie, das Angebot sei noch bis übermorgen gültig. Sie könnten gleich beginnen. Nurja deutete auf ein Hinterzimmer mit einem Holztisch und zwei Stühlen.

Die Iglhaut winkte ab. Ob sie ihr vielleicht auch einen Gutschein ausstellen könne?

Nurja begann, hinter dem Tresen zu kramen. Wirre Papiere, ein vertrockneter Apfelbutzen. Dann schob sie die Ballonärmel zurück und zeigte der Iglhaut zwei Postkarten.

«Supernova oder Kaktus? Warten Sie, ich weiß schon …» Sie nahm einen Kuli und die Karte mit dem Riesenkaktus zur Hand. «Und was führt Sie *eigentlich* zu mir?», fragte sie dann.

Die Iglhaut schnippte gegen einen rautenförmig geschliffenen Kristall, der von der Decke hing. «Meine Mutter hat Geburtstag. Die mag so was.»

«Sonderangebote?», fragte Nurja.

Die Lichtpunkte des Prismas tanzten über die Ladendecke. Die Iglhaut schmunzelte. «Die auch», sagte sie.

Nurja stempelte die Postkarte und übergab sie der Iglhaut.

Gutschein für eine mediale Beratung
(10 Min. / verlängerbar gegen Aufpreis)

«Nur Barzahlung. Das Kartengerätesyndikat unterstütze ich nicht», schob sie noch hinterher.

Die Iglhaut holte einen Zehner aus ihrem Geldbeutel. Aber so schnell gab Nurja nicht auf.

«Niemand kommt einfach so in meine Ladenresidenz.» Sie öffnete die Kassenschublade. «Seit ich hier eingezogen bin, sehe ich Sie an meinem Schaufenster vorbeilaufen. Nicht ein Mal reingeschaut haben Sie. Aber heute haben Sie geradezu gelauert. Das ist mir nicht entgangen. In Ihrem Leben ist etwas geschehen.» Überzeugung in Nurjas Stimme, in ihrer vorgeneigten Haltung.

Die Iglhaut hob die Schultern, nicht wirklich.

«Dann ist es der Wunsch nach einem grundlegenden Wandel», tippte Nurja.

«So einen Wunsch habe ich immer», erwiderte die Iglhaut. «Den gibt bloß mein Bankkonto nie her.» Sie stieß erneut den Kristall an. Die Kassenschublade ging zu.

«Ja, das passt», sagte Nurja, «dass Sie äußere Limitierungen vorschieben.»

Die Iglhaut deutete auf die Kasse. «Und jetzt bin ich um einen weiteren Zehner limitierter.»

Nurja hob die Arme, wirbelte den Geruch von verbranntem Salbei und Zedern auf. «Ich weiß, was das hier war. Ein Versuch. Sie haben sich kurz vorgewagt, mit dem Einsteiger-Gutschein als Vorwand. Eigentlich wollten Sie selbst. Aber Sie sind wohl für die Wahrheit noch nicht bereit.»

Die Iglhaut verzog das Gesicht. Die Wahrheit, aha. Für diese hier werde sie kaum je bereit sein, sagte sie sich und nahm die Postkarte. Die Luft draußen erschien ihr wohltuend frisch.

Ihre Mutter öffnete gleich nach dem ersten Klingeln. «Ach, du bist es.» Weiße Seidenbluse, frisch gefärbtes Haar, fliederfarbener Lippenstift, forscher Schritt. In der Luft: Laune.

Die Iglhaut folgte ihr in die Wohnküche. Sie hatte sich noch nicht gesetzt, noch kein Getränk, noch kein Stück von der Käseplatte auf dem Esstisch genommen, da war sie nicht mehr Tochter, sondern Botschafterin in einem autokratischen Land, zur Rechtfertigung einbestellt. Ihre diplomatische Seite war gefordert. Umsichtig gewählte Worte, vielsagendes Schweigen und abwägendes Nicken zur rechten Zeit.

«Du hast doch deinem Vater nicht etwa gesagt, dass er mich anrufen soll?»

Entrüstetes Kopfschütteln der Iglhaut.

«Tee?»

Lächeln, ja bitte. Dankbar, als werde Lebensrettendes angeboten.

«Ich hätte nicht rangehen sollen.»

Eine vage Kopfbewegung, weder zustimmend noch abwehrend.

«Er ruft an, und dann lässt er mich nicht zu Wort kommen.

Es geht nur um sein empfindliches Parkett, aus dem ein Fleck nicht rausgeht, und um die Fehler im Betriebssystem seines Telefons.»

«Seine Art, Gefühle auszudrücken?» Motive der Gegenseite als Andeutung platzieren.

«Bitte», die Mutter versetzte dem Schalter des Wasserkochers einen Schlag, «erklär ihn mir nicht! Es ist *mein* Geburtstag, und er belädt mich mit seinen Problemen.»

Die Iglhaut nickte abwägend. Sie wusste, wovon ihre Mutter sprach. Manchmal verwechselte der Vater auch ihr Ohr mit einer Hotline für technische Mängel.

Das Wasser kochte hoch.

«Ich muss mir das nicht anhören!», rief die Mutter durch das Brodeln. «Ich habe auch Bedürfnisse. Lange genug hab ich nicht widersprochen.» Sie beugte sich über die Käseplatte. «Aber gut, jetzt nur noch Erfreuliches. Was haben wir denn da?»

Die Mutter begann, die Zusammensetzung der Käseplatte zu erklären. Den kleinen Laib, der flüssig über seine Rinde hinausquoll, nannte sie «den Herben aus der Normandie». Ein eher krümeliger Quader mit Pfefferkörnern, war «ein ganz feiner Ligurischer». «Ein Würziger von den Bündner Alpen» teilte sich den Rand der Platte mit einem «Buttrigen von den Kykladen», den die Mutter noch mit ein paar Walnüssen aufgehübscht hatte. Das «Highlight», das nicht wie ein Highlight aussah, bildeten ein paar unscheinbare gelbe Scheiben: «Mondscheinkäse – an Lichtblüte- und Wärmefruchttagen gekäst, die Rinde mit Aqua-Luna-Wasser behandelt.»

«Okay», sagte die Iglhaut vorsichtig und lobte danach jeden einzelnen für sein Aussehen, den Geruch, seine Rolle im gesamten Arrangement.

Die Mutter nickte zufrieden, aber die Hände in ihrem Schoß wanden sich immer noch fahrig.

Ob sie nicht doch schon den Rotwein? Die Iglhaut deutete auf die Flasche im Regal.

Die Mutter, erleichtert: Sie selbst hätte es nicht vorgeschlagen, so früh am Tag, aber ja, Wein passe zum Käse viel besser!

Sie streckte sich zur Flasche oben im Regal, bekam sie nicht gleich zu fassen, tippte sie nur an. Die Flasche wankte. Die Flasche fiel.

Die Iglhaut sah den Rotwein schon am Boden, sah tiefrote Spritzer auf der Tischdecke, am Bücherregal, auf der Tapete dahinter. Die Flasche fiel aber in die Hände der Mutter. Sie hob den Wein in die Höhe: Trophäe gegen den Rivalen Schwerkraft verteidigt! Das beklatschte die Iglhaut wie ein gelungenes Manöver. Wahrscheinlich bekäme sie nach dem zweiten Glas wieder Geschichten vom «Buddhistischen Stammtisch» zu hören, der – wenn sie es richtig sah – nicht eben wenig zur Entfremdung der Eltern beigetragen hatte.

Die Iglhaut seufzte unhörbar.

Die Mutter nahm das Messer und setzte die Spitze an den Flaschenhals. Sie ritzte an der Manschette. Am Boden wäre der Iglhaut der Wein jetzt doch lieber gewesen. Die Mutter rutschte nämlich mit dem Messer ab. Der Schnitt ging quer über die Handfläche, der Schnitt war tief. Blut troff auf den Käse, rann in den Blusenärmel.

Die Iglhaut war aufgesprungen, drückte der Mutter ein Spültuch auf die Hand.

«Der gute Käse!» Die Mutter umwickelte das blutgetränkte Spültuch mit einer weiteren Lage Küchenrolle.

«Verbandskasten?», fragte die Iglhaut.

Die Mutter klagte nur weiter um den Käse und tupfte mit

dem einen noch verbliebenem Blatt den Buttrigen und den Krümeligen ab.

Die Iglhaut suchte nach dem Autoschlüssel der Mutter, fand ihn im Schlafzimmer auf dem Nachttisch, eilte zum Auto. Der Kofferraum war voller Verpackungsmaterial, aber ganz hinten, neben dem Ersatzrad, steckte der Erste-Hilfe-Kasten.

Der Schnitt war kaum verbunden, da hatte das Blut die Mullbinde schon wieder durchtränkt. Die Mutter schüttelte den Kopf, nein, ihren Geburtstag wolle sie nicht in der Notaufnahme verbringen.

Die Iglhaut ließ alle Diplomatie fahren – «Das muss versorgt werden, sofort!» –, zog ihre Jacke an und wollte die Mutter zum Auto zerren. Die machte sich los. Zwei Plastiktüten mussten her, eine für die Hand, um im Auto keine Flecken zu machen, eine für die Käseplatte, die unbedingt vorm Austrocknen zu schützen war.

Kopfschüttelnd rutschte die Iglhaut mit dem Fahrersitz nach vorn, um Kupplung und Bremse leichter zu erreichen – die Mutter: «Die kurzen Beine hast du auch nicht von mir» –, sie legte den Rückwärtsgang ein und setzte den Fuß aufs Gas. Zu fest, der Motor wummerte warnend.

Wo war die nächste Notaufnahme? Die Iglhaut versuchte, nach ihrem Telefon zu greifen. Aber Jackenstoff und Telefon hatten sich im Anschnallgurt verklemmt. Nun meldete sich auch noch das Handy, hörte gar nicht mehr auf zu vibrieren, als wollte es sich selbst befreien.

Die Mutter griff an Iglhauts Stelle nach deren Telefon, ruckelte am Gurt, drückte die Zunge zurück ins Gurtschloss, die Jacke verdrehte sich dabei noch weiter.

Die Iglhaut ignorierte das, lenkte den Wagen mit Blick auf die Mutter, bleich war die. Augen auf die Straße, zurück zur

Mutter. Eine weitere Nachricht summte in deren unversehrter Hand. Die Mutter sah auf die Vorschau im Display, schloss kurz die Augen, verstaute das Telefon hastig in der Ablage der Beifahrertür.

Die Iglhaut forderte entschlossen ihr Handy, wie solle sie sonst die nächstgelegene Klinik finden?

«Ich werde dich lotsen», sagte die Mutter und dann, im Befehlston: «Hier links!» Die Ampel sprang auf Rot. «Da fährst du doch noch drüber!»

Die Iglhaut, kopfschüttelnd, bremste ab.

Gläserne Schiebetüren glitten auseinander, gingen automatisch wieder zu, ließen Menschen ein, die hier in der Notfallambulanz aufs schwächste Glied reduziert wurden: Die Mutter war die verwundete Hand, die Iglhaut war Arm und Stimme, die sie anmeldete, die Versicherungskarte im Portemonnaie suchte und aushändigte, die fragte, wie lange sie warten müssten, der Sorge Ausdruck verlieh, die Mutter könnte zu viel Blut verlieren, dabei nicht vergaß, die Diensthabenden darüber zu informieren, dass die Mutter Transplantationspatientin sei.

An der Wand im Flur eine lange Sitzbank. Dort sahen sie zu, wie die Türen aufgingen für den nächsten Notfall. Die Mutter blickte unglücklich an sich hinab, ihre Bluse, so besudelt wie ihr Geburtstag. Die Iglhaut zog den Hexengutschein aus ihrer Jackentasche. Vielleicht zur Aufmunterung.

Die Mutter nahm die Karte, studierte sie, drehte sie um, als hoffte sie auf dem Kaktusbild noch mehr Geschenk zu finden. Dann hob sie den mit Mull und Plastik umwickelten Arm.

Handlesen werde schwierig sein in nächster Zeit. Außerdem könne sie sich kaum vorstellen, dass da noch etwas sei, was sie nicht schon vor Jahren gedeutet bekommen habe. Erst recht nicht in zehn Minuten.

Die Mutter gab ihr die Karte zurück. «Ist lieb gemeint, Kind, aber meine Handlinien sind ausgelesen.»

Die Iglhaut steckte die Karte perplex wieder ein. Wollte nach ihrem Telefon greifen zur Ablenkung, wollte die Hand, die sich ständig öffnen- und schließenden Glastüren vergessen, ihre Geldnot, den maroden Backenzahn und die immerwährende Rätselhaftigkeit der Eltern. Sie wunderte sich, klopfte die Taschen von außen ab.

«Das Telefon ist noch im Auto», sagte die Mutter. Ihre bleichen Wangen färbten sich rot. «Ist vielleicht besser, wenn du die Vorschau auf dem Display in Zukunft ausschaltest.» Sie blickte seltsam starr geradeaus. Fragte dann: «Schickt man sich heutzutage solche Sachen?»

«Was für Sachen denn?»

«Na», die Mutter stockte. «Solche … Nahaufnahmen.»

Die Iglhaut sah die Mutter fragend an. Die zog die umwickelte Hand schützend zur Brust. «Ich, in meinem Alter, brauche das nicht. Aber jeder so, wie er mag.»

Die Iglhaut, ratlos, verstand immer noch nicht. «Von wem war denn die Nachricht?»

Die Mutter schüttelte heftig den Kopf. «Ich hätte einfach nichts sagen sollen.»

«Bitte kommen Sie mit mir.» Die Ärztin ging ihnen voran, hell quietschende Sohlen auf dunklem Linoleumboden. Wie weiß konnten Turnschuhe denn sein? Scheuerte die ihr Schuhwerk nach jedem Patienten mit Zitronensäure?

Iglhauts Blick wanderte zu den eigenen ausgetretenen Stiefeln. Das waren noch die besseren, die sie extra für den Geburtstag der Mutter angezogen hatte.

Überhaupt wirkte die Ärztin erstaunlich jung.

Und ausgeruht, dachte die Iglhaut auf dem Schemel, ganz hinten im Eck, während die Ärztin den notdürftigen Verband im Mülleimer entsorgte. Sie reinigte die Wunde, konzentriert, nicht sonderlich in Aufruhr.

«Wie haben Sie das denn hinbekommen?» Die Frage diente eher dazu, die Mutter vom Geschehen abzulenken, als die Ärztin zu informieren. Die Mutter wollte aber nicht.

«Lese ich richtig?», versuchte die Ärztin es noch einmal. «Sie haben eine Spenderniere? Seit ...»

Das war schon besser. Die Mutter wurde erstaunlich gesprächig, während die Ärztin zu nähen begann. Oh ja, da müsse sie nicht lange nachrechnen. Acht Jahre und zwei Monate sei das inzwischen her ...

Die Mutter holte aus, sie prahlte, sie sprach in einer Weise von ihrer idealen Tochter – die Iglhaut wollte sich am liebsten sofort verkriechen. Eine Tochter, die nicht gezögert hatte, ja, eher ihr eigenes Leben drangegeben hätte, eine Tochter, die ganz nach der Mutter kam und vom Vater zum Glück nur die kurzen Beine, nicht aber seinen Kleingeist geerbt hatte.

Die Ärztin tat beeindruckt oder war es, die Iglhaut hätte es nicht sagen können. Verstecke gab es hier keine, aber verkriechen war doch möglich – nach innen und in die Vergangenheit.

ZEITSPRÜNGE

Sie solle abends etwas Leichtes zu sich nehmen, hatte der Narkosearzt ihr damals im Vorgespräch geraten. Ein Freundlicher war das gewesen, mit weichen, frisch rasierten Wangen. Er hatte ihr mit einer Taschenlampe in die Augen geleuchtet und ihre Lunge abgehört. Die Narkose vertrüge sie gewiss ohne Probleme, sofern sie nüchtern sei. Andernfalls könnte Verzehrtes über die Speiseröhre hoch in die Atemwege.

TRAGISCHES ENDE:
TOCHTER BEI NIERENSPENDE ERSTICKT

Eine Schlagzeile, die eine Iglhaut nicht hinterlassen wollte. Und doch kamen ihr solche Headlines in den Sinn. Der Vater war auch strikt dagegen. Die Ex-Frau mache mit ihrem Versand genug Geld für die Dialyse – und eine Warteliste, hatte er gesagt.

Die Iglhaut hatte nicht so recht verstanden, wie der Geschäftserfolg der Mutter und ihre Nierenspende zusammengehörten, ihm aber auch nicht widersprochen. Sie wolle erst einmal die Voruntersuchungen abwarten und sehen, ob sie überhaupt infrage käme. Denn das war die Bitte der Mutter gewesen. Herausfinden, ob es überhaupt möglich sei.

Sie habe ihre Ressourcen voll aktiviert, hatte die Mutter, ein Wärmekissen im schmerzenden Rücken, der Iglhaut zuvor erklärt. «Tinkturen, Handauflegen, Licht- und Farbtherapie, Fern-Reiki, Kraftsteine, Elektrobehandlungen, Schröpfkuren. Ich war beim Schamanen, beim Geistheiler, habe mit einem Medium kosmische Duschen genommen. Und wie du weißt, die Tirtze Braunshagen ist eigentlich eine solide Druidin.»

Die Mutter hatte geseufzt und die Augen geschlossen. «Schulmedizin. Das ist der allerletzte Ausweg.»

Schulmedizin und sie, vielmehr eine ihrer Nieren, und das überraschte die Iglhaut dann doch. Sie und ihre Mutter sahen sich nicht ähnlich, waren in allen entscheidenden Fragen verschiedener Meinung. Wie konnte es sein, dass ihre Blut- und Organwerte so gut zueinanderpassten? Die Werte, hieß es, seien geradezu zwillingsgleich.

«Das hat der Arzt gesagt?», fragte der Vater. «Du, ihr um eine Generation jüngerer Zwilling?»

«So ungefähr hat er es ausgedrückt, ich hab es ein bisschen verkürzt», sagte die Iglhaut.

Der Vater schaute besorgt, wie früher, wenn die Mutter beim «Buddhistischen Stammtisch» gewesen und erst am nächsten Morgen nach Hause gekommen war.

«Ich bin jedenfalls froh, dass sie ihre alternativen Behandlungen endlich aufgibt», entgegnete die Iglhaut dem Vater. «Du hast sie nicht gesehen, den Verfall in der letzten Zeit. Die angeschwollenen Beine, ihre Müdigkeit.»

«Müde. Unmöglich! Diese Frau hat mich mit ihrer Energie in den Wahnsinn getrieben.»

«Ebendeshalb bin ich froh, dass es passt. Ich hätte ja auch etwas Hinderliches haben können.»

Der Vater ließ sein Klapphandy unglücklich zuschnappen.

«Sie missbraucht dich», sagte er. «Die Tochter als Ersatzteillager.»

«Es ist meine Entscheidung», gab die Iglhaut zurück. «Die habe ich mir gut überlegt. Außerdem gab es ein psychologisches Vorgespräch und eines mit der Ethikkommission.«

«Psychologen und Ethiker. Die haben immer nur die Schwächsten im Auge. Und wenn deine Mutter etwas kann, dann im richtigen Moment schwach tun.»

Vor der Nierenspende hatte die Iglhaut nur zwei operative Eingriffe gehabt. Den ersten wegen eines Leistenbruchs. Den hatte sie mehr als ein Jahr ignoriert, ohne zu ahnen, was genau diese Blase neben ihrem Schambein war. Sie konnte sich nicht mehr erinnern, wer zu der Zeit neben ihr im Bett gelegen hatte, wusste aber noch, wie sie den kleinen Ballon durch das Loch im Gewebe gedrückt hatten, bis er wieder hochgekommen war.

Was hatten sie sich denn gedacht? Mit ihrem Darm hatten sie gespielt!

Den Arzt, der sie dann operierte, hatte ein Auftraggeber ihr empfohlen. Wenn sie ehrlich war, hatte nicht unbedingt sein Ruf, sondern sein Name sie erst begeistert. Herrn Prof. Dr. Teufels Praxisräume hatten sie dann vollends überzeugt. Überall frische Dankessträuße und eine Wand mit gerahmten Autogrammkarten von *Champions-League*-Gewinnern mit Leistenbruch. Daneben Olympiarodler, Triathletinnen, Wimbledon-Achtelfinalistinnen, Moderatorinnen; eine beliebte Filmschauspielerin war auch dabei. Ihnen allen, so stand es auf Herrn Prof. Dr. Teufels Website, garantiere er nach einem ambulanten Eingriff den Wiedereinstieg ins Training schon eine Woche nach der Hernienoperation.

Ein Kameratermin oder Langstreckenflug, las die Iglhaut beeindruckt, sei schon nach 48 Stunden wieder drin.

Die zweite Meinung, mit dem unscheinbaren Namen, hatte ihr eine Woche Krankenhaus und fünf weitere Wochen Bettruhe in Aussicht gestellt. Also hatte sie beim Herrn Prof. Dr. Teufel, dem ihr Kassenbeitrag zu gering gewesen war, draufgezahlt. Allein der Weg zum Privatspital am See hatte eine Dreiviertelstunde Taxifahrt bedeutet. Dafür hatte sie nach der Operation ein paar Stunden zur Beobachtung in einem Zimmer verbracht, das mehr Hotel als Krankenhaus gewesen war. Ein Kuchenbuffet hatte es gegeben und, in der Auffahrt vor dem feudalen Eingang, das Jaguar-Cabriolet des Herrn Professor mit Golftasche auf den Ledersitzen.

Das vor allem fand die Iglhaut sonderbar beruhigend, denn wer sich eine Mitgliedschaft im Golfclub und einen Wagen leisten konnte, der derart reparaturanfällig war, der musste teuflisch gut im Zusammenflicken von Leistenlöchern sein.

«Frau Iglhaut.» Prof. Dr. Teufels Stimme knatterte durch den Telefonhörer druckvoll wie ein alter Benziner. «Sind Sie gut nach Hause gekommen? … Irgendwelche Nachwirkungen von der Narkose, nein? … Die Cool-Packs für die Leiste auch zur Hand? … Ja, notfalls geht auch eine gekühlte Bierflasche. Aber den Inhalt erst wieder übermorgen.»

Der Telefonanruf, den sie als sehr fürsorglich empfunden hatte, wurde natürlich auch berechnet. Und bis sie wieder in ihrer Werkstatt stehen konnte, war doch noch etwas Zeit vergangen. Was waren denn Schauspielerinnen und Rodler für zähe Gewächse?

Zur Nachuntersuchung schleppte sie sich in die Stadtpraxis des Herrn Prof. Dr. Teufel, hinkte an seiner Prominentenwand vorbei. Vielleicht wuchsen einem mit der Berühmtheit besondere Fertigkeiten zu?

Der Professor Doktor war sehr zufrieden mit der Wundheilung, er zog die Fäden, rief ihr beim Abschied hinterher: «Tun Sie mir, bitte, nur einen Gefallen: Ziehen Sie doch Ihr Bein nicht so nach!»

Dieser Teufel! Die Iglhaut, die gerade noch in die Praxis hineingehinkt war, spazierte auf Geheiß des Doktors zur Straßenbahnhaltestelle, die Juniorensiegerin im Kugelstoßen hätte es nicht leichtfüßiger hinbekommen. Sie setzte sich ins Haltestellenhäuschen. Sie schlug die Beine übereinander. Unterdrückte einen Schrei.

Das ging wohl doch noch nicht.

Zu ihrem zweiten Eingriff war sie dann mit dem Fahrrad hingefahren. Der Pförtner am Eingang hatte ihr bei der Anmeldung «viel Spaß» gewünscht. Sein dunkler Humor hatte ihr imponiert, auch wenn es ihr zum Lachen noch zu früh gewesen war.

Vor der Operation hatte sie einen Kittel, eine Wegwerfunterhose samt Binde und Thrombosestrümpfe ausgehändigt bekommen. Zwei Tabletten zur OP-Vorbereitung. Sie hatte in einem kalten Zimmer mit einem harten Stuhl und einem Krankenhausbett, für das sie noch zu munter war, gewartet.

Im Vorraum des OP-Saals hieß es: Auf die Liege, bitte, Beine hoch!

Wie dann das rechte und das linke in der jeweiligen Halterung lagen, fragte ein OP-Pfleger, ob sie Probleme mit Knöcheln, Knien oder Hüfte habe. Sie verneinte, dann zog der Pfleger die Beinschienen probeweise auseinander, um zu sehen, ob man während der Operation ihren Unterleib weiter aufspreizen könne. Sie spürte kleine Schläge auf dem Handrücken: die Anästhesistin, die keine gute Vene fand. Sie stellte die Iglhaut vor die Wahl: «Berg oder Meer?»

Wie bitte? Was für eine Frage. Es braucht doch beides, oder nicht?

Ein Missverständnis. Es ging der Anästhesistin gar nicht um Alltagsphilosophie. Sondern: «Ob Sie sich, um leichter in den Narkoseschlaf zu finden, lieber etwas Schönes am Meer oder in den Bergen vorstellen möchten?»

Die festgebundenen Füße streckte die Iglhaut also imaginär in den Sand. Hände, die nun auch noch fixiert wurden, und Kopf lagen auf einer Wiese kurz unterm Gipfelkreuz. Alpenveilchen und Wellen. Oder eher Salzwasser im Auge und Brennnesseln in der Kniebeuge.

Als die Iglhaut im Aufwachraum wieder zu sich kam, hatte sie geheult. Vom Weinen hatte sie Durst bekommen, die Schwester reichte ihr einen mit zitroniger Flüssigkeit getränkten Tupfer, an dem sie saugen durfte. Indessen spürte sie, wie das Blut aus ihrem Unterleib rann. Aber sie wusste ja, das würde vergehen, und dann wäre das hier nur noch Erinnerung und vielleicht bald vergessen.

Nichts davon nach der Nierenspende: Kein Blut, nur ihr Bauch war seltsam taub. Und übel war ihr. Die Nächte vor der Operation waren quälend lang gewesen. Aus der Ferne hatte der Schlaf sie immerzu gefragt: Berg oder Meer, Meer oder Berg?

Wer braucht schon Natur, wenn er in die Kneipe kann?

Mit dieser Entgegnung war der Schlaf nicht zufrieden gewesen. Er hatte sich beleidigt verzogen, und der Iglhaut blieb viel Zeit für viel zu viele Gedanken. Plötzlich war sie überzeugt, die Mutter werde den Tag der Transplantation nicht erleben. Die nächtliche Iglhaut in hellem Aufruhr. Zwischen ihnen war Harmonie nicht leicht zu haben, aber sterben durfte sie doch nicht!

In der Folgenacht wiederum die Panik, der Mutter reiche nicht eine Niere, sie werde sich gleich noch die andere greifen … Sie wusste, dass es Unsinn war, glaubte auch zu wissen, woher er kam. Vom abendlichen Anruf ihres Vaters, der sie noch einmal von dem «Unternehmen», wie er es nannte, hatte abbringen wollen.

Und dann war alles, zum Glück, vorbei. Durch die Übelkeit im Aufwachraum hörte die Iglhaut, die OP sei gut verlaufen, bald habe es die Mutter auch geschafft.

Welche Mutter?

Kurz verdrehte es ihr den Kopf zum zweiten Eingriff hin. Niemand wollte hier Mutter sein. Wozu war sie denn hergekommen?

Gleichzeitig wurde ein Bett neben ihres gerollt, und der Iglhautkopf kam wieder in die richtige Zeit. Die Frau im Bett nebenan sah aus wie ihre Mutter, nur eingefallen: die Augen geschlossener als im Schlaf, der Mund kraftlos geöffnet über der Schulter. In die Hand der Frau tropfte die gleiche Flüssigkeit wie in ihre eigene Vene. Tochters und Mutters Herztöne schlugen in den EKG-Aufzeichnungen gegeneinander.

Noch nicht ganz nüchtern von der Anästhesie, wurde die Iglhaut sentimental. Sie grüßte ihre Niere im anderen Bett, wünschte ihr alles Gute. Vielleicht hatte sie ja noch Erinnerungen an den Bauch, in den sie eingepflanzt worden war. Immerhin hatte die Mutter die gesamte Spenderin einmal darin wachsen lassen.

Sie bat ihre Niere, gut zu funktionieren und der Mutter die anstrengenderen Züge nachzusehen. Die Mutter sei manchmal eigen, aber sie meine es im Grunde gut. Es brauche etwas Geduld und eine dicke Haut. Auf das Teesortiment aber könne sich die Niere freuen. Viel abwechslungsreicher als früher in der Iglhaut. Und sie werde sie besuchen, das werde sie bestimmt! Auch ihr falle die Trennung nicht leicht. Wer lasse schon gern so ein Prachtorgan ziehen?

Die Mutter öffnete die Augen, schaute die Iglhaut an, ein Blick, der wohl zu ergründen versuchte, was da vor ihr lag. «Ach, du bist es», sagte sie nach einer Weile. Es klang nicht enttäuscht, wie sonst oft einmal. Dann gingen ihre Augen wieder zu. Auch die Iglhaut beschloss zu schlafen.

Tags darauf wurden sie in ein gemeinsames Zimmer verlegt. Dort sahen sie sich beim Heilen zu, schliefen, sprachen nur das Nötigste. Toilettengänge takteten die Zeit. Aufzustehen fiel der Iglhaut leichter als der Mutter, helfen lassen wollte die sich aber nicht. Als müsste sie beweisen, dass es sich gelohnt hatte, ihr, der Älteren, ein Organ abzugeben, begann sie vom Bett aus, wieder E-Mails für ihren Versand zu bearbeiten. Die Mutter tippte, kalkulierte, feilschte bei Großbestellungen.

Auch die Iglhaut hatte ein paar Anfragen hereinbekommen. Nichts Eiliges, wie sie befand. Sie schaute auf den gerahmten Druck an der Wand, ein Feld voller Sommerblumen und eine Frau in getupftem Kleid, die sich bückte, um an einer Blüte zu riechen. Dieses Blühen, die vornübergebeugte Frau – sollte das Trost spenden, Hoffnung machen auf Spaziergänge in der Natur, die jenseits dieses Krankenzimmers irgendwann wieder möglich waren?

Der Iglhaut gefielen die Farben nicht, der naive Stil, der Rahmen aus Plastik und dass die Mutter die Pflegekräfte mittlerweile so behandelte, als seien sie ihre Angestellten. Sie denke gar nicht daran, all diesen Anweisungen zu folgen, das machte sie überdeutlich, während die Iglhaut hinter ihrem Rücken gestikulierte, sie werde schon zusehen, dass sie's tat.

Sie kümmerte sich darum, dass die Mutter alle Tabletten nahm, kümmerte sich, wenn die Mutter, in der Nacht hochgeschreckt, glaubte, wieder in einer Kindheit festzustecken, der sie bei Tage mittels Buddhismus und Druiden enthoben war. Sie sorgte dafür, dass die Mutter liegen blieb, auch wenn ihr die Beine kribbelten vor Tatendrang, ermahnte sie auch, freundlicher zu den Stationsärzten zu sein, so freundlich, wie zu dem einen Oberarzt. Versuchte, ihr auszureden, jeden neuen Pfleger, der einen Akzent oder nicht ihren Hautton hatte, zu fragen, wo er denn ursprünglich herkomme. Und sorgte nicht zuletzt dafür, dass der Vater sie beide auf keinen Fall besuchte.

Dafür kam Tildi Rolff aus dem Vorderhaus, brachte Blumen mit, Bücher, aber nur wenig Zeit. «Gleich Arbeitgeberverhandlungen in der Gewerkschaft.» Die Blumen steckte sie in eine Plastikvase und stellte sie in die Mitte zwischen Iglhaut- und Mutter-Bett. Die Bücher verteilte sie. Allesamt Bände rund um die Frage gesellschaftlicher Solidarität. Weiters: Grüße von Elsbeth. Sie beide hätten gerade Streit. Die Lebensgefährtin sei verärgert, weil Tildi sich auf ein Neues die Verhandlungen aufgehalst hatte. Tildi wiederum war verstimmt, dass Elsbeth nicht verstand, wie wichtig ihr die Arbeit war.

«Sie behauptet immer, sie hätte ihre gräfliche Herkunft hinter sich gelassen», schimpfte sie. «Aber an solchen Punkten kommt es eben raus, dieses verwöhnte Vertrauen der Elsbeth von Lienig, alles regle sich von selbst, wenn man sich nur vornehm heraushält.»

Beim Abschied damals war es schon zu sehen: wie schwerfällig sich Tildis Bein in der Hüfte drehte, die Schultern schief, das kurze Verschnaufen an der Klinke, das sie mit einem letzten Winken kaschierte. Körperliche Warnzeichen, die Elsbeth mit Recht fürchten ließen, dass Tildi sich zu viel zumutete.

Gleich zwei Sträuße brachte kurz darauf Valeria, dazu Teebecher aus Weißblech und Trinkröhrchen, sogar einen Tauchsieder hatte sie dabei. Die Mateblätter schüttelte sie in den Gefäßen, erklärte, in welchem Wasser die Aromen am besten erhalten blieben. Erst einen Teil des Mate mit kaltem Wasser befeuchten, bevor das warme Wasser – heiß, aber nicht kochend! – hineingegossen werden durfte.

Die Wartezeit füllte sie mit Anekdoten von ihrer neuen Arbeit in der Kinderwunschpraxis: «Ich hatte ja schon viele Jobs. Aber wisst ihr, jetzt? Morgens kommen die Patientinnen und lassen sich Blut abnehmen. Überwachung des Hormonzyklus, okay? Sobald die Ergebnisse da sind, fange ich an zu telefonieren.» Valeria, Hand als Hörer, Sprechstundengesicht. «‹Ja, Frau XYpsilon, ich soll Ihnen von der Frau Doktor ausrichten, dass Sie am besten Dienstagnacht Geschlechtsverkehr haben.› Und der Nächsten sage ich: ‹Spritzen Sie sich morgen dies und jenes, und 35 Stunden später wäre es ideal.› Den Leuten durchgeben, wann sie sich lieben sollen – irgendwie Traumjob, meint ihr nicht? Wenn ich mir vorstelle, dass auch nur ein neues Leben entstanden ist, weil ich angerufen hab. Das ist doch quasi Gottes Hand als Nebenjob! Obwohl. Die Frauen in der Praxis tun mir oft so leid. Nicht die mit einem Opa als Mann, die nicht! Da reicht doch wirklich Partnerschaft, wenn nur noch warme Milch kommt aus dem Mann. Aber alle anderen! Ich bin immer so froh, wenn ich meine Thea von der Tagesbetreuung hole. Auch wenn es nicht immer leicht ist mit ihrem – wie sagt man? – ihrem Erzeuger?»

Valeria, den Mate noch mal aufgießend. «Nicht leicht ist bisschen untertrieben.» Worauf eine weitere Episode aus der Kinderwunschpraxis folgte.

Wie die Iglhaut ihr diese Nachbarin bislang vorenthalten konnte, fragte die Mutter, als Valeria gegangen war. «Diese Spanierinnen», die Mutter saugte am Trinkhalm ihres Mate, bis nur noch Luft durch das Röhrchen rauschte, «die haben dieses Temperament.»

Valeria sei aber keine Spanierin, entgegnete die Iglhaut.

«Aber Südamerikanerin doch?» Die Iglhaut nickte vage. «Na, siehst du!» Die Mutter schaute bedauernd in ihren leeren Becher. «*Hand Gottes als Nebenjob* ... Eine Poetin.» Sie setzte das Trinkgefäß auf dem Beistelltisch ab. «Ich fühle mich erfrischt wie schon lange nicht mehr!»

«Das ist das Koffein», erwiderte die Iglhaut.

Der Blick der Mutter plötzlich erstaunlich innig. Valerias Tee habe dazu beigetragen, ganz bestimmt, aber ihr Wohlbefinden verdanke sie jemand anderem: der Tochter, die ihr nicht nur ein Organ abgegeben habe, sondern sich auch hier so gut um sie kümmere. Das sei ihr nicht entgangen, das dürfe sie nicht glauben.

Und ja, die Iglhaut haben diese Worte gefreut.

«Schade nur», fügte die Mutter bloß leider noch hinzu, «dass jemand, der sich so kümmern kann, selber keine Kinder hat.»

Die Iglhaut holte Luft, nein, sie fühlte sich zu schwach für solche Diskussionen. Die Mutter deutete ihr Schweigen anders: «Geh doch mal zur Valeria in die Praxis. Die können dir bestimmt weiterhelfen!»

«Bestimmt», presste die Iglhaut heraus.

«Jetzt werd nicht so schmallippig, nur weil es mal um etwas

Existenzielles geht», sagte die Mutter. «Ich weiß schon, dass es dazu auch einen Kindsvater braucht.»

«Danke, dass du mich erinnerst!»

«Dori. Das wäre einer gewesen. Aber jetzt ist schon eines von einer anderen unterwegs, nicht wahr?»

Die Iglhaut schaute, als sei die Mutter ein kubistisches Gemälde. Sie hätte einfach weiterschauen sollen, nichts sagen, bis die letzten Worte verklungen und vergessen waren. Sie musste aber, musste fragen, weshalb die Mutter ihr jetzt damit komme. Natürlich kriege er ein Kind, Dori, der mittlerweile seit zwei Jahren verheiratet sei.

«Herrje, stimmt», entgegnete die Mutter. «Die Posse, zu der du auch noch eingeladen warst.»

«Doris Hochzeit war keine Posse.» Die Iglhaut, mühsam beherrscht.

«Ist ja gut», sagte die Mutter.

«Du weißt gar nicht, was du sagst.»

«Ich denk noch, ihr seid ein Paar, und als Nächstes erfahre ich, du gehst zu seiner Hochzeit. Das darf ich Posse nennen.»

«Nein, eben nicht.» Das sagte sie viel zu laut.

«Und ich darf wohl auch nicht anmerken, ich würde mich über ein Enkelchen freuen?»

Da ging es mit der Iglhaut durch. Sie habe ein Mal als Ersatzteillager hergehalten, weiter werde sie sich nicht plündern lassen für Mutters Wohlbefinden!

Großes, beleidigtes Staunen. Ersatzteil? Plünderung? Davon könne gar keine Rede sein! Sie habe gedacht, die Tochter könne vielleicht nicht schwanger … Nun. Auch das habe sie nicht von ihr.

Die Iglhaut packte die Vase mit Valerias Blumen. Stellte sie wieder ab.

Die Mutter schaute in ihren Laptop. «Hättest ruhig werfen können», sagte sie.

«Kann ich auch jetzt noch», brummte die Iglhaut, drehte sich zur Wand. Sie bereute ihren Ausbruch fast schon wieder. Die Mutter hatte noch einen langen Weg vor sich, würde nicht so einfach genesen wie sie.

Auf ihre Weise hielt sich die Mutter auch wacker. Sie folgte dem Blick der Tochter. «Dieses Blumenbild, oje. Die Farben, der naive Stil. Und dann der Plastikrahmen. Lang werden wir, zum Glück, da nicht mehr drunter liegen.»

Die Iglhaut musste unwillkürlich lächeln. «Den Kunstsinn, Mama», sagte sie und drehte sich wieder um, «den hast du jedenfalls von mir.»

LIEBLINGSITALIENER

Die versehrte Hand verbunden und stillgelegt im Dreieckstuch, dazu in der Stirnfalte ein Entschluss: «Und jetzt bitte auf dem schnellsten Weg zum Piccolo Principe.»

«Wie bitte?», fragte die Iglhaut. «Und deine Hand?»

«Die hat hier nichts zu sagen. Komm!»

Iglhauts Fuß stand klobig auf dem Gas, der Motor war empört, sie selber ungeduldig. Eine Stippvisite zum Geburtstag war der Plan gewesen, nicht langwieriges Beschauen neuer und schlecht verheilter Wunden.

Besagtes Piccolo Principe, angeblich der Lieblingsitaliener der Mutter, lag im entgegengesetzten Teil der Stadt. Sie werde ihr den Weg dorthin weisen. Die Mutter griff nach ihrer Jacke auf dem Rücksitz, um das getrocknete Blut auf ihrer Bluse zu bedecken. Sie malte sich frischen Flieder auf die Lippen. Die wiederhergestellte Mutter plauderte, als sei nichts geschehen.

Es könne gut sein, erklärte sie, dass man im Principe prominente Politiker oder jemanden vom Film antreffe. Aber die Inhaberin sei nicht so eine, die mit ihren Gästen prahle. Diskretion gehöre zum Geschäft.

Und das lief anscheinend gut. Sonst hätte die Inhaberin nicht auch noch das Alighieri eröffnen können. Das Alighieri möge sie allerdings nicht so gern leiden, sagte die Mutter. Die Atmosphäre sei so ganz anders als hier, auch die Klientel.

Das Restaurant war nicht groß, alle Tische besetzt. Die Stirnfalte der Mutter furchte sich nun bedenklich, als sie zugeben musste, sie habe leider keine Reservierung. Die Inhaberin war nicht da. Der Geschäftsführer schaute in das bibeldicke Reservierungsbuch auf dem Pult. Wiegte skeptisch den Kopf. Brachte die Laune der Mutter weiter ins Wanken.

«Wir können auch erst mal an die Bar», sagte die Iglhaut schnell.

Es könne schon eine Dreiviertelstunde werden, gab der Geschäftsführer zu bedenken.

«Wir haben Zeit», sagte die Mutter und steuerte auf den Tresen zu. Die Iglhaut kam kaum hinterher. «Sie sind nämlich ihr Lieblingsrestaurant», versuchte sie dem Geschäftsführer noch zu erklären. Der fasste sich an die Brust, als habe er etwas so Schönes noch nie gehört, und wandte sich dem nächsten Wartenden zu.

Die Mutter legte die verbundene Hand auf den Tresen wie eine teure Handtasche. «So eine gute Idee von dir», sagte sie. «Die Bar hier mag ich auch lieber als die im Alighieri. Da ist es sehr durchmischt mit dem Personal. Hier arbeiten nur Italiener. Das ist einfach absolut authentisch.»

Sie hatte schon zwei Aperitifs bestellt. Der Barmann gab Eiswürfel und Orangenzesten in glockengroße Gläser. Ihre Mutter sah so hingerissen dabei zu, als werde Glückseligkeit zubereitet.

Authentisch. Ein Wort, mit dem die Iglhaut abgeschlossen hatte. Etliche ihrer Kunden hatten schon nach authentischen Möbeln verlangt, und alle hatten sie damit etwas anderes gemeint. Als Elsbeth noch lebte, schien sie ständig auf der

Suche nach «authentischen Charakteren». War sie, die Iglhaut, authentisch, weil sie nur zweimal in ihrem Leben umgezogen war? War es authentisch, dass es ihr oft zu mühsam war, sich auch nur die Wimpern zu tuschen? Nicht einmal durchs Haar gefahren war sie sich vorhin im Auto, als die Mutter die Lippen nachgezogen, die Frisur gerichtet hatte. Doch, wenn sie wollte, konnte sie's. Ja, sogar Schuhe mit Pfennigabsätzen. Authentisch, das war ein Furnierwort. Von außen betrachtet vielsagend, billig aber im Kern.

Die Iglhaut sah sich um, während der Barmann ihnen den Campari servierte. Rotwangige Gespräche unter einem Firmament aus gemalten Sternen und Planeten. An einer Wand eine Schlange, die wie ein Hut aussah. Nein, wie eine Boa, die einen Elefanten verdaute.

Eigentlich ganz schön, in den Zeichnungen einer Erzählung zu sitzen, überlegte die Iglhaut. Bloß schien es außer ihr niemand zur Kenntnis zu nehmen. Keine Prominenten unter den Umsitzenden, soweit sie das beurteilen konnte. Nur Gäste, die erwarteten, wie Berühmtheiten behandelt zu werden.

Die Iglhaut nahm einen Schluck aus ihrem Glas. Der geeiste Aperitif attackierte ihren Backenzahn. Sie fasste sich an die Wange. Besorgt fragte die Mutter, was sie denn habe. Die Iglhaut berichtete von der Lasagne.

«Hast du das denn beim Anbraten nicht bemerkt, dass noch ein Knochen im Hackfleisch war?», fragte die Mutter.

«War direkt vom Metzger», entgegnete die Iglhaut ausweichend. «Da kommt man doch nicht auf die Idee ...»

Die Mutter streichelte der Iglhaut die Schulter. «Hier im Principe passiert dir so was nicht.»

Die Iglhaut hatte ihren Aperitif von sich geschoben. Die Mutter zog ihn neben ihr Glas. «Wir beide: angeschlagen und trotzdem sind wir hier», sagte sie zufrieden. «Ist das nicht schön?»

Sie winkte den Barmann heran und bat um einen weiteren Aperitif, diesmal für die Tochter ohne Eis.

Der Kräuterlikör ging leichter hinunter und machte gesprächig. Ob die Mutter eigentlich wisse, dass sie gerade aus dem Urlaub komme, fragte die Iglhaut.

Die Mutter nickte. Sie hätte es natürlich lieber von ihr selbst erfahren und nicht durch den Vater.

Zum Glück deutete der Barmann in dem Moment auf einen Platz im hinteren Eck. Da werde doch schon ein Tisch frei! Der Geschäftsführer räumte Espressotassen und zerwühlte Stoffservietten fort. Die Mutter rutschte vom Barhocker, ordnete an, die Tochter möge die Getränke zum Tisch bringen, und nahm wortreich Abschied vom Barmann. Prozession zwischen Tischen und Stühlen, an der Elefantenschlange und am Hut vorbei. Die Mutter drehte sich zur Iglhaut um. Ein Hochfreundlicher übrigens, raunte sie, der Barmann. Aus Apulien.

Der Geschäftsführer schlug die Hände vor der Brust zusammen: Die Gläser hätte sie doch nicht selbst herübertragen müssen! Die hätte er ihnen doch gebracht!

Er rückte die Stühle, half der Mutter, Platz zu nehmen, wedelte noch mal über den Tisch.

Die Mutter hatte den zweiten Campari in wenigen Zügen geleert. «Hast du ihn auch gesehen?», fragte sie dann.

«Wen?», fragte die Iglhaut zurück.

«Den Schriftsteller.»

Die Mutter deutete mit dem Kopf auf einen älteren Herrn. Weißer Leinenanzug, Seidenschal, zurückgekämmtes Haar und Bart. Er nippte an seinem Rosé und hörte, dem Anschein nach ohne große Lust, einem Jüngeren in engen Jeans und bunter Weste zu.

«Natürlich erkennst du ihn nicht! Wie denn auch?» Enthusiasmus lag in der Stimme der Mutter. «Unseren Salinger, unseren Pynchon! Er zeigt sich nicht in der Öffentlichkeit. Man weiß kaum, wie er aussieht. Hat aber einen Welterfolg geschrieben. Mir ist er zu düster. Ich mag seine Komödien lieber. Köstlich sind die. Wirklich genial.»

Die Iglhaut schaute noch einmal genauer hin. «Aber wenn er sich nie in der Öffentlichkeit zeigt, woher weißt du dann, wie er aussieht?»

Die Mutter zwinkerte ihr zu. «Wurde mir neulich verraten. Ist wohl auch sein Lieblingsitaliener.»

«Wie oft kommst du denn her?»

«Öfters», sagte die Mutter nur knapp.

«Und mit wem triffst du dich dann?»

«Hui, bist du jetzt Detektiv?»

Das Eis des Aperitifs, den die Mutter an sich genommen hatte, war geschmolzen. Die Iglhaut nahm doch noch einen Schluck Campari, antwortete dann: «Morgens mies gelaunt, mittags Diplomatin, abends Detektiv.»

«Ach, du immer», sagte die Mutter. «Aber ich verrate es dir gern. In der besten Gesellschaft, in der man nur sein kann, bin ich. Nämlich mit mir. Ich esse etwas, gönne mir ein Glas oder zwei und betrachte die Wände. Freue mich, weil das mein liebstes Buch früher war. Wie oft ich das gelesen hab. Bestimmt hundertmal.»

Die Iglhaut, schon ein bisschen lustig, beugte sich zur Mutter. «Hast du mir nie erzählt!»

Es freute die Mutter, noch letzte Geheimnisse zu haben. *Der kleine Prinz* sei auch für die Inhaberin das wichtigste Buch, setzte sie fort. Die habe als Kind schon behauptet, es sei ihr Altes und Neues Testament. Und dann habe sie das Piccolo Principe eröffnet. Die erzkatholischen Eltern hätten ihr die Blasphemie erst verziehen, als der Laden so gut lief. «Erfolg schlägt meistens die Tradition.»

Das klang nach einer letztgültigen Wahrheit.

Der Geschäftsführer hatte eine Schiefertafel vor ihnen aufgestellt. Die Mutter wählte für sie beide. Der Geschäftsführer servierte selbst. Große Ehre!, wusste die Mutter. Dann lobten sie gemeinsam: das Olivenöl, das gegrillte Gemüse, die Filets! Ein würdiges Ende für einen schwierigen Tag, urteilten sie im Einklang.

Vom guten Essen endgültig milde gestimmt, lehnte sich die Iglhaut zurück. Zum Schluss noch etwas Süßes und einen Kaffee? Die Mutter winkte den Geschäftsführer wieder heran. Sie habe heute nämlich Geburtstag, verkündete sie stolz, und die Tochter habe sie eingeladen. Noch einen Spumante, um auf den Geburtstag anzustoßen. Dann das Dessert. Der Digestiv für sie beide, auf den die Mutter bestand.

Die Rechnung schob der Geschäftsführer der Iglhaut in einem ledernen Einband über den Tisch. Sie schaute hinein. Da war sie fort, die Leichtigkeit. Herzklopfen, eine plötzliche Enge in ihrer Brust. Natürlich wollte sie die Mutter zum Geburtstag einladen. Bloß ihr Körper und ihr Konto wehrten sich. Den Geldbeutel musste sie regelrecht aus der Jackentasche zwingen. Zog mit fahrigen Fingern ihre Kreditkarte heraus. Die klebte am Leder des Geldbeutels, so lange hatte sie die schon nicht mehr benützt.

Sie übergab sie dem Geschäftsführer mit einem unsicheren Lächeln. Sie rundete den Betrag auf, das Trinkgeld war mehr, als sie üblicherweise für eine auswärtige Mahlzeit ausgab. Als der Geschäftsführer ihr den Beleg ausdruckte, kam ihr der Gedanke, sie könnte mit verstellter Schrift unterschreiben. Nur müsste sie dann wohl den Betrag auch bei der Kreditkartenfirma reklamieren, behaupten, sie sei nie im Principe gewesen. Nein, eine Iglhaut schummelte vielleicht, eine Betrügerin war sie nicht.

Sie setzte ihren Namen korrekt auf das Thermopapier. Mit jedem Buchstaben entfernte sie sich weiter vom Kleinwagen, von der Weltreise, von einem guten neuen Gebiss. Sie setzte den Querstrich aufs «t». Ja, es war möglich, dass einem die Tränen kamen, wenn man einen unterschriebenen Beleg an den Ober zurückgab.

Der bedankte sich, wünschte noch einen grandiosen Geburtstagsabend, er hoffe auf ein baldiges Wiedersehen.

Die Iglhaut hob schwach die Hand. Sie sah nur noch Kosten im schummrigen Licht: die Boutique-Kleidung der Gäste, das Gold und die Edelsteine an Händen, Hälsen und Ohren, die schönheitsbehandelten Stirnen, die auffällig vollen Lippen und darunter all diese ebenmäßig gebleichten Zahnreihen, so deutlich waren sie der Iglhaut noch nie aufgefallen. Hatte der Schriftsteller auch solche Perlen im Mund?

Im Vorbeigehen konnte die Iglhaut es nicht erkennen, sah nur, dass der Jüngere mit den engen Hosen gerade die Rechnung beglich.

Nach ein paar Schritten an der Luft fiel ihr das Atmen wieder leichter. Die Mutter ließ den Tag Revue passieren, der in ihren Augen schicksalhaft im Principe hatte enden müssen. Der morgendliche Anruf des Vaters habe sie energetisch aus der Balance gebracht, aber jetzt war sie wieder aufgehellt und austariert. Der dumme Schnitt an ihrer Hand würde bald vergessen sein. Sie warf die Schmerztabletten, die ihr die

Ärztin mitgegeben hatte, der Iglhaut in den Schoß. «Du magst doch so was», sagte sie. «Die leichte Route aus dem Schmerz.»

Die Iglhaut nahm die Blisterpackung ohne Widerrede an sich, begann auszuparken. In ihrer Trunkenheit stieg sie so behutsam aufs Gas, der Motor belohnte sie mit einem gleichmäßigen Rauschen. Sie konzentrierte sich auf den Tacho, nur nicht aus Versehen zu schnell werden. Nicht auffallen. Verkehrstüchtig tun, auch wenn man es längst nicht mehr war. Ein kurzer Schreck, als eine Streife neben ihnen an der Ampel hielt. Doch die Polizisten wandten nicht einmal den Kopf.

Als sie vor dem Haus der Mutter anhielt, glaubte sie sich schon wieder nüchtern. Die Mutter stieg nicht gleich aus, wollte den Abend in der Nacherzählung noch einmal durchleben, freute sich an der Wiederholung, an der Variation. Der Jüngere mit den engen Hosen war ihr auch aufgefallen. Ob das der Beau des Schriftstellers – seine Muse – gewesen war? Eine Muse mit Scheckheft, das immerhin.

Die Mutter war beduselt genug für Humor. Sie nahm ihre Handtasche und kramte einhändig darin. Wie schockiert die Tochter beim Anblick der Rechnung gewesen sei, das sei ihr nicht entgangen.

Irgendwie schaffte sie es, ein paar große Scheine aus ihrem Portemonnaie zu ziehen, die sie der Iglhaut gab. «Ich habe dich nicht in Verlegenheit bringen wollen.»

Die Iglhaut nahm das Geld. Zögerte. Fragte dann doch: Ob die Mutter sie auch bei den Zähnen unterstützen könne? Die Kosten kämen unerwartet und ungelegen.

Die Mutter strich der Iglhaut übers Haar, bestimmt fast zwei Jahrzehnte hatte sie das nicht mehr getan. Die Zähne habe sie auch nicht von ihr, sagte sie. Und: Leider, mit einer größeren Summe könne sie nicht dienen. Sie müsse in die Weiterentwicklung ihres eigenen Business investieren, und selbst wenn sie etwas übrig hätte … Für Selbstständige gelte als erste Regel: Rücklagen pflegen! «Auch wenn man dann nicht in den Urlaub kann, Kind.»

Ein letztes Geschenk an die Mutter: Die Iglhaut gab ihr recht. Zu billig, den Vater wegen der Lasagne zu verpfeifen. Zu langwierig die Erklärung, wie sie an die Ägyptenreise gekommen war.

Zufrieden wirkte die Mutter, als sie ausstiegen, eins mit sich, als sie ihr das Telefon aus der Seitentür reichte, den Autoschlüssel wieder an sich nahm. Ja, der Abend wäre erträglich geendet, hätte die Iglhaut die Viertelstunde Heimweg auf dem Rad damit verbringen können, sich über die Schrullen der Mutter zu amüsieren. Mondscheinkäse. Die Hände schon ausgelesen. Den Hochfreundlichen aus Apulien. Sie hätte schon über die Hälfte des Weges zurückgelegt gehabt, da wären ihre Gedanken zu Valeria abgebogen. Die stand am Anfang aller unseligen Ereignisse der letzten Zeit. Auch ohne die vermaledeite Reise wäre es ihr nicht leichtgefallen, die Mutter einzuladen. Aber denkbar wäre es gewesen. Hätte, wäre, ja Herrschaftszeiten!

Ein Blick auf ihr Telefon, noch vor der Haustür der Mutter, hatte jede Entlastung vereitelt. Das Fahrrad musste sie schieben, um gegen Hauseingänge und Garagen zu fluchen. Beschimpfungen entließ sie in den Park. Wäre das Telefon billiger gewesen, sie hätte darauf eingetreten, es wie einen Wackerstein gegen etwas Zerbrechliches geknallt. So ein Dreister, so ein Unverschämter! Der Großvater hatte ihr Dickpics geschickt. Spritzte ihr den raren Speicherplatz voll mit Bildern von seinem Gemächt in verschiedenen Stadien. Die Worte dazu schlimmer noch als die Bildchen. Und all das, die Iglhaut schäumte, hatte die Mutter auf dem Sperrbildschirm gesehen.

Stillhalten, beschloss sie, aushalten, bis es vergessen war. In ihr wurde es aber nicht leiser. Was hatte sie nur mit dem anbandeln müssen? Um Whiskey, den sie sich nicht hatte leisten wollen? Gar nicht emanzipiert war das gewesen. Geradezu Tauschhandel. Schlimm! Von nun an würde sie jeden Old Fashioned selbst bezahlen, nahm sie sich vor, und jeder Auftraggeber wäre ihr recht.

Gleich morgen würde sie die Nonne anrufen. Gleich morgen. Mit diesem Gedanken schlief sie ein.

«Ach komm. Was ist daran so dramatisch?» Valeria in der Früh. «Ist beschissen, aber so etwas krieg ich jeden Monat drei Mal.» Sie gab der Iglhaut das Telefon zurück.

«Und was machst du dann?»

«Löschen. Oder schreiben: Herzlichen Dank für das enthusiastische Angebot. Ist mir zu mickrig.»

Die Iglhaut lachte unfroh.

«Im Ernst, Iglhaut. Wo hast du die letzten Jahre gelebt?»

«Muss ich mich auch noch rechtfertigen, dass mir so was noch nie passiert ist?»

«Iglhaut!», rief Valeria. «Ohne solche Fotos bist du halt keine ganze digitale Frau.»

Die Iglhaut schaute finster, brummte Unverständliches.

«Was bist du denn schon wieder so grimmig?», fragte Valeria. «Hat es außerdem nicht schon gereicht, dass du mich im Supermarkt kurz und klein geschimpft hast?»

»Mhm.» Die Iglhaut nahm einen Holzkanten zur Hand, um sich an etwas festzuhalten.

«Entschuldigung angenommen», sagte Valeria heiter.

Die Iglhaut zupfte sich am Kinn. «Trotzdem, nehmen wir an, Thea würde so etwas geschickt bekommen, wäre deine Tochter dann auch *endlich eine ganze digitale Frau*?»

Valerias Augenbrauen zogen sich zu einer dichten Front zusammen. «Das soll einer wagen! Aber du, Iglhaut, du bist doch kein leicht verwundbares Mädchen. Oh Himmel, bitte, hoffentlich hat Thea noch nicht …»

«Bestimmt nicht», beschwichtigte die Iglhaut.

Valerias Brauen gingen auseinander. «Womit sie neulich ankam: die Verfolgung der Uiguren. Wusstest du, dass wir hier in der Stadt eine der größten Exil-Communities haben?»

«Schaut sie also doch mehr als Schminkfilmchen», bemerkte die Iglhaut.

Valerias Rouge: *Mutterstolz* hätte der Farbton auf ihren Wangen jetzt heißen müssen. «Solange sie sich auch mit solchen Dingen beschäftigt, darf sie Kajalstift und Gloss und alles. Gib dein Telefon her.» Sie nahm es ihr schon aus der Hand. «Code?», fragte sie.

«Den verrate ich dir nicht einfach so!»

«Ah, hab ihn. Natürlich Geburtstag. Also wirklich, Iglhaut.» Valeria schüttelte den Kopf, während sie tippte, gab ihr das Telefon zurück. Die Bilder waren gelöscht. Die Nummer geblockt.

«Und jetzt noch mal die Frage: Wie war dein Urlaub?»

Die Iglhaut, erleichtert, wollte versöhnlich sein. «Schon ein bisschen besser», sagte sie.

Da kam durch den Hof die Schriftstellerin: ausgebeulte Jogginghosen, abgelaufene Turnschuhe, Holzfällerjacke. Den dicken Schal so eng um den Hals, als sollte er sie erwürgen.

«Was ist die denn schon wach?» Valeria staunte. «Vor zwölf steht die doch sonst nicht auf.»

Die Schriftstellerin hatte ihre Hände in der Holzfällerjacke vergraben. Ihr Haar war ungekämmt, schon länger nicht gewaschen.

«Hallo», sagte die Iglhaut, als sie an der Garage vorbeischlurfte. «Ich hab Ihr Buch gelesen. Im Urlaub.»

Die Schriftstellerin schaute überrascht.

«Hat mir gefallen. Danke fürs Geschenk.»

Es schien, als wollte die Schriftstellerin etwas sagen. Es kam aber nur ein Krächzen heraus. Sie winkte ab, deutete auf ihren Hals. Ihre Schultern wurden noch runder. Die Haustür klappte hinter ihr zu.

«Da hast du mal eine gute Tat getan», sagte Valeria, als die Tür ins Schloss gefallen war. «Die hat sich richtig gefreut.»

«Ja?», fragte die Iglhaut zweifelnd. «Na, mir hat das Buch wirklich gefallen.»

«Ist es was zum Verschenken?», fragte Valeria. «Hab zwei Geburtstage, wo ich was Unverbindliches brauche.»

Die Iglhaut im Zwiespalt.

Valeria, ungeduldig. «Also sag schon, kann man den Roman als Geschenk verwenden, oder ist das so was Anstrengendes?»

«Such dir doch aus meinen Miniaturen etwas aus», gab die Iglhaut statt einer Antwort zurück und deutete auf eine Reihe Schnitzereien. «Bin gerade froh um alles, was reinkommt.»

Valeria, mitfühlend. «So gern ich würde, aber ich kann nicht immer nur deine Sachen verschenken.»

«Ja klar. Schon gut.» Die Iglhaut versuchte, ihre kleine Enttäuschung zu verstecken. Der Backenzahn pochte dafür umso mehr.

HOLZWERKSTATT IGLHAUT

Auftrag 14

Reparatur Pfeilerkommode (Nussbaum)

Dass sie immer noch hier war. In dieser Wohnung, in diesem Viertel, der Stadt. Wo keine Reibung war, keine Gefahr. Engstirnige Aufregung, wenn einer nach Mitternacht grölte. Inspiration in dieser Umgebung: unter null. Verließ sie erst nachmittags, noch immer verschlafen, das Haus, wurde sie angeschaut. Langschläfer waren verdächtig. Aufzustehen hatte man hier, in eine Kanzlei zu gehen, ins Büro oder gar zum Co-Working-Space. Oder gleich ganz zu Hause bleiben, sich nicht mehr zeigen, weil für die Gesellschaft nicht mehr von Wert.

Zwei solche Kandidaten hatten sie hier im Haus: die Frau Rolff unter ihr und dann noch den Herrn Reizberg. Die Frau Rolff war mittlerweile Kifferin. Der Geruch stieg den Luftschacht zu ihr hoch. Eine rauchig würzige Note. Wenn sie mit dem Schreiben nicht weiterkam, legte sie sich aufs Sofa, schloss die Augen, inhalierte. Das sollte sie auf Ideen bringen. Musste!

Seit ihre Freundin tot war, rauchte die Rolff bis tief in die Nacht. Ringsum wurde geackert, rund um die Uhr, manche sogar in mehreren Jobs. Trotzdem reichte es nicht, dass die Frau Santos mit ihrer Tochter in eine Wohnung mit wenigstens zwei Zimmern ziehen konnte. Aber für Schminke, dafür war noch genug da!

Die Schriftstellerin rieb sich ihre Stirn, die von einem Ausschlag juckte.

Bestimmt posierte das Mädchen schon auf allen Kanälen, sammelte Herzen, Kommentare, Gefolgschaft. Würde nicht mehr lange dauern, bis sie sich mit den Jugendlichen aus der Wohngemeinschaft im Ersten zusammentat. Die Armen, die gab es ja auch noch im Haus! Sollten hier, auf Geheiß des Jugendamts, zurückfinden auf den vermeintlich richtigen Weg. Nein, das Widerständige, das Gegenläufige war hier nicht erwünscht … Sie selber schlief immerhin, so lange sie wollte, suchte Zuflucht in der Nacht und bei jenen, die etwas Farbe vom Leben verlangten und nicht vom Produktivitätsdruck der Gesellschaft grau geworden waren.

Nun gut, derzeit stimmte das nicht ganz. Die Nächte machte sie durch, aber nur mit ihrem Laptop. Der war kein Freund und Gefährte der Nacht, stand schweigend vor ihr, nur die Lüftung rauschte, wartete darauf, dass sie eine Datei mit Sätzen füllte. Meistens kamen keine. Oder sie fügten sich nicht zu einer Geschichte.

Eigentlich durfte sie sich nicht davon einschüchtern lassen. Beim letzten Mal war es auch so gewesen. Aber da hatte sie noch das Erbe der Tante gehabt und kein Buch im Rücken. Experimentiert hatte sie. Gespielt. Schauen wir mal, ob du das kannst, ein paar hundert Seiten zusammenbekommen.

Jetzt wusste sie, es geht. Jetzt war sie ungeduldig und hatte keine Erbtante mehr. Dafür Ansprüche. Das zweite Buch sollte besser werden als das erste. Entwicklung zeigen, gewonnene Reife. Überraschen und doch einen Ton in sich tragen, der ihr ureigenster war. Vor ihrem ersten Roman war der erste Roman das Ziel gewesen. Jetzt war es das Werk. Ein Werk, das bereitlag zur Analyse. Bei manchen Passagen aus ihrem Erstling taten ihr die Literaturwissenschaftler allerdings leid. Vieles klang wackelig und wenig ausdrucksgewiss. Dann wieder hochgestochen. Unnötig komplizierte Wendungen. Eine Frau Iglhaut mochte sich daran nicht stören, aber sie selber wollte schreien: Hör endlich auf mit den Einschüben, den Beifügungen und Vergleichen! Subjekt, Prädikat, Objekt und Punkt!

In die Ecke geschmissen hatte sie das Buch, und da lag es noch, als die Freundin und Kollegin auf ein Bier vorbeikam. Lag da, wie so vieles. Aufräumen fiel ihr gerade so schwer. Einen benutzten Teller abspülen? Schier unüberwindliche Aufgabe. Hätte ihr Gewissen es zugelassen, sie hätte sich Wegwerfgeschirr besorgt. Der Haushalt hinderte sie. Wären ihr nicht die niederen Aufgaben im Weg, sie wäre schon längst weiter, fast fertig mit der ersten Fassung, sagte sie sich. Staubsaugen, Wäsche, Bad putzen. Jemanden, der ihr den Rücken freihielt, brauchte sie, eine Person, die ihr die Kleidung für den Tag herauslegte, eine ausgewogene Mahlzeit bereitete, halb Frühstück, halb Mittagessen, dazu einen Zettel in der gebügelten Serviette mit aufmunternden Worten für den bevorstehenden Tag.

«Du hast die falschen Wünsche», befand die Freundin und Kollegin und sah sich um. Gerade die alltäglichen Aufgaben gäben Struktur. Eine sauber gewischte Oberfläche, gespülte Gläser im Abtropfgestell: Erfolgserlebnisse. Momente der Klarheit in unsicheren Zeiten.

Wie zum Beweis hatte die Freundin und Kollegin angefangen, bei ihr aufzuräumen. Als Erstes ihren Roman aufgehoben, eine Seite, die einen Knick bekommen hatte, glatt gestrichen. Das Buch vorne im Regal wie ein wertvolles Ausstellungsstück drapiert. Die Waschmaschine befüllt und eingeschaltet.

Während sich die Oberteile und Unterhosen der Schriftstellerin im Seifenwasser drehten, hatte die Freundin und Kollegin Vorschläge gemacht: Wie wäre es, ein Tagebuch zu führen, um ihr Ringen mit dem neuen Stoff zu dokumentieren?

Die Schriftstellerin hatte nur abwehrend die Hände gehoben und sie gebeten, den Vorschlag sofort wieder zu vergessen. Hast du nichts zu schreiben, schreibst du darüber, dass du nichts zu schreiben hast? Dass ihr die Freundin und Kollegin mit so einer Idee kam! So verzweifelt war sie nicht, so verzweifelt würde sie niemals sein!

Die Freundin und Kollegin zog da gerade Gummihandschuhe aus dem Schrank unter der Spüle – die Schriftstellerin hatte gar nicht gewusst, dass da welche lagen. Steif waren die geworden, brüchig. Die Freundin und Kollegin streifte sie trotzdem über, holte noch ein Bier aus dem Kühlschrank und begann, die Küche zu putzen. Sogar den Herd verrückte sie und fand dahinter Essensreste, grau, pelzig.

Sie selbst hatte mit angezogenen Beinen auf dem Küchenstuhl gesessen und es kaum geschafft, die Bierflasche zum Mund zu führen.

Über ihre Tante könne sie doch schreiben, war der nächste Vorschlag der Freundin und Kollegin gewesen.

Die Schriftstellerin hatte wieder abgewunken. Dabei war die Idee gar nicht so schlecht. Sie hatte selbst schon darüber nachgedacht, woher das Erbe wirklich kam. Eine Ahnung hatte sie. Nur: Wenn sich die bewahrheitete, hätte sie ihren ersten Roman mit dubiosem Geld finanziert. Gut möglich, dass ihre

Kunst auf Enteignung, Zerstörung natürlicher Ressourcen, Ausbeutung, sehr wahrscheinlich Kinderarbeit zurückging. Das könnte eine kraftvolle Analogie für den Lebensstil des globalen Nordens sein – sie war nur nicht bereit, daran zu rühren. Noch nicht.

Die Freundin und Kollegin räumte derweil den Kühlschrank aus, trennte das Abgelaufene von dem wenigen, das noch essbar war, drohte im Spaß: Wenn sie die Geschichte der Tante nicht recherchiere, dann werde sie es tun.

Die Schriftstellerin hatte sich ein «Von mir aus» abgerungen. Zu durchsichtig war die Strategie, sie anzustacheln. Die Freundin und Kollegin schrieb selber Spannungsliteratur, schaute in atemberaubend konstruierte Abgründe, nicht in die der menschlichen Existenz. Sie hatte ihr erstes Buch druckfertig gemacht, während sie achtzig Prozent bei einer Softwareentwicklungsfirma gearbeitet hatte. Inzwischen puzzelte sie schon ihr fünftes Genrestück zusammen, arbeitete Teilzeit bei einem Start-up für Künstliche Intelligenz, hatte außerdem einen lustigen Sohn, einen Kindsvater, mit dem sie sich blendend verstand, und einen neuen Partner, den sie ab und zu mit dem Kindsvater hinterging. Wenn man den vorgegebenen Erzählmustern folgte, war ein gutes Leben möglich.

Für sie wäre das nichts. Sie musste für sich sein, ohne Ablenkung auf der Lauer nach dem nächsten Satz. Und wenn sie nichts erlegte: sich selbst zerfleischen, um heranzukommen an die «Essenz».

Die Freundin und Kollegin konnte das nicht verstehen. Kam ihr mit Selbstoptimierungsprosa: «Im Training bleiben», «die kreativen Muskeln flexen», «mentale Hürden überspringen». Parallel ging sie die Toilette an. Beugte sich ohne erkennbaren Ekel über den Klobrillenrand. Wischte Schamhaare, die sich auf dem fleckigen Porzellan kräuselten, beherzt fort. Ob sie nicht die Bewohner ihres Hauses porträtieren wolle?, fragte die Freundin und Kollegin auf den Knien.

Die Schriftstellerin versuchte, ein Handtuch zu falten, und tat so, als hätte sie nichts gehört. Sie wollte hier doch weg. Aus dieser Wohnung, diesem Viertel, dieser Stadt. Da wäre es das Dümmste, sich hier festzuschreiben!

Die Freundin und Kollegin nahm ihr das Handtuch ab und zeigte ihr, wie man es, ordentlich gerollt, platzsparend im Badkasten verstauen konnte. Doch als sie den Badkasten, auch er ein Erbstück ihrer Tante, wieder schließen wollte, ging die Tür nicht mehr zu. Sie drückte, sie rüttelte, schaute, ob innen etwas klemmte. Die Schriftstellerin sah mit paradoxer Schadenfreude dabei zu. War es nicht einerlei, ob die Tür offen stand oder nicht?

Die Freundin und Kollegin stellte schließlich fest, die Holztür habe sich in der Feuchtigkeit verzogen. Sie müsse abgeschliffen oder ganz ersetzt werden. Wäre doch traurig um das schöne Stück.

Die Schriftstellerin fand es nicht unbedingt schade, als die Freundin und Kollegin endlich beschloss, es sei Zeit, nach Hause zu gehen. Und doch war etwas anders nach diesem Besuch. Als habe sie eine Staubschicht auch von ihrem Gemüt gewischt. Der morgendliche Instantkaffee schmeckte längst nicht mehr so bitter. Sie trank eine Tasse um die andere, genoss die Löslichkeit des dunklen Granulats. Alchemie, aus der, völlig unerwartet, plötzlich die Affen von Gibraltar aufstiegen. Diese Affen, dort auf dem Felsen zwischen Mittelmeer und Atlantik, waren die einzigen wild lebenden Europas. Sie besprangen Touristen, rissen ihnen den Proviant aus den Rucksäcken und Händen. Kaum ein paar Monate alte Makakenbabys nagten schon süchtig an weggeworfenen Zigarettenstummeln, auf den Kanonenanlagen über ihnen lagerten die Alten und starrten in die Weite, wissend, dass die nächste Gondel noch mehr Futter bringen würde. Gibraltar, Landzunge, Überseegebiet. Schauplatz vieler Schlachten. Einer der am dichtesten besiedelten Flecken der Erde.

Drei Handlungsstränge, überlegte sie. Die schlau-verschlagenen Affen hoch oben auf den Felsen. Unten der Kleinstaat und allerlei krumme Geschäfte. Dazwischen eine Gruppe von Kindern, die nicht viel auf ihre besondere Umgebung gaben. Sie spielten zwischen Gischt und Felsen. Das Wasser würde sie dort in die Höhlen treiben, sie einschließen darin. Ob für die Ewigkeit oder eine Nacht, müsste sie noch entscheiden. Sie wusste nur, die Kinder würden im Kalksteinfelsen auf Relikte stoßen, auf Werkzeuge, Gebeine aus einer anderen Zeit. Vielleicht sollte sie etwas Phantastisches wagen? Den Kindern eine Kolonie von Neandertalern gegenüberstellen, heimliche Überlebende einer alternativen Evolution?

Das war es, wonach sie gesucht hatte! Sie jubelte, war plötzlich kindlich guter Dinge und kaufte sich einen Affen aus Plüsch, um das neue Vorhaben mit einem Maskottchen zu beleben. Und tatsächlich: Sie schrieb. Sie trank Kaffee. Sie schrieb. Sie rieb sich die Augen und schüttelte die Arme, statt zu schlafen. Sie verfilzte beim Grübeln einzelne Haarsträhnen zwischen Daumen und Zeigefinger, während die Affen in ihrer Datei sich lausten. Ihre Stirn juckte, aber nicht vom Ausschlag, sondern vor Inspiration.

Sie tippte eine Nachricht an ihre Freundin und Kollegin. *Danke fürs Aufräumen. Danke fürs Aufrichten und Ideensammeln.* Zwar habe keiner ihrer Vorschläge verfangen, aber ein neuer, eigener sei da!

Alles war gut. Denn sie, die Schriftstellerin, schrieb. Las keine Nachrichten, schaute nicht in ihre E-Mails, schrieb. Sie schrieb, bis ihr Körper nach einer Auszeit verlangte. Sie schloss die Augen, und schon schlief sie, tief und lang, die Schriftstellerin in ihrer Dachstube.

WÜRMER

Die Iglhaut ging um die Holzfiguren herum, schaute sich die Körper an, den Zustand der Schnitzereien. Sie klopfte sie ab, um ihre Beschaffenheit zu prüfen. Wahrscheinlich aus Linde. Typisches Holz für Bildschnitzer im süddeutschen Raum. Sicherlich kein Werk eines bedeutenden Meisters. Aber die Birne in diesem Teil des Kellers war nicht besonders hell. Konnte gut sein, dass sie Fissuren übersah, kleinere Macken, die im Schatten blieben. Grob ließ sich dennoch überschlagen, was hier zu restaurieren war. Es gab einiges zu tun.

«Das könnte alles etwas länger dauern.» Die Iglhaut bückte sich, um die Sockel zu begutachten. Da war Feuchtigkeit hinein. Es wurde Zeit, die drei aus dem Keller hier zu bergen. Noch eine Runde um den Jesus, dann wagte sie eine erste Preisschätzung. Ein weiteres Mal den Franziskus besehen vom Scheitel bis zur Zehe. Nicht zu günstig sein, ermahnte sie sich und verdoppelte ihre Schätzung. Bei der Magdalena schlug sie ein Drittel drauf. Im Kopf rechnete sie die Teilsummen zusammen, das Ergebnis erschien ihr ein bisschen scheps. Sie rundete auf. Nein. Das klang wiederum zu glatt. Sie brauchte etwas dazwischen, einen Betrag, der glaubwürdig, aber nicht abschreckend klang.

Die Ordensschwester stand mit verschränkten Armen in

der Kellertür, als dürfte die Iglhaut ihr nicht entkommen, bis sie sich zum weiteren Vorgehen mit ihrem Jesus und den beiden anderen geäußert hatte.

Hing dahinten ein Boxsack? Es war im Dunkel nicht leicht zu erkennen. Die Iglhaut nannte die überschlagene Summe, und Amalburga stimmte, ohne nach unten zu verhandeln, zu. Sie brauche das alles aber noch einmal schriftlich. «Oder dauert das dann alles noch viel länger?»

War das lästerlich, wenn man sich überlegte, so eine Nonne in den Schwitzkasten zu nehmen? Sie sah es vor sich, sie beide im Boxring, nein, in einem Wrestling-Match: «Die Nonne» vs. «Karieskunstschreinerin».

Die Iglhaut kratzte mit dem Zeigefinger an der Schulter vom Franziskus, um auszuschließen, dass sich dort ein Pilz angesiedelt hatte, und parierte: Das hier sei eben kein normaler Holzauftrag, sondern die Erhaltung von – besonders fahrlässig gelagertem – Kulturgut. Das habe natürlich Priorität.

Der Konter schien der Schwester zu gefallen. «Bevor ich es vergesse.» Sie deutete auf die Tunika des Franziskus, die seine Kniepartie frei ließ. «Es wäre mir besonders wichtig, dass Sie die Waden hervorheben. Das können Sie doch machen, prägnanter, meine ich. Wir verstehen uns, Frau Iglhaut?»

Später in der Garage surrte der Baustrahler, erleuchtete alle vier, die Figuren und die Iglhaut. Ein weiches Tuch, Pinsel und Lupe lagen auf der Arbeitsbank bereit. Die Iglhaut schob das Haarband aus der Stirn und bückte sich zum Franziskus-Fuß. Sie nahm das Tuch und wischte der Magdalena über den Bauch. Wachsablagerungen, Absplitterungen auch. Sie kratzte mit dem Zeigefinger an einem Farbloch. Sah nach mehreren Übermalungen aus.

Den Jesus wollte sie als Letztes inspizieren. Obwohl er vom Handwerklichen her nicht bedeutender war als die beiden anderen Figuren. War wohl eingeübte Hierarchie. Und jetzt beschwerte er sich noch?

Die Iglhaut legte ihr Ohr an Jesu Schulter, horchte an seiner Brust. Hörte – Nagen.

. ...

. .. ... : .. . . .

. : . . ..

... : . . : ..

Perforiert vom Holzwurm, der ganze Rücken! Wie hatte sie das bloß übersehen? Nichts könnte sie reparieren, nichts ausbessern. Nicht, bevor sie die Figur vom Befall befreit hatte. Das hieß: Noch ein Transport (zur Stickstoffkammer, um den Holzwurm abzutöten), hieß: Noch weniger Zeit für ihre Arbeit. Und Hilfe würde sie benötigen. Allein war das nicht machbar, der Jesus war zu schwer. Sie konnte nur nicht schon wieder jemanden bezahlen. Dori wollte sie auch nicht bitten. Das brachte zu viel mit sich, aus der Vergangenheit in die Gegenwart.

Herakles. Dem schuldete sie nichts, den hatte sie noch nie um etwas gebeten. Herakles. Allein wegen des Namens … Aber stand Herakles nicht sechs Tage die Woche im Imbiss, früh bis spät? Und könnte er ihre Bitte nicht falsch verstehen? Das wollte sie nicht riskieren, den Schwebezustand – flirrend, verbindlich, trotzdem ungebunden – aufgeben.

Wer dann?

Der Uli. Allein die Vorstellung, wie er sich freuen und zusagen würde. Aber dann: Bandscheibenvorfall, leider, oder ein

Bakterium. Wirklich, dass ihr kein guter Helfer einfiel! Überhaupt auf Hilfe angewiesen sein, missfiel ihr. Eine Iglhaut regelte solche Dinge allein.

Sie feuerte den Beitel in einen Werkzeugbehälter. Die Kanzlerin auf ihrer Decke hob ein Augenlid, senkte es wieder. Mich brauchst du nicht zu fragen.

Die Arroganz kam nicht von ihr. Die hatte sie vom Vorbesitzer. Wie auch den Namen. Niemals hätte die Iglhaut einen Hund «Kanzlerin» getauft. Am Anfang hatte sie versucht, das Tier noch umzubenennen. Vergebens. Die Kanzlerin hatte nur auf «Kanzlerin» gehört und die Iglhaut in den ersten Wochen immer wieder zum Haus ihres Vorbesitzers geführt. Sturkopf Mensch vs. Sturkopf Hund. Allmählich erst hatte die Kanzlerin eingesehen, wo sie hingehörte.

Der vormalige Besitzer war ein Bekannter von Elsbeth gewesen. Politiker mit einem «von» im Namen. Für Elsbeth hatte er zu den «Authentischen» gehört. Tildi sah nur die völlig falsche Partei. Das hatte natürlich Konflikte gegeben. Elsbeth hatte den vormaligen Besitzer verteidigt: Ein interessanter Konservativer, das sei doch nicht nichts!

Tildis Entgegnung: *Konservativ* und *interessant* gingen so wenig zusammen wie Wasser und Öl.

Die Iglhaut hatte den vormaligen Besitzer nur einziges Mal, bei der Übergabe, getroffen. Auf der Leine, die er ihr mitgegeben hatte, waren blau-weiße Rauten appliziert. Kurz vor Doris Hochzeit war das gewesen. Über zehn Jahre war das jetzt her. Und irgendwann, noch ein paar Jahre später, hatte sie den Rufnamen ihres Hundes zu mögen begonnen. Da hatte sie den vormaligen Besitzer der Kanzlerin ein paarmal in den Nachrichten gesehen. Gewettert hatte er, Empörung demonstriert und lautstarke innerparteiliche Opposition.

Die Iglhaut war froh gewesen zu wissen, dass ihr Hund Prinzipien hatte. Ihre Kanzlerin würde nicht plötzlich auf «Heimatministerin» hören, nur weil die Bundeskanzlerin einem «authentisch» Konservativen nicht länger zu Willen war.

Die Kanzlerin streckte sich, fletschte die gelben Zähne, drehte sich einmal um sich selbst und nahm wieder Platz. Draußen marschierte der Zenker vorbei, Verbissenheit ins Gesicht gefräst.

Ach, dachte die Iglhaut, nur ein paar Nächte in Frieden, mehr Wohlwollen und weniger Zahnschmerz und Zorn. Das wäre ein Leben. Und wenn sich dann noch vormalige Erlöser selber zur Wurmkur chauffierten. Mehr Paradies brauchte sie eigentlich nicht.

HOLZWERKSTATT IGLHAUT

Auftrag 14

Reparatur Pfeilerkommode (Nussbaum)

iiiiiiiiiiiiiiwefweewggggwgegewfweffjwklaögjrag-
kajfasdfsadfsafsdfgashethke
rakegjefajwkefjwkegjwlkeffsdsadajkgjsaljdgkjeroigjaeo-
haebmegkalwjflshjlkdlag
ja
fjkwefaleöfjawlekgjkwrelgjwrlkgjawekljaljklkljksldgjsk-
dagsjhkerlaröfdaskdfjlsdjgksgjksjglrkgjakerjgalhjakdjaksjgl
jkgva
dsfsadgsgjkal
asghka

Sie musste schon wieder auf dem Sofa eingeschlafen sein, den offenen Laptop an sich gedrückt. Die letzten Zeilen des neuen Romans, entstanden im Schlaf … Nun gut. Wunder durfte sie keine verlangen.

Die Schriftstellerin löschte das Buchstabengewirr. Nur das «ja» ließ sie stehen, das würde sie irgendwo einfädeln. So ein «ja» aus einem Traum hatte eine Bedeutung. Ja, ja, ja. Nicht mehr zweifeln, keine Klagen, kein Kopfschütteln mehr.

Sie machte Musik an und nickte und schrieb. Kam nach einer hakeligen Weile wieder richtig in Gang. Schrieb weiter. Hektisch nahezu, ihren vorauspreschenden Einfällen hinterher. Setzte eine erste Fußnote. Sie hatte so viel über den *Macaca sylvana* gelesen, das musste sie unterbringen! Mit welchen Mitteln ein Kleinstaat zum Steuerparadies wurde, war auch spannend, aber nichts für die Haupterzählung. Fußnote.

Im Kühlschrank fand sie ein letztes Bier, leerte die Flasche, als sei es Wasser. Danach dachte sie erst, sie habe zu schnell getrunken, ihr Bauch war so gebläht. Nein. Sie hatte ihre Periode bekommen.

Die Schriftstellerin führte die Menstruationstasse ein und wollte sich wieder an den Laptop setzen, doch der Bauch fing an zu krampfen, der Krampf brachte Migräne, die Migräne führte zu Übelkeit. Mit einem Mal sahen die Buchstaben allesamt willkürlich aus. Sie schaffte es gerade noch, sich eine Wärmflasche zu machen, kroch dann mit dem unzeitgemäßen Gedanken ins Bett, ihre Gebärmutter verhindere Genialität.

Einziger Einfall des nächsten Tages, ein Arbeitstitel: *Der bleiche Fels*. Den gab sie schwerfällig, Buchstabe für Buchstabe, mit dem Zeigefinger ein. Als sich die Blutung, der Kopfschmerz, die Übelkeit wieder gelegt hatten, war sie milder gestimmt. Vielleicht hatte es sogar sein Gutes, ein paar Tage im Monat zurückzutreten, um danach wieder mit frischem Blick und neuem Hormonspiegel ans Werk zu gehen.

Die Milde verflog, als sie das bisher Verfasste noch einmal durchlas. Furchtbar! Jede Seite! Eine Sackgasse jeder Satz. Sie *musste* hier raus! Nach Gibraltar. Nicht nur für einen oberflächlichen Kurztrip, sie musste dort leben, zur Recherche vor Ort. Aber dazu fehlte ihr das Geld. Und wer sagte, dass sie nach der Recherchc imstande wäre, etwas wirklich Gutes daraus zu machen? Wahrscheinlich hatte sie gar kein Talent.

Die Schriftstellerin schleuderte den Plüschaffen von sich. Spürte Tränen kommen. Sie schrieb nicht mehr, sie heulte und dachte daran, sich über ihrem Laptop zu erhängen. Der Fünfzigerjahrebau hatte aber keine Dachbalken.

Mit der Zeit verkroch sich ihre Verzweiflung wie Staub in den Ecken. Sie verschlief einige Nächte, starrte in die Tage. Spürte wieder einmal Halsschmerzen und Heiserkeit, wie passend. Alles schmerzte, als sie sich anzog. Auch die Treppe hinunter schien steiler zu sein. Sie durchquerte den Hof und ging auf die Straße. Schon die paar Schritte zur Apotheke brachten ihren Kopf wieder auf neue, ganz andere Ideen.

Sie überlegte, ob sie es sich nicht einfacher machen sollte. Wie die Freundin und Kollegin zur Spannungsliteratur überlaufen. Warum nicht eine Geschichte über ein Virus, der die Menschheit befiel?

Der Gedanke langweilte sie schon in dem Moment, als sie ihn nur halb gedacht hatte. Andererseits war die Formelhaftigkeit womöglich ein Vorteil. Sie würde die Schablone nur neu ausmalen müssen. Nein … sie würde es niemals schaffen, das Problem war schließlich: Sie taugte zu nichts!

Bedrückt hastete sie nach Hause, verlangsamte im Hof jedoch ihren Schritt. Die Garage war, wie immer, offen. Da standen zwischen ramponierten Heiligenfiguren die Frau Ivanović und die Frau Iglhaut. Die Frau Iglhaut in ihrer üblichen Uniform: Jeans, T-Shirt und Arbeitshemd. Die Frau Ivanović mit ihrem Hackenporsche und einem sonderbar glänzenden Blick.

Die Schriftstellerin hoffte, die beiden würden sie nicht bemerken, sie wollte einfach nur grußlos vorbei. Sie senkte den Kopf, ging dicht an der Hauswand zur Tür. Es gelang. Diesmal war es, als sei sie gar nicht da. Keine der Frauen wandte den Kopf. Das war noch nie vorgekommen, begriff sie. Und das machte den Unterschied, es gab ihr auf einmal eine neue Perspektive. In diesem Moment beschloss sie, doch über die Bewohner ihres Hauses zu schreiben. Läge darin nicht ein tieferer Sinn? Dass sie sich erst mit ihrer Umgebung beschäftigen musste, um sich für immer von ihr zu befreien?

Die Frau Iglhaut mit ihrer Garage wäre jedenfalls kein schlechter Ausgangspunkt, dachte sie oben in ihrer Dachstube. Sie schien mit den meisten Bewohnern in Kontakt zu stehen, ihre Werkstatt ein Ort, wo jeder vorbeimusste und ab und zu kurz anhielt für ein Gespräch. Ja, sie würde die Frau Iglhaut bitten, sich den verzogenen Badkasten anzusehen. Ein Auftrag wäre ein guter Anlass. Ja! Damit finge sie an.

Die Schriftstellerin stellte sich an das Fenster zum Hof. Frau Ivanović war fortgegangen. Unten vor der Garage parkte mittlerweile eine taubengraue Vespa. Daneben die Frau Iglhaut im Gespräch mit einem Behelmten, dessen elegante Kleidung nicht so ganz passte zum Rest. Hatte sie den nicht neulich schon zum Gartenhaus gehen sehen? Der Mann war schnell aus ihrem Blickwinkel verschwunden, aber sie meinte, sie habe eine Kippa auf seinem Kopf erkannt.

Sie holte sich ein Blatt Papier, notierte das. Hielt auch die schlanke Silhouette und seine trainierten Schultern fest. Sah plötzlich das große Ganze: Liebeshändel, Eifersucht. Nicht zuletzt: Gegenspieler. Die Schriftstellerin lächelte. Lila Tawfeek, die muslimische Krankenschwester? Der aggressive Zenker? Oh ja, das war gut. Da hatte sie ihren Konflikt! Sie müsste nur noch entscheiden, wann und wie der Hausfrieden zerbrach.

Sie stützte die Unterarme auf die Fensterbank und sah zu,

wie die Frau Iglhaut und der schöne Jude Hand in Hand zum Gartenhaus gingen. Die beiden und eine Geschichte, die es noch zu spinnen galt.

Die Schriftstellerin pflückte ein paar Schuppen von ihrer Schulter und schnippte sie zufrieden zu Boden. Alles lag in ihrer Gewalt.

FÜRBITTE

«Joi, sind die scheußlich.» Frau Ivanović und ihr Einkauf.

«Müssen Sie die für die Nonne wieder auf Vordermann bringen?» Frau Ivanović und ihre Neugier.

«Mhm.» Die Iglhaut und ihre Schroffheit.

«Hätte nicht gedacht, dass der Uli Reizberg so ein Feiger ist und sie einfach sitzen lässt.» Frau Ivanović und ihre neue Wahrheit.

«Ein bisschen komplizierter ist es schon.»

«Sagen Sie, wo Sie diese Nonne jetzt öfter sehen. Mein Neffe braucht immer noch eine Wohnung. Ob Sie vielleicht einmal fragen könnten, dass sie ihn in ihre Gebete aufnimmt?» Frau Ivanović und ihre Ideen.

«Ich glaub nicht, dass das etwas helfen wird.» Die Iglhaut und ihre Aufrichtigkeit.

«Aber es hilft sonst auch nichts.» Frau Ivanović und ihre Verzweiflung. «Sie machen das, Frau Iglhaut. Sie machen das, ja?» Frau Ivanović und ihr Befehlston und wieder ihr Einkaufstrolley, auf den in großen Lettern *Royal Shopper* gedruckt war.

«Ist recht, Frau Ivanović», sagte die Iglhaut. «Ich mach hier dann mal weiter.»

RETTUNG

Ronnie L., der war der Iglhaut zum Glück noch eingefallen, und sie hatte ihn gebeten, ihr mit dem Jesus behilflich zu sein. Also saß er neben ihr im Transporter, sein Rucksack schlaff wie ein erlegtes Tier im Fußraum zwischen den Basketballschuhen. Er drückte an den Radioknöpfen, sagte: «Nein!» Drückte weiter. Wieder nein. Zum nächsten Sender. Er schüttelte den Kopf.

«Wenn du dieses Land nach seinen Radiosendern beurteilst, bin ich für sofortigen Untergang», sagte er. «Iglhaut, darf ich was anderes anmachen?»

Die Iglhaut am Steuer gab ihm alle Freiheiten. Ronnie L. beugte sich in den Fußraum, weidete seinen Rucksack aus: Lautsprecherbox. Er verband sein Handy mit dem Lautsprecher. Die Musik stolzierte los. Er lehnte sich zurück, schnaufte durch, lauschte, setzte sich auf.

«Hörst du das? Da kommt gleich ein Break, irre, ich werde jedes Mal zum Teenager, wenn das kommt, so gut ist das. So gut.»

«Aber nicht kreischen», sagte die Iglhaut und schaltete einen Gang hinauf.

Der angekündigte Break. Ronnie L. hob die Arme und öffnete den Mund, lautlose Euphorie. Er drehte sich zur Iglhaut. «Dir gefällt es nicht so, oder?»

Sie hob die Schulter.

Die letzten Häuser vor der Stadtgrenze. Eine Kläranlage, dann das erste Feld. Immer eine Überraschung, diese Äcker, als hätten sie hier nichts zu suchen. Ronnie L. war zum Dozieren aufgelegt:

«Gefallen ist allerdings Übungssache. Wenn du ein Musikstück mehrmals hörst, gefällt es dir beim zweiten Mal schon besser. Ist wissenschaftlich nachgewiesen.» Noch mehr wissenschaftlich erhobene Zahlen folgten, ohne dass die Iglhaut Interesse bekundet hätte. Ob sie eigentlich wisse, dass der Mensch vierundzwanzig Jahre im Leben mit Schlafen verbringe, fragte Ronnie L.

Sie überholte gerade ein Motorrad. Nein, habe sie nicht gewusst. Das Motorrad fühlte sich geschnitten, hupte. Ronnie L. freute sich weiter an Zahlen: Drei Jahre sei man im Schnitt auf dem Klo, produziere dabei knapp vierzigtausend Liter Urin, das seien zweihundertzweiundzwanzig Komma zweiundzwanzig Badewannen.

Ronnie L. schlug sich an den Kopf, apropos, und die Iglhaut ahnte den Zusammenhang, der ihn dazu brachte, in seinem Rucksack nach seiner Trinkflasche zu kramen, den Deckel aufzudrehen und das Wasser in sich hineinzuschütten, als sei ihr Transporter Wüste.

Aber auch nachdem er die Flasche abgesetzt hatte, hörte es nicht auf: Warteschlangen, siebentausend Stunden. «Bei mir würde ich noch mal paar Hundert Stunden draufschippen. Ich habe irgendwie ein besonderes Talent, mich immer in die falsche Schlange zu stellen. Genau die, wo es gerade hakt, wo es Ärger gibt, die Kassenbonrolle zu Ende ist.»

«Glauben das nicht alle, dass sie in der falschen Schlange stehen?», fragte die Iglhaut und bereute es gleich wieder, als

Ronnie L. heftig verneinte. Sie musste sich zum Seitenfenster beugen, um nicht von seinen ausladenden Gesten erwischt zu werden.

Neulich erst habe er sich schon angestellt gehabt, und dann sei die Kasse geschlossen worden. Einfach so, ohne Vorwarnung. «Normalerweise stellen die doch so einen Aufsteller hin, oder es gibt eine Durchsage: Kasse schließt in Kürze. Aber nein. Und dann musste ich mich noch mal von Neuem an der Kasse nebenan einreihen. Keiner hat mich vorgelassen, obwohl ich nur einen Pudding wollte. Einen einzigen kleinen Becher Pudding. Aber den wollte ich wirklich, sonst hätte ich den stehen lassen und gesagt, fickt euch doch alle. Aber ich hatte so einen Heißhunger, der Tag war lang, und ich hab schon mittags gedacht, so ein Pudding mit dieser Sahne, die nicht nach Sahne schmeckt. Warte! Das ist wieder ein super Track. Nicht zum Kreischen, aber zum Heulen schön. Keine Sorge, Iglhaut. Höchstens stumme Tränchen.»

Die Musik stieg hinab zu Moll und Melancholie. Ronnie L. fuhr sich über die Augen. «Warum spielen die so was nicht im Radio? Kannst du mir das erklären?»

«Nein, aber was anderes würde mich interessieren.»

«Ja, was denn?»

«Wie viele Lebensstunden verbringt der Mensch eigentlich mit Schweigen?»

Ronnie L. machte eine Pause, überlegte laut: «Vierundzwanzig Jahre mindestens. Außer! Jemand spricht im Schlaf.» Er nahm sein Telefon zur Hand, hielt inne, legte es wieder zur Lautsprecherbox und schlug sich auf die Oberschenkel. «Ha! Iglhaut. Jetzt wollte ich das tatsächlich nachschauen! Aber ich quatsche dir einfach zu viel, gell? Du hast echt einen Humor. So leise Schleicher. Unvorbereitet, trocken.»

Die Iglhaut setzte den Blinker, hob kurz ihr Hinterteil vom Fahrersitz. Ronnie L. klatschte begeistert. «Verbaler und physischer Humor. Herrlich. Ich sag's dir, Iglhaut. Das können nicht viele Frauen.»

Die Iglhaut stieg unwillkürlich auf die Bremse. Sofort wütete das Motorrad hinter ihr. Sie drehte sich zu Ronnie L. «Das hast du bestimmt nicht so gemeint», sagte sie.

«Doch», sagte Ronnie L. «Muss ich leider so sagen.»

Die Iglhaut brachte den Transporter zum Stehen. Das Motorrad fuhr vorbei mit Geheul und Gehupe.

«Die Fahrt endet hier», sagte die Iglhaut.

«Hä?»

«Kannst gleich hier aussteigen.»

«Iglhaut, bitte», seufzte Ronnie L. «Das ist doch auch wieder so ein Klischee, dass Frauen keine Kritik vertragen.»

«Darum geht es nicht», erwiderte die Iglhaut.

«Eben. Ich hab dich nicht kritisiert. Gelobt habe ich dich.»

«Lob brauche ich keins.»

Ronnie L. machte die Musik an seinem Lautsprecher leiser. «Lob braucht jeder», sagte er und schaute zum ersten Mal länger aus dem Fenster. «Du wirfst mich hier in der Pampa nicht raus! Sonst nehme ich mir deinen Anwalt.»

Die Iglhaut gab wieder Gas. Dieses Karree. Insgesamt mochte sie die Nachbarschaftlichkeit, das umeinander Kümmern. Aber manchmal, bei gewissen Dingen, hätte sie doch lieber Anonymität. Natürlich hatten sie im Haus über ihre neu aufgelegte Beziehung gesprochen. Was gab es auch sonst zu reden? Linksabbieger, Rechtsabbieger, ein Auto geradeaus auf der Querstraße, an dessen Antenne das zerfledderte Band einer lang zurückliegenden Hochzeit flatterte. *Sonst nehme ich mir deinen Anwalt.*

«Wie sieht es eigentlich bei dir aus?», fragte die Iglhaut. «Tildi meint, du kriegst niemanden ab, weil du so schlecht putzt. Aber das kann eigentlich nicht sein. Weil, ich hab es gesehen: Ihre Fenster hast du neulich gründlichst abgeledert. Absolut streifenfrei. Das sag ich ganz im Ernst. Obwohl du gerade meine Geschlechtsgenossinnen beleidigt hast.»

«Frauen verzeihen viel leichter als wir Deppen», sagte Ronnie L. anerkennend.

Die Iglhaut wollte schon ansetzen, dass es für sie beide grundsätzlich leichter sei, wenn er solche Pauschalurteile für sich behielt, als Ronnie L. doch noch anfing. Es gebe seit Längerem jemanden, verriet er, kaum hörbar unter dem Song, der gerade lief. Er habe nämlich seit zwei Jahren ein Gemüsebeet.

Dann schaute er, als seien damit alle Fragen beantwortet, aus dem Fenster, kurbelte die Scheibe herunter, ein scharfer Wind, kurbelte sie wieder rauf.

Eine Sommerliebe, könnte man vielleicht sagen. Weil sie Beetnachbarn seien. Hätten sich schon zwei Saisons lang phantastisch über die Aufzucht von Kopfsalat, Radieschen und alten Rübensorten unterhalten. Ihr schönstes Gespräch: wie am geschicktesten die geilen Triebe von Tomaten zu kappen seien ... Danach beste Ernte für sie beide!

Ronnie L. verstummte. Schwer zu sagen, was weiter in ihm blühte.

«Klingt doch schön», sagte die Iglhaut aufmunternd.

Schon. Schon. Bloß habe die Beetnachbarin immer wieder sehr betont, dass sie seit Jahren in einer festen Beziehung sei. Ronnie L.s Schultern sanken nach vorn. Mit ihrer Wärmflasche.

Die Iglhaut konnte nicht sagen, ob er Komödie oder Drama aufführte, hielt sich mit einer Reaktion zurück, bis Ronnie L.

selbst die Frage klärte: Er glaube, dass sie keinen wolle wie ihn. «Wenn du in der Pflege arbeitest, kommt das nicht so gut an.»

Ronnie L. drehte wieder auf und bereitete die Iglhaut auf den nächsten musikalischen Höhepunkt vor. Da werde es auch in ihr gleich detonieren. Er schlug sich mit der Faust gegen die Brust, dumpf hallte es in den anschwellenden Gesang, beinahe hätte die Iglhaut das Klingeln ihres Telefons überhört. Sie kramte in ihrer Jackentasche. Anonymer Anrufer. Mit gemischten Gefühlen hob sie ab.

«Zahnarztpraxis Kranuschka», meldete sich die Sprechstundenhilfe. «Ich soll Ihnen ausrichten, die Frau Doktor hat Ihnen ein Angebot zu machen.»

«Okay», sagte die Iglhaut langsam. «Ich höre.»

Ronnie L. neben ihr schraubte derweil wieder seine Wasserflasche auf. Trank daraus mit einer Sehnsucht, als wäre ein Liebeselixier darin.

SOMMERLIEBE

«Ich bekomme einen Sonderpreis», erklärte die Iglhaut bei Herakles am Tresen.

Herakles sah sie mitleidig an. «Wird also ernst mit dem Sparen?»

«Ach so. Nein.» Sie wedelte mit einem Zwanziger. «Die Zahnärztin ist mit dem Preis runtergegangen. Außerdem habe ich einen neuen Auftrag. Ich soll drei Heiligenfiguren aufmöbeln. Deswegen war die Nonne neulich da.»

«Himmelhalleluja, gelobet seien Aufträge, gebenedeit großzügige Zahnärztinnen», kam es aus der Küche von der Mama, die Gurken im Wettlauf mit ihren Fingerkuppen schnitt.

«Mal sehen, wie gesegnet das alles ist», rief die Iglhaut über Herakles' Schulter nach hinten. «Ihr Sohn soll meine Zähne richten. Der ist noch Anfänger. Deshalb ist es günstiger.»

«Pfff.» Die Mama nahm eine weitere Gurke zur Hand, setzte das Messer an. «Söhne.» Sie begann, die Gurke in Scheiben zu schneiden, energischer als zuvor.

Ohne Vorplänkel war die Zahnärztin auf ihr Angebot zu sprechen gekommen. Es lautete: Mein Timmi. So nannte sie ihren Sohn. So nannte sie ihn *immer noch*, musste man sagen. MeinTimmi. Sie sprach es so aus, als sei es ein einziges Wort.

Die Iglhaut erinnerte sich gut: Früher beim Prosecco hatte Frau Dr. Kranuschka oft über ihn geklagt. Wie schlecht MeinTimmi in der Schule sei. Wie gefährlich verliebt in ein Mädchen, das nur Unfug im Kopf hatte. MeinTimmi war beim Besprühen von Fassaden erwischt worden. Ständig Knochenbrüche mit seinem Skateboard. Was MeinTimmi hörte, war keine Musik, sondern Stampfen. Unerträglich! Primitiv!

Davon war keine Rede mehr. Frau Dr. Kranuschka erklärte ihr gelassen, MeinTimmi habe sein Studium abgeschlossen, und sie habe ihn zu sich in die Praxis geholt. Behandlungsfertig sei er ganz ohne Zweifel, nur noch nicht berufsbereit. Die betriebswirtschaftliche Seite, die zwischenmenschlichen Aspekte ihres Berufs, da gebe es Nachholbedarf.

Die Iglhaut hörte sich das an. Die Iglhaut überlegte. «Was genau bieten Sie mir an? Einen Preisnachlass, wenn ich das Risiko auf mich nehme, mich von Ihrem unerfahrenen Sohn behandeln zu lassen?»

«Also bitte. Risiko ist ein starkes Wort. Ich würde es eine *Chance* nennen. Für euch beide.» Frau Dr. Kranuschka blieb beharrlich beim Du. Sie nahm ein gerahmtes Bild von ihrem Schreibtisch und drehte es um. MeinTimmi hatte ein Gebiss, wie gemacht für einen langen Abend im Piccolo Principe. Konnte natürlich sein, dass ein Zahnarztsohn per Naturgesetz solche schmelzweißen Zähne haben musste. Und surferblondes Haar. Farbe und Länge erinnerten an den blondierten Bob der Kranuschka. Doch das Kinn: kantig breit, mit einem Grübchen in der Mitte.

Auf den Surfer-Gedanken kam die Iglhaut, weil die Fotografie vor Sandstrand aufgenommen worden war. Thailand, Bahamas oder Hawaii. Ein Meer in Azur, wie aus dem Reisekatalog, und ebensolche Sohnesaugen, in denen Wellen, Langstreckenflüge und monatelanger Sonnenschein so selbstverständlich waren wie Reisspeise für die Kanzlerin.

Die Iglhaut schaute von dem gerahmten Strand zur Frau Dr. Kranuschka. «Sie präsentieren das so, als bekäme ich die Chance auf eine Weltreise mit Ihrem Timmi», sagte sie.

Mütterlicher Schutzinstinkt drehte das Foto wieder um, setzte es zurück auf den Schreibtisch. Aber so leicht kam ihr die Kranuschka nicht aus – sie hier alleinzulassen auf dem weiten Feld fragwürdigen Verhaltens.

«Das ist jedenfalls ein gewaltiger Rabatt», legte sie nach. «Verkaufen Sie Ihren Timmi da nicht unter Wert?»

«Mag sein.» Ein schwer deutbares Lächeln. «Das wird sich zeigen.»

«Mütter!» Die Erinnerung an das Gespräch ließ die Iglhaut schaudern. Herakles stellte den Eintopf vor ihr auf den Tresen, streute Kräuter darauf, als bringe er ein Kunstwerk zur Vollendung. Die Iglhaut griff nach dem Löffel.

«Warte noch kurz», bat Herakles.

Die Iglhaut hob beide Arme. «Rühre nichts an, bevor es nicht freigegeben ist.»

Von hinten ein: «Herrgott, wenn ihr weiter so umeinander herumtanzt, wird das nie was mit euch!»

«Mama», mahnte Herakles, wischte sich die Hände sauber und zog sein Telefon aus der Tasche. Er suchte mit der Handykamera nach dem richtigen Winkel, um den Eintopf zu fotografieren.

«Erst wenn die letzte Gurke geschnitten ist, das letzte Brot geteilt und die letzte Tomate eingekocht, werdet ihr merken, dass soziale Netzwerke nicht satt machen», schimpfte die Mutter hinten weiter.

Herakles lud die Fotografie des Eintopfs in seiner App hoch. «Bitte, Iglhaut, vielleicht kannst du etwas machen, um ihre Laune zu heben. Den ganzen Morgen geht das schon so.»

«Du weißt ganz genau, was meine Laune bessern könnte.»

«Mama, du darfst nach Berlin.» Herakles gab endlich den Eintopf für die Iglhaut frei, drehte sich nach hinten um. «Nur nicht diesen Monat, wo es so gut läuft. Der neue Ofen bezahlt sich nicht von selbst.»

«Ich hatte doch schon eine Karte!»

«Aber wir können nicht einfach zusperren für *Metallica*, Mama. Bitte sei nicht so kindisch.»

«Kindisch? Wenn ich Glück hab, bleiben mir noch ein paar gute Jahre …» Tiefes Seufzen. «Ist es eben, wie es ist. Aber wenn ich mich dann für dich totgeschuftet habe, musst du mir einen anständigen Grabstein kaufen.»

«Wunderschönes Grab bekommst du.» Herakles rollte die Augen zum Himmel. «Versprochen.»

«Sehr gut», kam es wieder von hinten. Und, nach einer Pause: «Aber nicht in diesem Ton!»

In der Werkstatt schmeckte die Iglhaut ihrem Mittagessen nach. Kreuzkümmel lag ihr noch auf der Zunge, der Zwist zwischen Mama und Herakles im Magen. Der Tod. Über den machte auch sie sich ab und zu ihre Gedanken, und sei es nur in Form von makabren Schlagzeilen. Bloß: Wie ihr Grab aussehen sollte, darüber hatte sie noch nie nachgedacht. Sie hätte gar nicht sagen können, was das sein sollte: ein schönes Grab. Ein selbst gefertigtes Treibholzobjekt? Die Vorstellung machte sie traurig: Als Tote die eigene Kundin zu sein. Dann doch lieber verstreut werden und in alle Himmelsrichtungen verwehen.

Die Iglhaut schmirgelte den Arm der Magdalena. Farbsplitter lösten sich wie Hautschuppen unter einem Körperschwamm. «Was meinst du? Wollen wir zusammen nach Berlin?», fragte sie die Figur. «Deinen Freund hier», die Iglhaut nickte dem Franziskus zu, «den lassen wir da.»

Kurz glaubte sie, die Magdalena habe sich bewegt. Aber es war nur ein Schatten. Die Iglhaut steckte ihren Kopf aus der Werkstatt, sah gerade noch die Schriftstellerin aus dem Dachgeschoss, die fahrig die Haustür aufschloss.

Die Iglhaut zuckte mit den Schultern. «Kannst es dir ja noch überlegen», sagte sie, als es klopfte. Sie drehte sich um.

Ronnie L. hielt eine selbst gedrehte Zigarette in die Höhe, hielt sie zwischen Zeigerfinger und Daumen, behutsam, wie ein Insekt an den Flügeln.

«Für dich. Weil ich neulich so viel Quatsch über Frauen erzählt habe», erklärte er, wurde dann zum Beipackzettel. «Diese Zigarette ist natürlich keine herkömmliche. Es besteht die Möglichkeit von Stimmungsaufhellung und erhöhter Wahrnehmungsfähigkeit.» Ronnie L.s Hand senkte sich. «Angstzustände, Beeinträchtigung des Erinnerungsvermögens sowie der psychomotorischen Fähigkeiten können eher unerwünschte Effekte sein. Aber du willst gar nicht rauchen, nicht wahr, Iglhaut? Ich schenke sie dir, damit du sie nur anzünden und dich am Geruch erfreuen kannst.»

Sonderbar gerührt nahm die Iglhaut die Entschuldigung entgegen. «Weißt du, was ich mir überlegt habe», sagte sie. «Ich glaube nicht, dass die Pflege dein Problem ist.» Sie deutete auf den Joint. «Eher die Dealerei.»

Ronnie L. ließ sich in den Sessel fallen und raufte sich die Haare. «Iglhaut, bitte! Ich bin doch kein Dealer.»

«Nein?»

«Ja, nein! Ich bin ‹alternativer Apotheker›.»

Die Iglhaut schaute skeptisch.

«Ich verabreiche ausschließlich medizinische Dosen, warte aber, zugegeben, noch auf meine Approbation», fügte Ronnie L. hinzu. «Mein Webshop ist schon programmiert. Samt Infoseite zum Thema ‹Gesundheitliche Anwendung›. Ich nehme das ernst, Iglhaut. Bin doch keine fünfzehn mehr. In meinem Alter müssen Sinn und Verstand sowie therapeutischer Nutzen im Vordergrund stehen. Ich kenne die wissenschaftliche Literatur zu den Vor- und Nachteilen des Cannabis-Konsums, siehe oben.»

Ronnie L. deutete nach oben, als könne die Iglhaut da noch einmal nachlesen, was er vorher zu Wirkungen und Risiken referiert hatte.

«Selbstverständlich habe ich mich auch mit der Kulturgeschichte auseinandergesetzt. Da sehe ich mich in der Tradition von Mezz Mezzrow und Branson. Allerdings habe ich kein Kaliber wie Louis Armstrong oder Method Man bei meiner Kundschaft. Künstler dieser Dimension gibt's hier halt nicht.»

«Du hast einen Webshop?», fragte die Iglhaut.

«In der Beta-Phase, aber könnte jeden Tag live gehen. Als Nächstes will ich mit Kochrezepten für Edibles an den Start. Das ist noch mal ein ganz eigener Markt.»

«Edibles, klar.» Die Iglhaut wollte den Joint in ihre Jackentasche stecken, fand dabei den knittrigen Geburtstagsgutschein ihrer Mutter. Dieser verlorene Zehner! Sie steckte die Karte zu anderem Kram ins Regal.

«Du wartest also, bis dein Gewerbe legalisiert wird, und dann bist du für deine Sommerliebe eine gute Partie?» Sie fragte sich, weshalb sie nicht von ihm abließ. Selber hasste sie es, wenn irgendjemand nach ihren Verhältnissen fragte. «Ach, vergiss es. Ich wollte eigentlich nur sagen, dass in der Pflege zu arbeiten nichts Ehrenrühriges ist. Wer das nicht sieht, ist eh nichts für dich.»

Ronnie L. nickte, dass sein ganzer Körper wippte. Für die Iglhaut sah es so aus, als pumpe er das, was sie gerade gesagt hatte, in sich hinein. Weil er aber nicht aufstand, sein Wippen fortsetzte und sich dann auch noch auf die Schenkel schlug, erwartete sie Widerspruch.

Du hast leicht reden!, erwartete sie. Anders zu empfinden als die gesellschaftliche Norm, sei so einfach nicht. Pauschales erwartete sie. Frauen hätten ohnehin schon mit vielem zu kämpfen, da bräuchten sie keinen Mann an ihrer Seite, dessen Status nicht gesichert sei.

Wieder schlug Ronnie L. sich auf die Schenkel. Und wieder. Es hatte etwas von einer Selbstgeißelung, dieses Schenkelklopfen. «Iglhaut», sagte er. «Hätte gern, dass das unter uns bleibt, okay?»

«Deine alternative Apotheke?»

«Was? Nein. Darüber spreche ich gern, verstehe ich als Lobbyarbeit. Ich meine das, was jetzt kommt.» Er schaute sich um. «Also, ich sag das nur dir. Weil du immer so bohren musst. Also nicht wörtlich, sondern im übertragenen Sinn.»

Die Iglhaut schüttelte langsam den Kopf. Beobachtete Ronnie L.s Nervosität. Es sah aus, als sei jetzt er das Insekt in der Fingerzange.

«Was ich sagen will.» Ronnie L. stand auf, setzte sich wieder. «Also bisher, seit ich dreizehn bin», er deutete auf Iglhauts Hand mit dem Joint, «habe ich eine tiefe Verehrung für Mary Jane.»

Die Iglhaut nickte verständnisvoll, nickte hauptsächlich, weil Ronnie L. so angespannt war.

«Und deshalb bin ich, also.» Seine Stimme kaum hörbar. Es sah so aus, als fröstelte er, ja, als bräuchte er dringend eine Wärmflasche. «Also hatte ich bisher ...»

«Warte», sagte die Iglhaut. «Ich versteh nicht. Heißt das, du hast noch nie –?»

WURZEL

Im Gartenhaus bei den Briefkästen: ein Zettel, handgeschrieben, dicker Filzstift. *Liebe Nachbarn.* Am Ende des Briefs eine Zeichnung. Selbstporträt des Paars aus dem Erdgeschoss, die beiden, die der Iglhaut die liebsten waren, weil sie meist unter sich blieben, immer höflich waren, nicht neugierig.

Die Zeichnung zeigte die Frau mit hochschwangerem Bauch. Darüber stand: *Wir planen eine Hausgeburt.* Die Nachbarn sollten sich keine Sorgen machen, wenn demnächst ungewöhnliche Geräusche aus ihrer Wohnung kämen.

Wie konnte das sein, dass die unter ihr schwanger war? Die Iglhaut korrigierte sich. Wie das sein konnte, wusste sie. Es war auch nach unten hin hellhörig. Die Iglhaut hatte die Frau nur gar nicht schwanger gesehen. Oder nicht darauf geachtet. Es wäre nicht das erste Mal. Als Dori Vater geworden war, hatte sie den sich wölbenden Bauch von Dunja auch nicht gesehen. Oder vielleicht gesehen, aber nicht richtig gedeutet. Erst Dori hatte sie darauf aufmerksam gemacht. Sie hatte sich entschuldigt. Für Kugelbäuche hatte sie einfach keinen Blick. Genauso wenig wie für keusche Kiffer.

Die Iglhaut strich eine Ecke des Aushangs glatt. Sie wünschte dem Paar, es möge alles gut gehen, verwünschte zugleich die Idee mit der Hausgeburt. Jetzt musste sie sich nicht nur nach oben, sondern auch nach unten sorgen. Ihre Wohnung, ein Puffer zwischen benachbarten Kräften. Vielleicht sollte sie selbst einmal einen Aushang machen? Eine Zeichnung von der Kanzlerin und von ihr selbst, mit restauriertem Gebiss.

Liebe Nachbarn,
nicht wundern, wenn es bei mir wieder einmal sehr leise ist, die Zahnschmerzen sind nämlich weg. Deshalb bitte nicht klingeln, nicht klopfen, nicht streiten, nicht gleich noch ein Kind, nichts für mich kochen (schon gar nicht mit Knochen). Und bitte auch nicht mehr im Kreuzworträtsel gewinnen.
Passt auf euch auf!

Iglhaut

Das erinnerte sie daran, sich bei der Mutter zu erkundigen, wie es der Hand ging. Beim Verfassen der Nachricht wurde sie unterbrochen von Dori. Einen Anwalt, der versprach, zum Abendessen guten Whiskey mitzubringen, wollte sie nicht abweisen. Dieser Anwalt konnte einen Old Fashioned zubereiten, als sei er Barkeeper im Hauptberuf.

Mit den beiden Drinks in der Hand, prostete er ihrer Wange zu, um sich nach den Zahnschmerzen zu erkundigen. Ja, er verstand, wie man eine Iglhaut nach ihrem Befinden fragte. Er durfte näher rücken und sich zusammen mit ihr einen Film ansehen. Einen modernen Klassiker, den sie Zeile für Zeile mitsprechen konnten: «Nobody fucks with the Jesus.»

Nach dem Abspann fragte Dori, ob sie nicht hinüber zu ihrem «Nagelbett» wollten, er habe gehört, es sei «something wrong with dein Kabel». Kaum ausgesprochen, entschuldigte er sich. «Nagelbett» sei natürlich nicht wörtlich gemeint, vielmehr ein Zitat.

Wie habe er es denn dann gemeint? Die Iglhaut zitierte ihrerseits. Er spiele doch auf Sex an, auf den physischen Akt der Liebe, den Koitus?

Dori hielt plötzlich inne. Ob sie «Akt der Liebe» gesagt habe?

Die Iglhaut erwog, sich hinter dem Zitat zu verstecken. Gab sich einen Ruck. Entschied sich – dieses Mal und gegen ihre Gewohnheit – nicht für den Rückzug. Ein Akt der Liebe, ja. Das habe sie gesagt.

Worauf Dori ihr in den Nacken griff, sie an sich zog, während das Knäuel beleidigt im Wohnzimmer verblieb.

Die Iglhaut wusste nicht, was Orgasmus auf Französisch heißt, und sah doch kurz vor dem «kleinen Tod» die Jahre mit Dori noch einmal an sich vorüberziehen. Wie sie auf dem dreißigsten Geburtstag einer Bekannten eingeladen gewesen waren, und zwar, um das Fest größer erscheinen zu lassen. Wie sie, die beiden Komparsen, sich sofort besser verstanden hatten als je mit der Gastgeberin. Wie sie, später am Abend, einen Eid geschworen hatten, sie würden füreinander jederzeit dasselbe tun. «Mehr noch: Ich komme als Erster und bleibe auch garantiert bis zum Schluss.»

Als die Iglhaut gleich am nächsten Tag angerufen hatte, um zu prüfen, ob die Nummer, die er ihr gegeben hatte, auch richtig sei, hatten sie über eine Stunde geredet. In der Woche darauf stand das alljährliche Nachbarschaftsfest im Hinterhof an. Staffage brauche sie keine, schrieb sie, aber wenn er käme, würde es sie freuen.

Ab da war es hin und her gegangen. Zwischen seiner Wohnung und ihrer. Zwischen unbändiger Verliebtheit (wie man so eins sein konnte zu zweit!) und epischem Zank (weil viel zu unterschiedlich). Manchmal war ihnen jeder Blick zu viel, dann wieder fielen sie sich ins Wort, um den Satz für den andern zu beenden.

Das war aber nun schon lange her und mittlerweile eine ganz andere Zeit angebrochen … Den Kopf voller Nachbilder lag sie unter Kranuschka junior im Behandlungsstuhl. Der junge Doktor hatte nur Augen für ihren weit geöffneten Mund. Pfiff unbeschwert durch die Zähne, während er mit einer unerwartet großen Spritze vor ihr herumhantierte. Der Iglhaut wurde schlagartig flau. Schhhhh, beschwor sie sich, suchte Ablenkung. Sie wollte weiter an Dori denken. Dachte. Dachte auf einmal an Ronnie L.

«Bitte stillhalten», kam es von MeinTimmi.

Sie hatte wohl, ohne es zu merken, den Kopf geschüttelt. Aber es war wirklich schwer zu begreifen: Wie konnte so etwas geschehen? Ronnie L. war doch nicht die schlechteste Partie. Nicht immer souverän, aber das war, sagen wir, auch Uli nicht, und selbst der hatte ein paar Geschichten auf Lager, die traute man ihm nicht zu. Die wollte man erst hören und dann doch lieber nicht. Dem Zenker, so einem wünschte sie Enthaltsamkeit, der hatte niemanden neben sich verdient. Niemanden, solange er seine Frau so fürchterlich … Gut, das tat jetzt wirklich zu weh.

Die Iglhaut hörte sich stöhnen, über den Sauger in ihrem Mundwinkel hinweg.

«Sollen wir eine Pause machen?«, fragte MeinTimmi freundlich. «Wollen Sie kurz ausspülen?»

Die Iglhaut verneinte. Manchmal musste man durch einen Schmerz hindurch, damit das Leben weiterging.

Das Instrument sprang wieder an. Schlimm klang das,

schon vom Zuhören wurden ihr die Hände feucht. Trotzdem. Dauerhafte Entsagung, freiwilliges Zölibat, also bitte! Sie musste Ronnie L. zu der Einsicht bringen, dass er eines der elementaren Erlebnisse menschlicher Existenz verpasste!

MeinTimmi berührte ihr Kinn. «Bitte locker bleiben.»

Die Iglhaut unternahm den Versuch, sich zu entspannen. Nein, sie konnte nicht Ronnies Retterin sein. Wie sie überhaupt darauf kam, das war schon wieder typisch. Völlig unnötig.

«Noch einmal locker, und dann haben wir es für heute geschafft.» MeinTimmi berührte wieder ihr Kinn. Er schien sein Handwerk zu verstehen, ja, sie fühlte sich bei ihm viel wohler als bei seiner Mutter. Es war ihr alles ganz recht, so wie es war.

MeinTimmi wartete, bis sie aus dem Plastikbecher getrunken und einen Regenbogen chemischer Geschmäcker ausgespuckt hatte. Er wartete, als habe er heute nichts weiter vor. Das wohlmeinende Interesse in seinem Gesicht gab der Iglhaut das Gefühl, das wichtigste Gebiss dieser Hemisphäre zu haben.

Sie lehnte sich zurück. MeinTimmi drehte mit Bedacht das Behandlungslicht nach oben, damit es sie nicht blendete. «Dann sehen wir uns übermorgen», sagte er.

Sein Lächeln war wirklich herrlich weiß.

BESUCH

«Guten Tag, Frau Iglhaut.» Kapuzenpulli unter der Jacke mit einer ACAB-Stickerei hintendrauf. Jasmina aus der betreuten Wohngemeinschaft.

«Hallo», gab die Iglhaut knapp zurück und fragte sich, ob hinter der ungewöhnlich förmlichen Begrüßung schon wieder eine Unverschämtheit steckte. Die «Torschlusspanik» hatte sie Jasmina doch noch nicht ganz verziehen.

«Also», Jasmina knetete ihre Finger. «Es ist so», knetete nicht nur, malträtierte sie. Aus ihrem Mund kam erst einmal nichts.

«Aha», sagte die Iglhaut schließlich.

«Haha.» Jasmina vergrub ihre Hände in den Hosen.

Die Iglhaut ging in die Konfrontation. «War noch was?»

Jasmina wischte ihre Stirnhaare zur Seite. «Boah, sind Sie aber empfindlich.» Sie trat einen Schritt nach hinten, als könnte sie so die letzten Worte wieder zurücknehmen. «Okay, Moment. Noch mal. Also, Folgendes», begann sie von Neuem. «Ich bin hier, weil mein SozPäd und meine Psych sagen, es wäre gut. Weil das wohl oft nicht so rüberkommt und ich das lernen muss. Ich soll Ihnen von mir ausrichten, also der Seite von mir, die nicht immer Zugang zu ihren Gefühlen hat … Das klingt jetzt komisch, aber die Psych sagt das so.» Jasmina brauchte noch eine Verschnaufpause, sagte dann hastig und wie auswendig gelernt: «Ich bin froh, dass Sie aus dem Urlaub zurück sind, Frau Iglhaut. Durch Ihre Anwesenheit im Hof habe ich das Gefühl von Schutz, weil Sie immer schauen, wer hier raus- und reingeht.» Jasmina zog die Hände wieder aus den Hosentaschen. Ende der Ansprache.

Vieles hatte die Iglhaut erwartet. Das nicht. «Aber bei uns im Haus geschieht dir doch nichts», sagte sie etwas unbeholfen. Hätte wohl besser geschwiegen, denn der Satz kam bei Jasmina nicht gut an. Ihre Unterlippe bebte.

Ihr geschehe schon nichts, ja? Genau das habe der Mann ihrer Mutter auch immer gesagt. Wegen dem lebe sie in dieser gammeligen Wohngemeinschaft, während die Mutter im Einfamilienhaus immer noch Happiness simuliere.

Hoppala. Das versetzte der Iglhaut einen Stich.

Und jetzt auch noch dieser neue Mitbewohner, kiekste Jasmina. Der sei so krass kacke. Lasse ständig das Wasser laufen, dusche Ewigkeiten. Er kaufe alles in Plastik verpackt. Fresse ausschließlich Fleisch. Wie könne man nur so widerlich sein? Von alten Säcken sei nicht mehr zu erwarten – dazu eine Handbewegung, die neben der Iglhaut noch eine imaginäre Anzahl «alter Säcke» mit einschloss –, aber jemand in ihrem Alter? Klar habe das Leben jeden in der WG schon hart getroffen. Aber sei das ein Grund?!

Die Iglhaut wollte Jasminas Aufmerksamkeit auf etwas lenken, was unverfänglich war und doch vom Thema her passte. Sie schaute sich um, sagte: Dem Kirschbaum gehe es gerade auch nicht so gut.

Jasmina blickte zum Baum und zur Iglhaut zurück. Sie sei doch bitte nicht so saudoof, das wesentlich existenziellere Thema Klimakatastrophe auf diesen Obstbaum runterzubrechen!

Ja, da rauschten sie kurz zurück in ihr altbekanntes Muster, das aber plötzlich einen Sinn hatte und auch eine gewisse Schönheit. Jasminas Rigorismus und der Widerspruchsgeist der Iglhaut, der sie sagen ließ: «Im Ernst, Jasmina, das Ende der Welt verhindern wollen, aber kein Mitleid haben mit dem Baum nebenan?»

Jasmina zuckte mit den Schultern. Sie ging in die Knie, nahm ein paar von den umliegenden Spänen, begann zu rezitieren: «Einsam sitz ich in der Schaukel. Die Welt ist traurig und voll Gaukel. Ganz und gar, mögen andere dick und satt sein, ich will nichts vom Späneschwein.»

Während sie die Sätze aufsagte, sah sie so aufrichtig verwundert aus, da ging der Iglhaut das Herz schon wieder ein bisschen auf. «Kästner?», tippte sie.

Jasmina schnippte die Späne weg. Sie lese prinzipiell nur Autor*innen, die sich als weiblich bezeichneten. Kaut sei das gewesen. Ernst und Kindlichkeit verliefen wie Batikmuster auf ihrem Gesicht ineinander. Ob die Iglhaut ihr etwas versprechen könne.

«Was denn?»

Sie dürfe nicht mehr einfach so in den Urlaub. Also nicht wegen ihrer Sicherheit, sondern weil das CO_2-technisch nicht vertretbar sei.

Die Iglhaut lachte auf. Da bestehe so schnell keine Gefahr. Sie unternehme auch nur die wichtigsten Fahrten mit dem Transporter. Und – das sagte sie sehr ernst – sie passe auf. Versprochen.

Jasmina hatte wieder angefangen, ihre Hände zu kneten. «Okay», sagte sie. «Genau das hat meine Mutter auch mal in einem klaren Moment geschworen. Dass sie aufpassen wird. Na», sagte sie und ging.

Die Iglhaut war noch eine ganze Weile mit der vertrackten Begegnung beschäftigt. Sie wollte nicht nur ab jetzt Jasminas Art mit mehr Gelassenheit hinnehmen, sie wollte irgendwie Buße tun dafür, dass sie ihr die ordinären Sprüche oft übel genommen hatte. Nur vor welcher Instanz sollte sie das vorbringen? Kniffelig. Ob es in Ordnung war, bei sich selbst vorstellig zu werden? Eine gegenwärtige Iglhaut, die eine frühere zur Anhörung empfing?

Die gegenwärtige Iglhaut konnte die unwissende jüngere jedoch nicht mehr freisprechen, denn vor ihnen stand schon der nächste Besuch: die Zenkerin. An der Hand, links und rechts, ihre beiden Kinder.

«Schaut mal her», sagte die Zenkerin. «Das ist die Frau, die unter uns wohnt. Wenn ihr zu laut seid, dann hört sie das alles.»

Die Kinder nickten ängstlich.

Die Iglhaut argwöhnisch. «Ja, das höre ich», sagte sie langsam. «Aber ihr Kleinen», Blick zu den Kindern, Blick zur Zenkerin, «stört mich eigentlich nie. Spielen gehört doch zu eurem Geschäft.»

So ganz verstanden die Kinder den Witz nicht, lachten aber doch. Die Zenkerin dagegen verzog keine Miene.

«Ich wollte mich jedenfalls für den Lärm entschuldigen», sagte sie.

Die Iglhaut nickte. Sie verstehe nur nicht – sie benutzte die gleiche Verschlüsselungsmethode wie die Zenkerin –, warum sie das Spielzeug, das am lautesten war, nicht loswerde.

Die Kinder schauten erschrocken. Nicht die Carrera-Bahn, sagten sie, nicht die Sirene! Die Zenkerin ignorierte die Einwürfe. Weil es nicht gut für die Kinder sei, sagte sie, nur ein Spielzeug zu haben, sie brauchten doch zwei.

«Nur zwei?» Die Kinder waren empört.

«Aber wenn ein Spielzeug durch das andere kaputtgeht, dann ist am Ende noch mehr verloren», erwiderte die Iglhaut.

Sie sei hergekommen, um sich zu entschuldigen, nicht für unerwünschte Tipps. Die Zenkerin zog die Kinder aus der Werkstatt. «Will die Frau jetzt doch unser Spielzeug wegnehmen?», hörte die Iglhaut das eine im Fortgehen fragen. Darauf sagte die Zenkerin doch wirklich: «Wenn du nicht brav bist, dann kommt sie und holt sich, was sie will.»

So eine Blöde, dachte die Iglhaut, und da war die gedankliche Situation gleich wieder schwierig, weil die gegenwärtige Iglhaut gegenüber der noch gegenwärtigeren Iglhaut die Beschimpfung rechtfertigte, sich aber anhören musste, dass es billig war, sich über die Zenkerin zu echauffieren, die auch nur versuchte, die Bälle in der Luft zu halten.

Trotzdem. Sie selbst als Drohfigur verwenden und gleichzeitig die Kinder zum Vorwand nehmen, den Zenker nicht vor die Tür zu setzen? Ätzend war das. Da waren sich alle Versammelten einig.

Bloß hatten sie gar keine Zeit, das Einverständnis so recht zu genießen. Der nächste Besucher stand nämlich schon im Tor. Aber der hatte sich wenigstens angekündigt.

«Warte kurz», sagte die Iglhaut zum Vater. «Ich muss nur noch …»

Sie suchte den Leim. Den Topf hatte sie neulich neben der Kiste mit Treibholz gesehen. Da stand er aber nicht. Auch nicht hinten im Zubehörschrank. Unter der Werkbank, wo sie den Leim oft genug nach der Arbeit vergaß? Auch nicht.

Ihr Vater bemühte sich, ihr zu helfen. Er reckte den Hals, schaute mit schmalen Augen hierhin, dorthin, aktivierte seine Telefontaschenlampe, um zu demonstrieren, dass er es ernst meinte mit der Suche. Das Telefon konnte in der taghellen

Garage wenig bewirken, aber irgendwie schaffte er es, die Iglhaut mit seinem Gefuchtel zu blenden.

Sie zog ihren Schlüssel aus der Hosentasche. Ob er nicht schon nach oben gehen wolle, sie komme gleich nach.

Ach nein, sagte der Vater, bückte sich irgendwohin. Ruckhafte Kopfbewegungen in beliebige Richtungen, vom Bücken gepresste Stimme. Er habe Zeit, und er bitte auch sie, nachher nicht zu schlingen, um rasch zurück in der Werkstatt zu sein. Herzhaften Reisauflauf habe er mitgebracht, sagte er, und es klang wie ein Vorwurf, ohne Salz für die Kanzlerin, besonders weich für Iglhauts anfälliges Gebiss, dessen Restaurierung sich anscheinend hinziehe.

Auch das war so eine Dynamik. Wie es dem Vater immer wieder gelang, ihr seine ungebetene Fürsorge zum Vorwurf zu machen. Die Iglhaut schnaubte.

Der Vater zog es vor, die Replik zu ignorieren, drehte geschäftig sein Telefon auf die Rückseite, ob die Taschenlampe auch wirklich funktionierte. Dabei blendete er nun sich, steckte das Telefon rasch wieder in die Hosentasche. Ein feines Licht glomm durch den dünnen Kakistoff, als sei an der Leiste des Vaters ein winziges UFO aufgesetzt. Die Iglhaut sagte nichts.

«Können wir nicht nachher einfach im Baumarkt neuen Leim holen?», fragte er. Er habe langsam Hunger, und an dem Auflauf sei auch etwas, das müsse er mit ihr besprechen. Eine besondere Bewandtnis habe es mit dem Gericht.

Er hob er einen Tiegel in die Höhe. Ob das der Kleister sei? Die Iglhaut schüttelte den Kopf. Er hob den Kanister daneben an, ignorierte die Aufschrift *Epoxidharz*. Der auch nicht?

Die Iglhaut ließ ihn weitere Gefäße inspizieren. Bis er sich bückte, dabei an die Magdalena geriet, es irgendwie schaffte, dass mehr Farbe abplatzte.

«Mensch, pass doch auf!», fuhr die Iglhaut hoch.

Der Vater schaute erschrocken.

«Die müssen eh neu bemalt werden», sagte sie deshalb beschwichtigend. «Später. Vorher probieren wir diesen herzhaften Reisauflauf.»

Der beschäftigte die Iglhaut noch beim nächsten Zahnarztbesuch. MeinTimmi war bei der Wurzel des Sechsjahrmolars angelangt. Kariesbefall sei da nicht unüblich, erklärte er, weil dieser erste Mahlzahn meist schon im Vorschulalter durchbreche – in der Regel im Alter von sechs Jahren, daher auch der Name –, wenn Kind und Eltern der Zahnhygiene im hinteren Bereich des Gaumens noch nicht so viel Aufmerksamkeit schenkten.

Die Iglhaut hörte kaum zu. Ihr Kopf war noch beim Vater. Sie hatten doch eine einigermaßen lebbare Routine miteinander gefunden! Wie die Mutter sich von ihm getrennt hatte und fürs Erste zu einer Freundin gezogen war, hatten sie damit begonnen. Er kam mit seinen ofenfesten Schüsseln und Tupperdosen bei ihr vorbei, dann saßen sie auf eine Stunde zusammen, um mit dem letzten Bissen satt und zufrieden auseinanderzugehen. Es hatte eine ganze Weile gedauert, bis die Iglhaut kapierte, dass sie auf der Empfängerliste des Vaters nur an zweiter Stelle stand. Bevor er zu ihr kam, hatte er damals immer der Mutter einen Lunchkorb vor die Tür gestellt, wohl in dem Glauben, sie werde eingehen, wenn er sie nicht weiter verpflegte.

Die Mutter hatte die Pakete nicht angerührt, sie wegzuwerfen hatte sie aber auch nicht übers Herz gebracht. Und so hatte die Iglhaut stets zweimal schlucken müssen. Aufgetaute Quiche, trockene Fenchelsalami, noch mehr Einmachgläser (das Pesto annehmbar, die Chutneys schauderhaft) hatte sie pflichtschuldig in sich versenkt, trotz Sodbrennen und Völlegefühl, als könnte sie damit dem Vater die Trennung erleichtern. Denn damals – mit 27 Jahren – hatte die Iglhaut schon mehr Erfahrungen mit Beziehungsenden gesammelt als Mutter und Vater zusammen.

Ein «Bitte stillhalten» holte sie ins Hier und Heute zurück. Sie musste den Kopf geschüttelt haben, und nicht nur leicht. Dieser Vater! Hatte nicht einmal abgewartet, bis sie sich bei Valeria nach der geeigneten Dating-App erkundigt hatte, sondern gleich selbst eine heruntergeladen. *Aus reiner Neugier*, wie er betonte, bloß als Spielerei ... Er habe ein Selfie von sich mit Hund als Profilbild gewählt. Denn so viel meinte er erkannt zu haben: Ein Mann seines Alters machte solo nichts her.

Die Iglhaut sah es direkt vor sich: der Vater, wie er sein Doppelkinn treuherzig gegen das Köpfchen der Kanzlerin drückte.

Und der Effekt war, wie er sagte, erstaunlich. So süß, dieses Tier, es treffe jede, die getroffen werden wolle, ins Herz.

«Ruhig, nur ruhig.» Wieder MeinTimmi. Er legte die freie Hand kurz auf ihre, die zur Faust geballt war.

Er müsse ihr allerdings noch etwas gestehen, hatte der Vater dann zu ihr gesagt. Das UFO-Licht in seiner Hosentasche schien er immer noch nicht zu bemerken. Den Reisauflauf, setzte der Vater an, habe nicht er ...

Ein stechender, alles durchdringender Schmerz! Aber der kehlig gurgelnde Laut, der aus ihr kam, war wohl nicht dringlich genug. MeinTimmi erkundigte sich nicht, ob sie eine Pause brauche. Da waren kein Strand in seinen Augen und keine Wellen, nur beinharter Wille zur Wurzelbehandlung.

Auch der Vater hatte ihr keine Zeit gegeben, sich für seine

Neuigkeiten zu wappnen. Es sei, wie gesagt, eine Dame bereit gewesen, sich treffen zu lassen, formulierte er umständlich, und in seiner Miene waren Eitelkeit und Ungläubigkeit zu gleichen Teilen. Vegetarierin übrigens.

«Und einen Mund hat sie, so schön wie diese Figur.»

Der Vater hatte auf die Jesusfigur gezeigt, die, endlich entwurmt, wieder in der Werkstatt stand. Er setzte gerade an, den Steckbrief zu vervollständigen, als er das Licht in seiner Hose leuchten sah. «Ach Mensch, die Batterie.»

«Loslassen, atmen. Ist gleich vorbei.» MeinTimmi, wieder mit sanfterem Blick, streichelte ihr Kinn, gerade zur rechten Zeit. Es stimmte ja. Der Vater sollte nicht länger allein sein, sie gönnte ihm jemanden an seiner Seite, von ganzem Herzen, Tag und Nacht. Sollten sie Ausflüge machen, miteinander verreisen, sie hatte auch nichts dagegen, wenn sie ihr Erbe verprassten oder sich kindisch benahmen. Aber dass er der Bekanntschaft das Bekochen seiner Tochter überließ, nein, das war nicht ihr Vater, das war ein Mann, dem die Kochlöffel davonschwammen!

Ganz zuletzt hatte er auch noch ein Kennenlern-Dinner vorgeschlagen. Hannelore tüftele schon am Menü.

«Kommenden Montag, der vorletzte Termin?», hörte sie MeinTimmi in ihren Unmut hinein fragen. Es klang nach leisem Bedauern. Nur: Für Zwischentöne hatte sie heute gar keinen Sinn.

THEORIE UND PRAXIS

Als sie mit geschundenem Zahnfleisch, aber fast fertigem Gebiss zurückkam, saß Lila Tawfeek (Erste, links) in dem zerfetzten Sessel vor ihrer Garage. Geschlossene Augen, der Hosenknopf offen, die Hände schützend über dem Bauch. Immer wieder kam das vor.

Auch heute ging die Iglhaut einfach an die Arbeit, und Lila blieb im Sessel für sich. Lilas Lider, die Höfe unter ihren Augen dunkel, Farbe von Auberginen. Sie kannte nicht mal ihren vollen Namen, aber vielleicht kam der Spitzname – Lila – daher.

Einmal hatte sie direkt gefragt. Lila hatte abgewinkt. «Lass! Um meinen Namen richtig auszusprechen, müsstest du dir eine neue Zunge wachsen lassen, Iglhaut.»

Offener war sie bei ihren Schmerzen. Lila sprach von ihrer «Endo», als wäre es leichter, mit Endometriose umzugehen, wenn sie davon nur Teile nannte. Ganz aufzugehen schien es nicht. «Hab den Tag heute freinehmen müssen», sagte sie, «die Endo wühlt wieder mit ihren Krallen, brennt wie mit Schwefelsteinen, die hackt und sticht mich mit dicken Nadeln. Grube zur Hölle, mein Bauch.»

Die Iglhaut fragte nicht weiter nach. Lila bestimmte darüber, wann sie reden wollte und wann schweigen. Der Iglhaut war es recht. Sich nichts zu sagen, war oft das bessere

Gespräch. Sie musste sich eh konzentrieren. Es ging an die Fassung der Figuren. Die Farben hatte sie theoretisch rekonstruiert, jetzt musste sie sie praktisch mischen. Die Hände der Magdalena. Damit fing sie an.

Rot und Weiß auf einer hellen Pappe, dazu die Frage, ob es noch ein paar Spritzer Gelb brauchte oder ob da eher ein Blaustich war. Sie probierte ein paar Nuancen. Beide trafen nicht ganz. Manchmal war es aller vorangegangener Analyse zum Trotz einfach nur ein Ausprobieren. Wobei sie sich jede neue Beimischung notieren musste.

Die Iglhaut nahm einen Zettel zur Hand. Sie wechselte zu Magdalenas Haar. Die Tönung schien ihr nicht so diffizil. Nussbraun mit Schwarz. Sie nahm eine neue Pappe, das gesäuberte Malmesser. Der poröse Holzgriff modrig wie die Gewölbe in Rom, in denen sie damals die Fortbildung gemacht hatte. Eine Erinnerung wehte sie an.

Beatrice – Nachname irgendetwas mit P und T – hatte die zuständige Restauratorin geheißen. Sie sollten sie Bice nennen. Bice war Restauratorin in nunmehr fünfter Generation. Und wirklich: Eine Genealogie geschickter Hände war in ihr am Werk, so eine Fingerfertigkeit hatte die Iglhaut noch nie gesehen, und auch sonst niemand in ihrer Gruppe, nicht einmal der japanische Meister, der sich seit seinem elften Lebensjahr in der Kunst des Netsuke-Schnitzens übte.

Bice hatte ihnen gezeigt, wie Nachbauteile mit historischen Elementen zu verbinden waren. Sie arbeitete mit besonderen Klebermischungen, mit Dübeln und verdeckten Haken. Sie stellte verschiedene Techniken vor, Nägel unsichtbar zu machen, reichte eine handgeschriebene Kladde herum, in der jahrhundertealte Rezepturen festgehalten waren.

Herbst war es in Rom gewesen. Eine angenehme Zeit. Nicht

weniger Touristen, aber weniger Hitze. Das niederländische Ehepaar, das mit der Iglhaut bei der Fortbildung war, zeigte ihr eine gute und günstige Paninoteca hinter der Spanischen Treppe. Ab und zu gönnte sie sich mit der portugiesischen Schiffsbauerin ein Abendessen in einer Osteria in Monti. Der Kunststudent – es gebe immer einen Kunststudenten, hatte Bice hinter vorgehaltener Hand verraten – lud die Iglhaut zur Weinprobe ein. Der Wein war gut, der Student der Kunstgeschichte etwas aufdringlich belesen. Schon auf der Zugfahrt aus der Stadt hatte er nicht an sich halten können.

Er lese begleitend ein besonderes Buch. Bedeutungsvolle Pause. Lese es nicht nur, es sei durchaus mehr Aufwand als das.

Sie hatte ihm angesehen, dass er sich interessierte Nachfragen gewünscht hatte. Aber es war Sonntag gewesen, und sie hatte an dem einen freien Tag nichts erklärt bekommen wollen. Auch nicht später bei ihrem Rebenspaziergang. Und schon gar nicht zu einem gut gefüllten und nachgefüllten Weinglas in der Kelter. Hätte sie nur, hatte sie sich im Nachhinein gescholten. Es half bloß auch nichts mehr.

Den Montag nach der Weinprobe hatten sie im Schongang durchlaufen. Der Kunstgeschichtler und die Iglhaut waren, noch nicht wieder nüchtern, zur Fortbildung erschienen. Zurück in der Stadt, hatten sie nämlich nicht aufgehört zu trinken, sondern waren mit den mitgebrachten Flaschen bis spätnachts durch die Straßen gewankt. Die unscheinbarsten Läden konnten sie bezaubern. Katzen hoben sie wie Sammlerstücke von der Straße auf, um ihre nachtglühenden Augen zu loben, die Dichte und Seidigkeit ihres Fells.

Als ihnen der Wein ausgegangen war, kehrten sie ein. Alle Tische belegt. Sie setzten sich zu zwei Backpackern, die auf Peroni schworen, eine weitere Runde bestellten. Noch ein paar Tage wollten die beiden in Rom verbringen, dann in Etappen nach Norden, um sich schließlich die «German Autobahn» anzusehen.

Was sie denn fasziniere an der Autobahn, hatte die Iglhaut gefragt.

Was daran nicht faszinierend sei?, war die Gegenfrage. Eine einzige gerade Straße, einmal quer durchs Land, auf der man so schnell fahren könne wie beim Autorennen. Das gebe es doch sonst nicht auf der Welt!

Die Iglhaut hatte gelacht. Sie sei wohl zu sehr daran gewöhnt – oder ihr Dieseltransporter zu schwach –, um das Besondere darin noch zu sehen.

Da hatte der Größere, der Stämmigere der beiden Iglhauts Hand genommen und sie zu streicheln begonnen. Dann, nach zwei weiteren Runden Bier, brach er an Iglhauts Hand in Tränen aus.

So schön, schluchzte er. So heilsam für ihn: zu sehen, wie sie ihre verbliebenen männlichen Attribute so gar nicht kaschiere. Wirklich – jetzt versagte ihm beinahe die Stimme –, wie ein Umspringbild erscheine sie ihm. Noch viel stärker und schöner als eine vollkommene Vertreterin des erwählten Geschlechts. Er schluckte. So stelle er sich Gott vor. Nicht Mann, nicht Frau, sondern etwas, das darüber hinausgewachsen sei.

Die Iglhaut hatte ihm ihre Hand behutsam entzogen. «Dieser Gott hört auf seine Blase», sagte sie und ging auf wattigen Knien zum Klo. Der Kunststudent wankte ihr hinterher. Ob sie okay sei? Das sei schon ziemlich … vielleicht sogar beleidigend gewesen?

Von hinten hörte sie den Backpacker weiter bejubeln, wie frei und gut und wunderschön selbstverständlich sie da schnurstracks aufs Damenklo zusteuere.

Beleidigend? Die Iglhaut nahm den Kunststudenten an den Oberarmen, um sein und ihr Wanken zu stabilisieren. Nein, eigentlich nicht. Man werde ja nicht jeden Tag mit Gott verglichen.

Stimmt, gab der Kunststudent zu, irgendwie. Aufklären müsse sie's trotzdem.

«Wieso?», fragte die Iglhaut.

«Weil er sich täuscht!»

In der Iglhaut schwappten Wein und Peroni in Wellen gegeneinander. Sie ließ den Kunststudenten los, ging zur Toilette, kam – langsam – zurück an den Tisch. Die Iglhaut erhob ihr Glas für einen Toast.

Sie müsse leider etwas richtigstellen, sagte sie. Auch wenn das wahrscheinlich eine Enttäuschung sei.

Die Backpacker sahen sie erwartungsvoll an. Der Kunststudent nickte, sie tat das Richtige.

«Das mit der Autobahn», begann die Iglhaut. «Ist nicht so, wie ihr euch das denkt.»

So geschehen frühmorgens am Montag.

Noch am Dienstag schwor sich die Iglhaut, sie werde nie wieder trinken, zumindest für den Rest ihres Aufenthalts.

Am Mittwoch, nach einer Cola auf Eis, konnte sie Bices Erklärungen wieder halbwegs folgen. Sie hoffte, sie werde nicht noch etwas an der Werkbank vormachen müssen. Ihre Hände schienen immer noch Alkohol auszuschwitzen, sie zitterten. Stoffwechsel allein war fordernd genug. Doch dann hatte der Kunststudent «das Buch» hervorgeholt, die *Teoria del restauro* von Cesare Brandi, ein dünnes Bändchen, gespickt mit Klebezetteln. Hatte es gegen Bice erhoben.

Sie handwerkelten hier wie die Stümper! Ohne den Ansatz eines Überbaus! Jeder Konservator, jeder Restaurator habe diese Zeilen in seiner DNA, behauptete er. Unverzichtbare Grundlage, um im Ungewissen die richtigen Entscheidungen zu treffen! Aber Bice habe es mit keinem Ton erwähnt.

Bice seufzte, legte das Poussiereisen zur Seite. Zu Beginn jeder Fortbildung schließe sie innerlich Wetten ab, wer ihr wann mit Brandi komme und wie druckvoll. Selbstverständlich kenne sie den Mann. (Sie nannte ihn Cesare.) Ihr Onkel sei ein guter Freund gewesen.

Der Kunststudent war düpiert, den Rest der Ausbildungswoche beschränkte er sich auf akademische Spitzen. Bice beantwortete seine Einwürfe mit Zustimmung und Lächeln, nickte – da habe er vollkommen richtig und Denkwürdiges zitiert! – und signalisierte dem Rest der Gruppe, sie sollten sich nicht von der Praxis abhalten lassen. Restaurierung sei immer Eingriff und Angriff, wie gebildet und behutsam auch immer.

«Aber», der Kunststudent wagte einen letzten Vorstoß, «a-aber die übergeordnete ästhetische Instanz!»

«Poeterey», so Bices abschließendes Urteil. Die *Teoria* sei ein Werk voller schöner Worte, und solche hätten auf verführbare Leser wohl maximalen Effekt. Im Grunde sei es wie mit der Bibel. Aufgebauschte Geschichten, die einem das Leben und Gottesachtung lehren sollten, ganz ohne Alltagsrelevanz. Ob er mal versuchen wolle, damit einen Nagel gerade in die Wand zu schlagen?, endete Bice. Sie war der Iglhaut gleich noch sympathischer.

Dem Kunststudenten ging es anders. Der machte einen Schritt auf Bice zu. Für die Iglhaut war nicht klar, ob zum Angriff. Sie stellte sich vorsorglich dazwischen.

«Geh mir nicht auf den Sack», sagte der Kunststudent und

stieß sie vor die Brust. Bevor die Szene eskalierte, packten der Holländer und der japanische Schnitzer ihn unter den Armen. Zeit für frische Luft, sagte der eine; dem müsse man die Manieren zurechtfeilen, befand der andere.

Ach Rom, seufzte die Iglhaut.

Lila sah fragend zu ihr hoch. Die Iglhaut schüttelte bloß den Kopf, legte die Pappe beiseite, nahm eine neue zur Hand, wollte zur Lockerung einen Auberginetton suchen. Ein Anlauf, ein zweiter, ein dritter. Sie probierte eine kleine Skizze.

Lila stemmte sich aus dem Sessel. «Du kriegst das mit den Farben nicht hin.»

«Wird schon», sagte die Iglhaut.

Lila nahm ihr die Pappe mit der Skizze aus der Hand. «Um die Nase herum nicht so gelungen.»

«Alles klar», erwiderte die Iglhaut. «Ändere ich noch, bevor es an die Galerie geht.»

Lila lachte auf, bedankte sich. Schaute wieder zu den Figuren. «Vielleicht fallen dir die Hautfarben so schwer, weil …» Sie brach ab, setzte neu an. «Diese Figuren sind so … hell. Aber müssten die nicht eigentlich mehr so in meine Richtung gehen?»

Die Iglhaut tippte auf die Pappe. Ja, nickte sie, da habe sie einen wichtigen Punkt.

ANTRAG

Heute komme er mit etwas Schönem. MeinTimmi deutete auf den Stahlaufsatz. «Einer Rosenblüte nachempfunden», erklärte er, «deshalb heißt er auch *Rosenbohrer.*»

Er machte eine Pause, wohl in der Erwartung, dass seine Patientin auf die Magie des Augenblicks reagierte.

Die Iglhaut war in der richtigen Stimmung und tat ihrem Zahnarzt den Gefallen.

«Klingt fast romantisch», sagte sie. Konnte es nicht lassen hinterherzuschieben: «Schon mal jemanden rumgekriegt damit?»

«Leider», sagte er. «Die eine noch nicht.»

Die Iglhaut staunte. Wie er den Ton traf zwischen Ironie und Ernst, das hätte sie ihm gar nicht zugetraut.

Plötzlich ging er sehr ins Detail: Ein Bohrer wie dieser erreiche lediglich eine Drehzahl zwischen tausend und zweihunderttausend Umdrehungen. Erzeuge also mehr Vibration als die schneller drehende Konkurrenz. «Dafür schont der Rosenbohrer das Gewebe.»

«Gewebeschonend klingt gut», fand die Iglhaut.

MeinTimmi nickte beflissen.

«Und Vibration muss ja nichts Schlechtes sein.»

«Genau!», rief er. «Gibt aber viele, die das nicht so mögen

mit der Vibration. Deshalb hat der Rosenbohrer einen Spitznamen. Man nennt ihn auch den *Großen Rumpler.*»

Die Iglhaut schlug mit der flachen Hand auf die Lehne ihres Behandlungsstuhls. «Ganz ehrlich, Herr Kranuschka. Das scheint es mir besser zu treffen. Lieber geradeheraus sagen, was ist. Aber ich bin auch nicht so die Romantikerin.»

«Warum überrascht mich das nicht?», erwiderte MeinTimmi. «Wir nehmen also den Rumpler.»

Zwei Tage und eine schrille Behandlungsstunde später war es geschafft. «Eine Freude war es mir nicht», gestand die Iglhaut noch auf dem Behandlungsstuhl. «Aber danke.»

MeinTimmi hob die Hände. «Endlich!»

Die Iglhaut sah ihn verwundert an.

«Sie haben mich schwer enttäuscht», erklärte MeinTimmi und drehte auf seinem Hocker eine kleine Ehrenrunde.

Die Iglhaut deutete mit dem Zeigefinger auf das Gekurve, bedeutete mit ihrem Blick, er solle herausrücken, worum es hier ging.

MeinTimmi hielt inne, rollte langsam auf sie zu. «Als meine Mutter Sie mir als Patientin zugewiesen hat, war ich auf alles gefasst: Verweigerung, Feindseligkeit, Bisse. Aber was kam? Nichts.»

Die Iglhaut machte mit. «Oh, das tut mir sehr leid», sagte sie. «Soll ich noch auf den letzten Metern … bissig werden?»

«Mhm», machte MeinTimmi. «Ich hätte da andere Ideen.»

«Ach ja?»

Die Iglhaut beugte sich unwillkürlich vor.

«Moment, Moment.» Valerias Zeigefinger fuhr aus wie die Antenne eines Weltempfängers. «Noch mal von vorne, damit eine Frau meines Alters mitkommt: Habe ich, Valeria Santos, geboren *anno mirabilis dazumalis* auf einem Kontinent fern von diesem, richtig verstanden? Nachdem ich die lange Reise auf mich genommen habe, um hier in diesem Land freie Kunst zu studieren, ergänzt durch einen Lehrgang in Kommunikationsdesign, nachdem mein Leben gewisse Kurven genommen hat, in Gestalt einer Verbindung mit einem nur für eine kurze Phase richtigen Mann. Nachdem daraus das Schönste entstanden ist, was ich mir jemals hab vorstellen können, Thea, dieses Schönste aber dazu geführt hat, dass ich nicht länger unbezahlte Praktika machen konnte, sondern Geld verdienen musste, immer nebenher. Nachdem mich das erst zu einem Nebenjob in einer Kinderwunschpraxis, dann zu einer Halbtagsstelle am Empfang einer Zahnärztin gebracht hat, welche ich aber aufgeben musste, weil sie mit meinem Galeriejob nicht länger zu vereinbaren war. Nachdem ich also tatsächlich froh sein konnte und froh war, dass die Stelle sich als inkompatibel erwiesen hatte mit der Arbeit in der Galerie, da die Frau Doktor Kranuschka, sagen wir mal: *schwierig* ist, um sie nicht mit Wörtern zu belegen, die wir am Ende bereuen würden. Nach dem, also, nach alldem, Iglhaut, HOLST DU DIR DA HILFE?

In dieser Stadt gibt es über tausend Zahnarztpraxen! Aber nein, du musst DORTHIN gehen? Und lässt dir von der Frau Doktor Kranuschka, die mich UNZÄHLIGE MALE grundlos angeschrien hat, nur um sich abzureagieren, die mich vor der Dentalassistentin NIEDERGEMACHT HAT, um sich besser zu fühlen, dieser Zahnärztin, die, jetzt sage ich es doch, einen GEWALTIGEN HAU hat, dann auch noch diagnostizieren, dass dein Gebiss vernachlässigt ist? Komplett? Iglhaut!

Wie kann man über Jahre nicht zum Zahnarzt gehen? Halbjährlich muss der Mensch zur Kontrolle! Du bist doch kein Kind, dem man Zahnpflege beibringen muss. Oder wäre das meine Aufgabe als gute Nachbarin gewesen? Alle sechs Monate nachfragen: Iglhaut, warst du bei der Kontrolle? Muss ich dich fragen, ob du regelmäßig deine Brust abtasten lässt und ob du schon einen Gebärmutterhalsabstrich machen hast lassen? Dafür habe ich KEINE ZEIT! Das kannst du nicht von mir verlangen! Das ist nicht meine Verantwortung.

Und kapiere ich das richtig? Die Kranuschka bietet dir an, dass du zu ihrem Sohn verbilligt in Behandlung kannst. Und zwar – jetzt kommt es – unter einer Bedingung. Du sollst vor Timmi ganz du selber sein. Das heißt in diesem deinen Fall: widerborstig bis an die Grenzen der Höflichkeit.

Bloß, SO GUT kennt sie dich halt doch wieder nicht. Jedenfalls nicht so gut wie ich. Die Querulantin in dir hat sie unterschätzt. Hätte die Kranuschka gesagt, aber bitte immer schön sanft sein mit MeinemTimmi, dann hätte sie vielleicht erreicht, was sie wollte. Stattdessen aber bist du NETT! Womöglich sogar: CHARMANT. Denn, wenn du willst, Iglhaut, du musst nur wollen. Das tust du bloß nicht oft. Aber, wie gesagt, ich könnte mir vorstellen, dass es dir hier unterlaufen ist aus einem antiautoritären Reflex. Wie auch immer. Die Intrige der Mutter hat dir nicht gefallen, gell, Iglhaut? Und MeinTimmi hatte sie auch gleich durchschaut. Jetzt will er ihr eins auswischen und hat dir ein Angebot gemacht. Ist dafür sozusagen vor dir auf die Knie. So war es doch, oder?»

Valeria fuhr ihre Antenne wieder ein. Die Iglhaut strich sich übers Kinn, schaute nachdenklich an die Werkstattdecke.

«Mal davon abgesehen, Valeria, dass du das alles sehr stark auf dich bezogen hast und in einer Art und Weise zusammengefasst, die irgendjemandem gegolten hat, aber nicht unbedingt mir. Wenn ich das alles außen vor lasse, dann würde ich sagen: Ja, ungefähr so sieht es aus. Bloß auf die Knie ist er nicht, damit das klar ist. Weil dann würd ich's nicht mal in Erwägung ziehen.»

FREIHEIT

Große Gesten. Die waren die Sache der Iglhaut nicht. Waren es nie gewesen. Deshalb und aus vielen anderen Gründen hatte sie nicht mit Dori unter dem Traubaldachin gestanden; deshalb hatten Dori und Dunja vor nunmehr zehn Jahren den Wein geteilt und den in ein Tuch gewickelten Weinbecher zertreten.

Die Iglhaut hatte in einer der hinteren Stuhlreihen im Freilufthof gesessen und zugesehen. Hatte den beiden applaudiert, hatte «Masel tov» gerufen und gegen ein Gefühl in ihrer Brust angeatmet, das ihr weismachen wollte, sie leide noch daran, wie bald Dori nach ihrer Trennung mit Dunja zusammengekommen war.

Das hast du doch schon mehrmals und sogar auf einer anderen Hochzeit erlebt, rief die damalige Iglhaut ihrem Herzen ins Gedächtnis. Sie erinnerte ihre beengte Brust daran, dass die Trennung von ihr ausgegangen war; dass eine Iglhaut Phasen brauchte, in denen sie nur für sich selbst Verantwortung trug und für niemanden sonst. Freiheit, belehrte sie ihren zugeschnürten Hals, habe eben einen Preis!

Der Umtrunk nach der Zeremonie half ihrem krampfenden Magen, und ja, sie freute sich, dabei sein zu dürfen, auch wenn die hohen Schuhe drückten.

Als sie Dori umarmt und beglückwünscht hatte, deutete er auf die Pfennigabsätze und sagte, er wisse das Opfer zu schätzen. Sagte das so aufrichtig, so ohne jeden Scherz, sie wäre ihm am liebsten noch einmal um den Hals. Aber von hinten drängten schon die nächsten Gratulanten heran, schoben sie erst zu Dunja, dann weiter zu den Brauteltern, die teils herzlich, teils beklommen lächelten.

Bei den Horsd'œuvres stand die Iglhaut neben Doris Partner aus der Kanzlei. Er prostete ihr mit einem leeren Sektglas zu, entschuldigte sich dann: Fußball. Und schaute in eines dieser neuen Bildschirmtelefone. Nur einmal hob er noch den Kopf, als jemand vorbeiging und vom *schönsten Tag im Leben eines Menschen* sprach. «Mein schönster Tag wird sein, wenn wir das Triple holen.»

Eine Iglhaut wollte schönste Tage, auch ohne große Feiern oder Siege, überlegte sie, während sie sich etwas verloren umschaute. Ein paar von Doris Freunden kannte sie. Alle im Gespräch. Charlotte, seine Schwester, nickte ihr zu, fuhr dann herum. Ihr Sohn kniete am Boden und blies einer älteren Dame gerade Seifenblasen in den Schritt.

Die Iglhaut schmunzelte. Das war doch ein schöner kleiner Moment! Sie nahm noch ein Sektglas, bevor sie sich in den Festsaal treiben ließ, suchte dann auf der Tafel mit der Sitzordnung ihren Namen. Als Haya – erdbeerblondes Haar und Hosenanzug mit Budapestern – sich neben sie setzte, wartete sie schon. Trotzdem war da ein Stich, sie trat so selbstverständlich und gelassen auf, Haya. Und ihre Schuhe: so elegant, so flach!

Haya klopfte der Iglhaut kumpelhaft auf die Schulter. «Die beiden Ex-Freundinnen zusammensetzen, interessante Idee.»

«Wie nett, dass du extra angereist bist», antwortete die Iglhaut. Sie hatte Haya schon einmal auf der Durchreise getroffen. Auch heute war sie wieder auf dem Sprung. Doris Hochzeit sei lediglich ein guter Vorwand gewesen für einen Trip nach Berlin. Nach dem Essen wolle sie gleich weiter.

Sie zupfte etwas von Iglhauts Schulter. Ein Haar vom Fell der Kanzlerin. «Mann oder Hund?»

Die Iglhaut lachte. «Hündin. Noch relativ frisch.»

«Trostpreis, verstehe.»

Die Iglhaut sah keine Notwendigkeit, etwas darauf zu erwidern. Sie entfaltete ihre Serviette, als sei das sehr kompliziert und erfordere ihre volle Aufmerksamkeit.

Haya stupste sie an. «Hey, nimm mir das nicht übel. Ich bin nervös.» So oft sei sie nun auch nicht auf Hochzeiten, wo sie selbst unter der Chuppa hätte stehen können. «Darauf einen Schnaps?»

Die Iglhaut stimmte zu. Haya winkte eine Kellnerin heran und handelte zwei hochprozentige Aperitifs heraus. Der Schnaps kam, noch bevor jeder Gast seinen Platz gefunden hatte. Haya hob ihr Glas. «L'Chaim!»

Sie stürzten den Schnaps, setzten synchron die Gläser ab, und die Iglhaut war jetzt sogar dazu aufgelegt, über die Kanzlerin zu sprechen, in die sie gerade wirklich verliebt war.

Ein Funken sprang über. Haya fand es phantastisch, dass Iglhauts sturer Hund den Namen nicht wechseln wollte. Ihr eigener, eine Labrador-und-irgendwas-Mischung, höre auf alles, was ein Leckerli verspreche. Moroder heiße er offiziell, aber sie rufe ihn auch manchmal Conny Plank.

Nach dem nächsten Schnaps lud sie die Iglhaut mit vierbeiniger Begleitung zu sich ein. Tel Aviv sei weltweit die Stadt mit den meisten Hunden pro Einwohner.

Die Iglhaut war überrascht.

Haya lockerte die Schultern unter dem Jackett: «Tja, wieder was gelernt.»

Vor dem Hauptgang griffen Dori und Dunja zum Mikrofon, begrüßten Familie und Freunde – und Dori auch all jene, die sie nur eingeladen hatten, um den Kreis der Familie und Freunde noch üppiger erscheinen zu lassen. Ein Lacher, der die Iglhaut kurz durcheinanderbrachte, bevor sie sich zur Räson rief. Ein Scherz, natürlich, und keine geheime Nachricht an sie.

Dori und Dunja lasen einander vor allen versammelten Zeugen ihre Liebeserklärungen vor. Als Dori zu Dunja sprach, nahm Haya die Hand der Iglhaut, *um Doris Rede durchzustehen*, wie sie flüsterte. Über Dorschrücken und Erbsenpüree einigten sie sich, dass seine Beteuerungen rührend gewesen waren, jedoch nicht nach ihrem Geschmack.

«Kitschig», sagte die Iglhaut.

«Exactely. Als hätte er einen Drehbuchautor aus Hollywood angeheuert.» Haya verzog den Mund, deutete auf Dunja. «Und was muss ich über sie wissen?»

«Ich fürchte, sie ist einfach nur wunderbar.»

«Die Höchststrafe», sagte Haya. «Bei einem anderen Ex liebe ich seine Frau mittlerweile mehr als ihn.» Sie hob ihr Weinglas. «*Ich* hätte sie eher verdient.»

Die Iglhaut prostete ihr zu. «Ist nicht zu spät, sie ihm auszuspannen.»

«That's my girl!», sagte Haya. «Bei seinen Ex-Freundinnen hat Dori schon mal Geschmack bewiesen.» Sie warf die Serviette auf den Tisch. «Jetzt müssen wir über was anderes reden. Den Bechdel-Test können wir so nicht bestehen.»

Mousse aus dreierlei Schokolade, Espresso, die Luft erfüllt von Stimmen, Gelächter, Prosits und Rausch. Die Iglhaut war schon längst raus aus ihren Absatzschuhen und kühlte die Fußsohlen unter dem Tisch auf dem Parkett, Haya neben ihr schwärmte von einer Website, die sie jüngst entdeckt hatte, wo man sich «ziemlich easy», wie sie sagte, die Grundlagen des Programmierens beibringen könne. Sie habe mit C angefangen, weil weitverbreitet und maschinennah. Aber langsam spüre sie Lust auf einen neuen Code. «Mehr High-Level, weißt du? Python vielleicht.»

So wie Haya darüber sprach, klang es, als ob man einen großen Tüftelspaß verpasste, wenn man es nicht mal ausprobierte.

Die Iglhaut wollte sich schon den Namen der Website geben lassen, aber Haya lachte. Also bitte, sie ahne ja, aus welchem Holz die Iglhaut gemacht sei.

Die meinte in Hayas Sätzen jetzt Dori zu hören. Komplexe Empfindung: Sich auf der Hochzeit des ehemaligen Partners erkannt fühlen wie selten. Und auch noch durch eine andere Ex! Kurz musste sie die Augen schließen, damit Rührung und Traurigkeit nicht einfach aus ihr herausquollen.

Als Dunjas Eltern zu einer Rede anhoben, fing sie sich wieder. Die beiden wussten nicht mit dem Mikrofon umzugehen. Sie hielten es zu weit weg, dann war es wieder so nah, dass die Konsonanten in den Lautsprechern knallten. So komisch und so stolz waren diese Eltern, es brachte einen sofort auf andere Gedanken. Haya und die Iglhaut schauten sich mit großen Augen an, als Dunjas Eltern drei Wunschkinder aufzählten: jeweils eins, um Mutter und Vater zu ersetzen. Und eines obendrauf «für den Erhalt».

Daraufhin wurde gelacht, aber hier und da auch ernst und fordernd geklatscht. Zum Abschluss zitierten die Eltern abwechselnd aus dem Buch Kohelet. *Alles hat seine Zeit. Eine Zeit zum Weinen und eine Zeit zum Lachen. Eine Zeit für die Klage und eine Zeit für den Tanz.*

«Jetzt ist wenigstens klar, warum keine von uns beiden die Richtige war», sagte Haya. Sie zog ihr Telefon heraus, suchte nach der zitierten Passage und meinte, da hätten die Eltern wohl geflissentlich etwas weggelassen. «Die Zeit zum Lieben und die Zeit zum Hassen. Die Zeit für den Frieden und die Zeit für den Kampf.» Sie nahm einen letzten Schluck aus ihrem Glas. «By the way. Zeit zu gehen. Bevor ich anfange, hier im Saal mit der Kuchengabel herumzugehen und die Gójim zu fragen, was ihre Großeltern früher so gemacht haben.» Besagte Kuchengabel federte leise in der Tischplatte.

Solche Momente hatte es auch mit Dori gegeben.

Sie könne sie nicht mehr aus dem Grab aufscheuchen, um sie zu fragen, hatte die Iglhaut sich verteidigt, wenn er ihr vorwarf, dass sie nie mit ihren Großeltern gesprochen, es nicht einmal versucht hatte, und er müsse jeden Tag damit leben. Woher sie die Freiheit nehme, sich nicht damit befassen zu müssen?

Die Iglhaut hatte genickt. Sie verstehe, dass das nie aufhören werde mit seinen Vorwürfen.

Dori hatte bitter den Kopf geschüttelt. Verständnis allein reiche nicht aus.

Als Haya gegangen war, versuchte die Iglhaut, ihre Schuhe anzuziehen, aber ihre Füße waren angeschwollen. Die Sängerin rief zum Tanz. Nichts schlimmer als verstockt sitzen zu bleiben. Die Iglhaut stand also auch auf, in Strümpfen, tappte beim übernächsten Schritt in eine Weinlache. Es kümmerte sie nicht. Es gefiel ihr, so links und rechts an der Hand genommen zu werden. Es riss sie mit, trug sie. Auf der Tanzfläche grüßte sie endlich auch Doris Freunde.

Irgendwann war sie durstig und klug genug, sich ein Glas Wasser zu holen. Das nüchterte sie so weit aus, dass sie mit ihren schmutzigen, aber erholten Füßen wieder in ihre Schuhe schlüpfte und entschied, es sei nun auch für sie an der Zeit.

Niemand hinderte sie, niemand wollte sie überreden zu bleiben. Es war, als verlasse sie endgültig ein Leben, zu dem sie nicht mehr gehörte.

Draußen waren zwei Männer von einer privaten Wachfirma zum Schutz der Hochzeitsgesellschaft postiert. Einer der beiden trug eine Pistole. Sie nickte ihm zu. Darauf hob er die Hand zum Salut.

Die Zackigkeit seiner Geste brachte eine Schlagzeile: ATTACKE AUF JÜDISCHE HOCHZEIT. Sie war so mitgenommen von dem Gedanken, sie hätte Dori fast übersehen, der in der Straße stand mit Charlotte und einer Weinflasche unter dem Arm. Er nahm Iglhauts Hand, bedankte sich für ihr Kommen und dass sie so lange geblieben war.

Haya habe es ja keine drei Minuten ausgehalten, ergänzte seine Schwester.

Dori winkte den Einwurf fort. Er nahm die Iglhaut bei den Schultern, umarmte sie. «Falls du je einen Anwalt brauchst», sagte er leise, «bin ich immer für dich da.»

ENDLICH FRÜHLING

SPIELFELD

Sie hatte sich Budapester gekauft für den Abend. Ewigkeiten waren ihr die im Kopf herumgespukt. Keine kleine Ausgabe. Aber die Iglhaut hatte mit sich geschachert, sich eingeredet, sie habe durch MeinTimmi so viel gespart, da fiele ein neues Paar Schuhe nicht mehr ins Gewicht. Wäre da nur nicht dieses stetige Reiben gewesen, als sie die Treppe zur Oper hochlief. Sie verwünschte im Stillen das Überbein.

MeinTimmi wartete bereits oben am Treppenabsatz. Langer Mantel, Anzug darunter. Er bot ihr lächelnd den Arm. Trotzdem. Sie hätte sich nicht eingehakt, wäre das nicht schon Teil ihrer Absprache gewesen. Hätte wahrscheinlich auch nicht gesagt: «Gut siehst du aus.»

Sie hatte Valeria noch im Ohr. Natürlich solle sie das Angebot annehmen. Wann komme man denn schon in die Oper! Verdi. Puccini. Mozart – so schwärmerisch hatte Valeria die Komponisten aufgezählt. Außerdem: Sich abendfein machen und der Kranuschka dabei einen kleinen Schrecken einjagen, befand Valeria, sei eine famose Kombination.

Im Foyer ausladende Lüster, drunter aufwendige Roben und feierlich toupiertes Haar. Die Kranuschka war noch nirgends zu sehen. MeinTimmi tätschelte der Iglhaut die Hand.

«Dass du wirklich gekommen bist. Ich hab's nicht zu hoffen gewagt.»

Die Iglhaut schaute auf ihre Budapester. «War ein guter Vorwand, endlich diese Schuhe zu kaufen.»

MeinTimmis Augen schimmerten wie sein mit Gel gescheiteltes Haar. «Die hast du extra für mich –»

«Nein», erwiderte die Iglhaut. «Extra für mich.»

«Ah», er lachte, «zeigst du doch noch dein Raubein.»

Hinter ihnen die Stimme der Kranuschka. Ein *Wen-hat-er-denn-da-dabei?*, als sie sich – immer noch lachend – umdrehten.

Die Kranuschka staunte unverhohlen. Der Mann neben ihr nahm es gelassen. Er streckte die Hand aus und stellte sich als «der Opernpartner der Frau Doktor» vor. Die Frau Doktor reichte ihr erkennbar widerwillig die Hand. Rauschte dann ohne ein weiteres Wort, ihnen voran, zur Garderobe. Der Opernpartner folgte ihr wie ein Gänsejunges.

MeinTimmi hob die Hand zum High Five, feierte schon die gelungene Aktion. War das nun ein Kompliment oder eine Beleidigung? Ein mehrmaliges durchdringendes Klingeln. Die Iglhaut schob die Frage vorerst beiseite, betrat neben MeinTimmi den Zuschauerraum.

Drinnen vergoldete Balustraden, der gewaltige Deckenlüster und die Kerzenimitat-Leuchter, die damastbezogenen Wände und Samtsitze – ein bisschen pompös zwar, aber auch beeindruckend. Der Saal brummte von Gesprächen, bis die Lichter im Zuschauerraum erloschen.

Der Dirigent erschien. Dafür gab es schon mal Applaus. MeinTimmi drückte ihr die Hand, so übertrieben, dass die Kranuschka es sehen *musste*.

Das Orchester hob an, und kaum war der Vorhang auf, musste die Iglhaut zugeben, ja, das gefiel ihr. Vielleicht nicht jeden Tag, aber heute Abend schon. Der dramatische Gesang, die schweifenden Melodien. Das abstrakte Bühnenbild, ein Konstrukt aus Pfeilern.

Für die Pause hatte MeinTimmi einen Tisch für vier reserviert. «Zufrieden?» Er zwinkerte der Iglhaut zu. Sie hob zur Antwort das Glas. Die Kranuschka fuhr schnippisch dazwischen: «Das würde mich genauer interessieren!»

Es gefalle ihr überraschend gut, gab die Iglhaut offen zurück. Und erstaunlicherweise schien das genau die richtige Antwort zu sein. Frau Dr. Kranuschka stimmte ihr zu. In letzter Zeit habe sie so viel Hundsmiserables gesehen. «Altmodisch bis provinziell, die Aufführungen.»

«Vom Publikum aber jedes Mal zu einem einmaligen Erlebnis hochgejubelt», sekundierte der Opernpartner, so geschmeidig, als sagte er die Sätze nicht zum ersten Mal.

Die Iglhaut, die nicht gern lästerte, aber doch Vergnügen daran hatte, über den Menschen an sich herzuziehen, ergänzte, den meisten von ihnen fehle das Kunstverständnis in jeder Lebenslage.

Frau Dr. Kranuschka freute sich. Köstlich. Wohl wahr. Wenn das Leben ein Kunstwerk war, dann waren die meisten wirklich schlimme Banausen.

MeinTimmi sah von der Mutter zu ihr. Dieses Einvernehmen zwischen ihnen schien ihm nicht geheuer zu sein. Die Iglhaut grinste. Ihr war es einerlei, in welchen Bahnen die Sympathien flossen. Freikarte, Freisekt, erste Oper. Die ihr auch noch gefiel! Sie fühlte sich, als hätte sie auf einem dreidimensionalen Spielfeld sowohl die Frau Doktor als auch den Sohn schachmatt gesetzt.

Der zweite Teil der Aufführung verging wie im Flug. Dem Publikum konnte es anscheinend nicht schnell genug gehen, der Vorhang senkte sich in ein Geheul, wie die Iglhaut es nicht einmal aus dem Stadion kannte. Das Publikum hasste den Dirigenten, den Sängern schienen sie auch nicht gewogen, nur für das Orchester gab es höflichen, wenn auch keinesfalls enthusiastischen Applaus. Beim nächsten Buhsturm für den Dirigenten brüllte die Iglhaut «Bravo!». Und die Kranuschka stimmte druckvoll mit ein.

Später, im Foyer bei der Garderobe, sagte sie sogar, es habe sie angenehm überrascht, dass die Iglhaut so zufrieden sei mit der Behandlung des Sohnes.

«Darf ich?», sie berührte die Iglhaut sanft am Kinn.

Als sei MeinTimmi gar nicht anwesend, nahm die Iglhaut es hin und öffnete den Mund. Ja, sie ging, damit die Frau Doktor besser sehen konnte, sogar ein bisschen in die Knie.

«Was für ein Abend», sagte MeinTimmi, als sie sich von seiner Mutter und deren Opernpartner verabschiedet hatten. «Ich hoffe, du nimmst es mir nicht übel.»

«Was hast du denn erwartet, wenn deine Mutter uns zusammen sieht?», fragte die Iglhaut, wollte es wirklich wissen.

MeinTimmi zuckte hilflos mit den Schultern. «Keine Ahnung. Buhrufe? Aber so ist's eh auch gut. Vielleicht besser.» Er lächelte, streckte die Hand aus nach ihrem Kinn.

Die Iglhaut wich ein Stück zurück, blies Luft durch die geschürzten Lippen. «Ich bin, wie gesagt, keine Romantikerin», sagte sie.

MeinTimmi hob entschuldigend die Arme. «Ich weiß ja, ich –»

«Aber», sagte sie, «ich habe eine Schwäche für solche Momente. Weil in solchen Momenten alles möglich ist. Es könnte sein, dass wir hier noch Stunden stehen und verhandeln, was als Nächstes passiert und ob das vernünftig wäre. Wobei das Unvernünftige fast immer das Interessantere ist. Dass ich dich mit nach Hause nehme, um dir Dinge anzutun, die mir gefallen könnten und dir auch. Andererseits, bitte, was war denn das für ein Quatsch?»

MeinTimmi sah sie an, als wollte er sagen: Was reden wir denn noch? Ich kenne deine Adresse aus der Patientenakte. Die gebe ich in meine Taxi-App ein, und wir fahren zu dir.

«Also dann …» Das war die Iglhaut, die sagen wollte: Ich bin mit dem Fahrrad da, und außerdem ist es der falsche Zeitpunkt. Ich fange gerade an, mich wieder an jemanden zu gewöhnen, von dem ich dachte, er wäre für immer fort. Du solltest ihn sehen und seine Waden, seine Socken. Wie er die anzieht. Dann würdest du verstehen.

«Schade», sagte MeinTimmi.

Die Iglhaut holte den Schlüssel aus der Jackentasche, bückte sich und sperrte ihr Fahrrad auf. Spürte MeinTimmis Blick in ihrem Rücken, als sie das Kettenschloss um die Lenkerstange wickelte. «Aber es hat mir schon gefallen, dass du immer meine Termine im Kopf hattest.»

MeinTimmi versuchte einen Augenaufschlag, mit dem er wohl schon einige Situationen zu seinen Gunsten gedreht hatte. Er tippte sich an die Schläfe.

«Habe ich immer noch», sagte er. «Jeden einzelnen.»

Nach einem letzten Blick stieg die Iglhaut aufs Rad und warf sich in die Pedale. Vom Treten wurde ihr langsam warm. Wie er das gesagt hatte! Kurz stiegen Bilder in ihr auf von dem, was hätte sein können. Ideale Bilder. Bilder, in denen sie nicht erst nachsehen musste, wie es den lädierten Fersen ging. Bilder, in denen sie auch nicht noch schnell auf die Toilette musste. Bilder, ohne das Gel in seinem Haar und ohne den Rasurbrand am Hals. Bilder ohne Magengeräusche. Diese Bilder waren schön und stumm. Wenn, dann legte sie selbst eine Tonspur darüber.

Fast war sie zu Hause. Die Iglhaut ließ den Film allmählich schrumpfen, von Breitbild- auf Briefmarken-Format. Die letzten Meter schob sie, bis zu den Fahrradständern. Als sie die Kette durch die Speichen des Hinterrads zog, hatte sie mit MeinTimmi abgeschlossen. Sie spürte Feuchte im Schuh – Aschenputtel-Assoziationen blieben nicht aus –, als sie sich an die Kirsche lehnte.

Rucke-di-gu, Blut ist im Schuh, der Schuh ist zu klein … Märchenhaft war daran wenig. Sie hatte ihn angezogen, um zu sehen, ob er passte. In der Boutique sah es noch danach aus, doch das Täubchen, rucke-di-gu, tönte nun schon seit Stunden, sie habe die falsche Größe gekauft, ihre Füße seien von den Jahren verformt.

Die Iglhaut schoss das imaginäre Vögelchen ab. Das war nach dem ersten Tragen überhaupt nicht ausgemacht! Schuhe mussten eingelaufen werden, Fersen, selbst mit Überbein, auf keinen Fall gekappt …

Die Iglhaut steckte ihre Hände in die Jackentasche, ertastete darin ein schmales Papierkegelchen, Ronnie L.s Entschuldigung. Ob das die Gelegenheit war, den Joint anzuzünden und vielleicht nicht nur daran zu riechen?

Ach, heute nicht. Die Musik und der Gesang klangen noch in ihr nach. Das genügte.

In Jasminas Zimmer im ersten Stock ging das Licht aus. Aber die Iglhaut wollte noch nicht zu sich hinauf, sie war mit einem Mal dick wie ein Panzer, wollte kurz Wache halten, bis Jasmina über die Schwelle zum Einschlafen war. Iglhauts Habitus: verschränkte Arme, die sie jederzeit öffnen konnte, um, was auch immer da kam, am Kragen zu packen und fortzuschnippen – weit weg von dem Mädchen. Nicht viel, was eine Iglhaut bewirken konnte, aber es war auch nicht nichts.

Um sie erste warme Luft. Der Himmel über ihr klar, wie frisch abgebeizt. Und sprossen da etwa Blattspitzen an einem der Kirschzweige?

TAGWERK

Kleiner Kopfschmerz vom Sekt und dieses nagende Gefühl – so winzig es war, es war da –, womöglich eine legendäre Nacht ausgeschlagen zu haben. Die Iglhaut frühstückte im Stehen auf verpflasterten Füßen, ging dann hinunter in die Werkstatt. Die Kanzlerin sprang schwanzwedelnd um sie herum, freute sich. Gestern hatte sie wenig Gesellschaft gehabt.

In der Garage nagte das Tier an einem zerfetzten Spielzeug und sah zu, wie die Iglhaut vor den Holzbeinen des Franziskus kniete. Gut herausgearbeitete Waden hatte die Ordensschwester sich gewünscht. Da hatte sie die optimale Vorlage. Bevor sie anfing, sah sie sich noch ein paar anatomische Bilder an. Bice hatte ihnen das bei der Fortbildung geraten. Man müsse das Innere eines Körpers mitdenken, die tieferen Schichten, selbst wenn nichts davon sichtbar sei, stütze es die Restaurierungsarbeit.

Daran würde sie sich halten. Und an Doris Wade. Der Gedanke machte ihr Freude. Über diesen Waden verging der Kopfschmerz wie von selbst. Die Iglhaut, unversehens alert! Ja, sie war mit einem Mal ganz bei sich und sah sich zugleich von außen. Die Schwielen an ihren Händen, den gespaltenen Nagel des Mittelfingers. Alles schön. Sie spürte und genoss die Beweglichkeit, die Kraft und Ruhe ihrer Handgriffe.

Zeit raspelte sich fort. Die Iglhaut in einem Kontinuum, wo kein Zweifel war, nur Intuition, Kenntnis der Materialien und ihrer Instrumente. Wenn sich etwas erhaben anfühlte, wenn sie in etwas aufging, dann war es die Arbeit selbst, die reine Lust an der Tätigkeit und die Genugtuung, dass sie am Ende des Tages etwas hervorgebracht haben würde, das bestimmt nicht vollkommen, aber auf jeden Fall ganz gut geraten war.

Doch dann kam es, wie es öfter mal kommt: Nach einer leichten, flotten Arbeitsstrecke ruckelte es. Die Rekonstruktion der Farbgebung machte ihr weiter Kopfzerbrechen. Sie mischte, mischte neu, fühlte sich von den Pigmenten verhöhnt. Die Fassmalerei war einfach nicht ihre Expertise. Sie war nur lästige, weil vereinbarte, Pflicht.

Besuch, auch unangekündigter, kam ihr heute ganz recht. Erst Frau Ivanović, die anhob, ihr Neffe habe angerufen, ein zweites Kindchen sei auf dem Weg. Tolle Neuigkeiten eigentlich. Die beiden hätten es so lange probiert, sie habe schon überlegt, ob sie die Iglhaut bitten solle, die Ordensschwester um eine Empfängnis beten zu lassen. Glücklicherweise habe sie nicht umgeschwenkt. Denn jetzt sei die Selena schwanger und eine neue Wohnung wichtiger denn je.

«Also, ich lass Sie dann mal weiterarbeiten, dann geht's vielleicht schneller.»

Widerwillig nahm die Iglhaut wieder ihre Palette zur Hand. Entdeckte zum Glück, dass sich mittlerweile die Schriftstellerin vor ihrer Garage herumdrückte. Sie tat so, als lese sie etwas Wichtiges auf ihrem Telefon. Stand eine Weile im Hof.

Die Iglhaut spürte das Verstohlene an diesem Herumstehen. Sie meinte auszumachen, wie die Schriftstellerin einen Schritt auf die Garage zuging, dann doch wieder einen Haken schlug, als habe sie zu den Fahrrädern gewollt.

Doch so leicht kam die ihr nicht aus. «Hey.» Die Iglhaut trat aus der Werkstatt. «Wollten Sie gerade zu mir?»

Die Schriftstellerin drehte sich um. «Ich?»

«Ja, habe stark den Eindruck, Sie wollen irgendwas von mir. Verraten Sie mir, was?»

Die Haut der Schriftstellerin war so blass und durchscheinend, ihr Erröten wirkte wie eine plötzliche Injektion Gesundheit. «Ich ... ich, also.» Sie streckte ihren Rücken durch, kam forsch auf die Iglhaut zu. «Bei mir ist schon länger die Tür am Badkasten verzogen. Ist, glaube ich, Eiche ...» Erwartungsvolle Pause.

«Soll ich mir das mal ansehen?», fragte die Iglhaut nach einer Weile.

Die Schriftstellerin hob unschlüssig die Schultern.

Die Iglhaut wartete, ob noch eine konkretere Antwort kam.

«Hm.» Die Schriftstellerin rieb sich die Augen. «Ja, vielleicht sehen Sie es sich mal an?»

Die Iglhaut nickte, ein Auftrag aus dem Dachgeschoss, warum nicht?

Die Nachbarin ging indes zu den Fahrradständern. Sie nahm ihr Rad, saß umständlich auf und zockelte aus dem Hof. Ein paar Runden, ehrenhalber, mutmaßte die Iglhaut, damit es nicht so aussah, als hätte sie bloß einen Vorwand gesucht. Irgendwie freute es sie, dass sie der Schriftstellerin auf diese Weise zumindest ein paar Minuten Bewegung verschafft hatte. Das täte der bestimmt gut.

Ihr selber aber auch. Sie warf die Farbpalette mit Schwung auf die Werkbank, fuhr sich mit der Hand über den Nacken. Der Hund rekelte sich auf seiner Decke. Ja, wirklich. Eine Iglhaut brauchte Bewegung und Zerstreuung, bevor sie hier weitermachen konnte. Sie bückte sich zum Franziskus, inspizierte noch mal seine – Doris – Waden. Die immerhin waren gelungen.

KORB

Im Morgengrauen kam sie nach Hause, sperrte die Eingangstür auf. Bei den Briefkästen, nun schon etwas verknittert und an der Ecke eingerissen, die Notiz der schwangeren Nachbarn. Bisher schien sich nichts getan zu haben.

Konnte man dem Kleinen nicht verübeln, dass es sich Zeit ließ, dachte die Iglhaut. Das Leben hatte Seiten, die kennenzulernen vielleicht nicht ganz so eilte. Diese Phase, kurz vor der Geburt, schon hier, aber noch nicht ganz da, die stellte sie sich angenehm vor.

Manchmal konnte sie kaum glauben, dass die Person, die sie zeit ihres Lebens ganz selbstverständlich Mutter genannt hatte, noch immer ihre Mutter war. Als wäre deren biologische Urheberschaft, seit sie ihr die Niere gespendet und selbst die vierzig erreicht hatte, mehr und mehr verblasst. Sie empfand diese Mutter meist nur noch als Teil einer alten Tradition – eine Tradition, die mit einem riesigen Korb auf der halben Treppe vor ihrer Wohnung saß?

«Wo kommst du denn um diese Uhrzeit her?» Die Mutter klang aufrichtig empört. «Und wieso gehst du nicht ans Telefon?»

Die Iglhaut holte ihr Handy heraus, um zu zeigen, dass es noch ausgeschaltet war.

«Wenn du bei irgendwem die Nacht verbringst, solltest du's anlassen», sagte die Mutter, wuchtete den Korb von ihren Knien und stand umständlich auf. «Was, wenn du plötzlich Hilfe brauchst?»

«Stimmt!», rief die Iglhaut. «Am besten den Notruf wählen, bevor ich mit jemandem nach Hause gehe.» Sagte es übertrieben streitlustig, um von der Eingangsfrage abzulenken.

Die Mutter schien entschlossen, ihren Ton zu ignorieren. «Ach Kind», sagte sie. «Du weißt doch, was man so liest. Denk nicht, du bist vor allem gefeit.»

Die Iglhaut drehte den Schlüssel in der Tür, trat in die Wohnung. Die Mutter folgte ihr, den Korb in der Hand, sah sich um. Sie war lange nicht bei ihr gewesen. Unausgesprochene Regel. Der Vater brachte ihr das Mittagessen. Die Mutter erwartete, dass die Tochter zu ihr kam und sie – neuerdings – auch ausführte.

Der unerwartete Besuch wühlte die Wohnung auf. Plötzlich glomm Staub in den Ecken. Die Fenster waren schmierig. Das Bild, das sie von den Großeltern geerbt hatte, hing schief.

Die Mutter setzte den Korb entschlossen neben dem Sofa ab. Es klang wie ein Schuss. Warum der Vater mit seiner Neuen schon wieder auseinander sei, wollte sie wissen.

Die Iglhaut kam nicht dazu, sich zu wundern. Wirklich? Der Vater habe neulich erst ein gemeinsames Essen vorgeschlagen. Er habe sogar in Aussicht gestellt, dass nicht er selber, sondern diese Hannelore am Herd stehen werde.

Sie staunte selber, wie sich ihre Argumente gegen die Neue nun plötzlich in welche für sie verwandelten.

Die Flamme sei wohl gleich danach erloschen, meinte die Mutter und deutete auf den Korb. «Der stand gestern Abend vor meiner Tür. Seit Jahren hat es das nicht gegeben!»

Die Iglhaut schaute hinein. Einmachgläser, Tupperdosen, in Alufolie Eingewickeltes … Da gab es nichts zu deuteln. Nur der Vater packte solche Körbe. Fünklein Hoffnung der Iglhaut, er habe einen Abschiedsgruß beigelegt, er sei endgültig über die Mutter hinweg, seine Küche habe ein neues Zentrum.

Da war aber keine Karte.

«Bitte nimm du ihn, ich will das alles nicht mehr», sagte die Mutter. «Dieses Mal hab ich wirklich gedacht, er schafft den Absprung. Er hat mich extra angerufen, um von ihr zu schwärmen.»

«Na ja», erwiderte die Iglhaut. «Beim Onlinedating kann man sich schon auch verhauen.» Sie spürte sofort, dass die Bemerkung ein Fehler gewesen war, sie brachte die Mutter bloß auf Ideen. Und was für welche.

«Kommst du etwa von dem Kerl, der dir diese, wie soll ich sagen», die Mutter hob den Arm, als könne sie die passenden Worte aus der Luft pflücken, «diese … Fotos geschickt hat?»

Da war sie dahin, die Hoffnung, dass sie und die Mutter nie ein Wort über die Dickpics ihrer Urlaubsbekanntschaft verlieren würden. Dahin Iglhauts ganze Widerstandskraft. Klein stand sie vor ihrer Urheberin, wand sich, rang nach Worten, sagte jetzt doch, bei wem sie die Nacht verbracht hatte.

Reaktion der Mutter im Oktavsprung: «Do-ri?»

Die Iglhaut wuchs wieder in sich hinein. Allein seinen Namen zu nennen, richtete sie auf. Ja, Dori. Das habe sich so ergeben in letzter Zeit.

Die Mutter strich über den Griff des Korbs, ganz in Gedanken. «Der ist ein Guter. Fand ich schon immer.» Sie kam wieder zu sich, zog die Hand rasch zurück. «Ob das aber ein Schritt nach vorn ist?»

Die Iglhaut nahm den Korb und stellte ihn aus dem Blickfeld der Mutter. «Dachte immer, du siehst das Leben nonlinear.»

«Ich höre die Süffisanz in deiner Stimme», sagte die Mutter. «Und ich ignoriere sie. Wozu ist der Mensch auf dieser Welt? Ich finde, um sich zu entwickeln. Aber ich habe einfach die Befürchtung, dass du diese Tendenz, an der Vergangenheit zu hängen, auch von deinem Vater hast.»

Die Iglhaut rieb sich die Augen. «Ich glaube, für so viel Grundsätzliches ist es mir zu früh. Wie geht es deiner Hand? Sieht schon viel besser aus.»

Die Mutter betrachtete ihre Hand, als sehe sie sie zum ersten Mal, hob dann den Blick. «Natürlich bist du müd am Morgen. Du warst immer eine Nachteule. So wie ich.» Sie zupfte an dem dünnen Verband, der ihre Verletzung immer noch schützte. «Ich hätte gern noch einen Tee mit dir getrunken», sagte sie schon im Aufstehen. «Aber heute steht der Jour fixe mit meinem Programmierer an.»

Die Iglhaut folgte der Mutter an die Eingangstür, endlich einmal froh um deren Geschäftssinn.

«Ach», die Mutter drehte sich auf der Schwelle noch einmal um, «grüß mir den Nachbarn von oben. Wir haben uns so anregend unterhalten, während ich auf dich warten musste.»

Die Iglhaut schaute ratlos.

«Na, so ein Gradliniger, der die Dinge beim Namen nennen kann. Musste wohl raus zur Frühschicht. Wie heißt er noch? Zink, nein Zenker. Das war's, oder?»

Die Iglhaut gab keine Antwort, zu beschäftigt war sie mit der Frage, wie der Mutter das gelang: Mit weit offenen Augen nur das zu sehen, was sie sehen wollte. Erstaunlich.

Nachdem die Mutter fort war, legte sie noch mal die Beine hoch, bevor sie sich fertig machte für die Garage. Doris

Matratze war viel besser als ihre, aber neben ihm im Bett war Schlaf trotzdem ein Gut, das kompliziert durch mehrere Zollstellen geschleust werden musste. Manchmal kam es durch, oft blieb es auf dem Weg hängen. Letzte Nacht hatte sie sich irgendwann selbst auf die Couch exportiert, um von Doris gutem, tiefem Schlaf nicht vollends aggressiv zu werden. Sie würde aufpassen müssen bei der Arbeit heute. Ihre Werkzeuge erforderten wachsame Konzentration. Unfälle waren immer dann passiert, wenn ihr die Augen vor Müdigkeit gejuckt hatten, sie unkonzentriert und abgelenkt gewesen war. Mit etwas Leichtem würde sie anfangen müssen und hoffen, dass die Arbeit sie erfrischte.

In der Werkstatt fühlte sie sich dann, als hätte sie noch nie ein Werkzeug in der Hand gehabt, als wüsste sie gar nicht, wie sie funktionierten. Sie war blockierter als am Tag zuvor. Der heilige Franziskus sah sie fragend an. Sie musste irgendetwas tun, sich Luft verschaffen, um die Barrikaden einzureißen.

Die Tür zum Vorderhaus stand offen, obwohl ein Aufkleber in fünf Sprachen darum bat, sie stets geschlossen zu halten. Die Iglhaut stieg die Treppen hinauf, an Lila Tawfeek und der betreuten Wohngemeinschaft vorbei, vorbei an Valeria und Uli, weiter zu Tildi und der Ivanović und noch weiter, bis ganz nach oben. Ihr war, als durchbreche sie eine unsichtbare Schranke, so selten kam sie ins Dachgeschoss. Es war anstrengender als gedacht, aber das Herz klopfte schon die erste Blockade nieder. Die Iglhaut öffnete den Kragenknopf. Vor der Tür der Schriftstellerin stand eine überquellende Tüte mit Altglas. Die schob sie mit dem Schuh zur Seite, klingelte. Wartete. Klingelte noch einmal. Lauschte. War da nicht ein Rumpeln?

Die Wohnungstür ging auf. Die Schriftstellerin streckte den Kopf heraus. Ihr Haar zerdrückt, die Augen noch vom Schlaf verklebt.

Die Iglhaut entschuldigte sich nicht für die Störung. Sie habe gerade Zeit, sich den Badkasten anzusehen, sagte sie. Und, als die Schriftstellerin nicht reagierte: «Der Kasten, den Sie mir längst hatten bringen wollen.»

Die Schriftstellerin schloss die Augen, als hoffte sie, gleich hier auf der Stelle wieder einzuschlafen. Sie räusperte sich. «Ja. Könnte ich demnächst machen.»

Die Iglhaut ließ sich nicht abwimmeln. Sie könnten ihn auch jetzt gemeinsam hinuntertragen?

«Jetzt?» Die Schriftstellerin sah die Iglhaut so entgeistert an, als wäre der Kontakt mit der unmittelbaren Gegenwart ihr – die es gewohnt war, im Präteritum zu schreiben, zu leben, zu denken – absolut nicht zuzumuten.

Die Iglhaut nickte nur unnachgiebig. Weitere Worte wollte sie nicht folgen lassen, im verbalen Austausch wäre die Schriftstellerin ihr am Ende noch überlegen. Aber den herausfordernden Blick einer Iglhaut, den musste man erst mal parieren … Der Schriftstellerinnenkopf verschwand, die Tür öffnete sich weiter. Unter dem Kopf ein kastiges Shirt mit langen Ärmeln und eine übergroße Jogginghose.

Als wenn nur Luft drin wäre, dachte die Iglhaut, und kein Körper.

Sie trat ein. Düster war es, die Jalousien vor den Dachfenstern halb geschlossen. Es roch nach Ronnie L.s Joints, nach Popcorn, nach Müll, dessen Inhalt allmählich kippte, nach Tütensuppe und – eindeutig! – nach vielen, schweren Gedanken.

Während die Iglhaut der Schriftstellerin über den Flur zum Badezimmer folgte, warf sie einen Blick ins angrenzende Zimmer, sah Daunendecke und Kissen auf der Couch. Davor am Boden ein Laptop – auf dem Tisch war schlicht kein Platz, da stapelten sich benutzte Gläser, Teller, Tassen, offene Kartons vom Lieferdienst.

Im Bad deutete die Schriftstellerin auf den Kasten unter dem Becken. Pfeilerkommode aus dem Biedermeier, schätzte die Iglhaut, Nussbaum, nicht Eiche. Stand hier viel zu edel und viel zu feucht im fensterlosen Bad.

Die Schriftstellerin bückte sich schwerfällig wie eine alte Frau, um zu demonstrieren, dass die Tür kaum mehr zu bewegen war, zu schließen unmöglich. Sie müsse den Kasten aber noch ausräumen. Die Schriftstellerin sagte es, als stünde ihr eine gewaltige Aufgabe bevor. Seufzte, kniete sich hin, öffnete auch die andere Tür. Seufzte noch mal.

Es war im Bad zu wenig Raum, um Hilfe anzubieten. Die Iglhaut stand tatenlos daneben, sah zu, was aus der verwahrlosten Kommode kam. Die Schriftstellerin hatte wohl mal eine Phase gehabt, in der sie bunte Spangen im Haar getragen hatte, Ketten aus Holzperlen und Lederarmbänder, die mittlerweile zu einem staubigen Klumpen verzwirbelt waren. Dazu Arzneimittel, deren Haltbarkeitsdatum ganz sicher überschritten war, ein starr getrockneter Waschlappen, ranzige Kosmetikproben.

Konnte es sein, kam es der Iglhaut in den Sinn, dass die Mutter zumindest da richtiglag – war der Vater tatsächlich vergangenheitsversessen, nicht wie sie, die Iglhaut, aber wie die Schriftstellerin?

Die wischte gerade mit dem nackten Arm über die Oberfläche des Kastens. Ein Flaum von Staub hing an ihrer Elle. Die Iglhaut packte lieber schnell mit an, um nicht auch noch einen Blick hinter das Möbel zu riskieren. Gemeinsam trugen sie den Kasten aus der Wohnung. Nahmen die Treppe, die Schriftstellerin vorne, die Iglhaut hinten. Im Zweiten angekommen, öffnete sich Ulis Tür.

«Was macht ihr denn da Schönes?» Gesundheitsschuhe, Jutebeutel überm Bundeswehr-Parka: Uli war erkennbar ausgehfertig. Nur seine Stimme klang wie mit Bündeln verjährter Zeitungsausgaben belegt.

Die Iglhaut grüßte schwitzend. Uli zog die Tür hinter sich zu. Gerne würde er helfen, bloß: das Knie. Er wisse auch nicht, was da los sei. Geschwollen sei es jedenfalls, sein Knie. Aber zur moralischen Unterstützung stehe er gern bereit. Er versuchte sich an einem soldatischen «links-zwo-drei-vier», das die Iglhaut mit einem strengen Blick unterband.

Um sie trotzdem von ihrem Kraftakt abzulenken, erzählte Uli, er habe übrigens eine Verabredung. Er konnte nicht verhehlen, wie erstaunlich er das selber fand. Sie hätten sich im Tabakladen kennengelernt, als sie zufällig nach der gleichen Zigarre gefragt hatten. Eine ungewöhnliche Sorte, darin erkannten sie einander als Spezialisten, und diese neue Bekanntschaft sei so großzügig, gleich mit ihm ein paar Raritäten anzurauchen.

«Zigarrenbrunch», so Ulis Beschreibung. «Aber kein Bonze, wirklich nicht!»

Trotz seines Knies kam er ihnen erstaunlich flink hinterher.

Ob die Damen wüssten, wo das Wort «Bonze» seinen Ursprung habe?

Das belebte plötzlich die Schriftstellerin. Nein, wisse sie nicht, schnaufte sie ein paar Stufen weiter unten.

Uli holte aus: Das japanische *bôzu* oder *bonsô* bezeichne einen buddhistischen Mönch oder Priester. Ob nur früher oder auch heute noch, könne er gerade nicht sagen, da müsse er noch mal im Internet nachschlagen. Die Schriftstellerin hob ihren Kopf, sie suchte Ulis Blick und sagte, das würde sie tatsächlich interessieren.

Mehr als nur froh, der Uli, ermuntert, zwischen Erdgeschoss und Werkstatt noch zu erklären, die Bezeichnung sei erst im 19. Jahrhundert auch für weltliche Machthaber verwendet worden. «So weit, so gut. Fortsetzung folgt.» Damit verabschiedete er sich und hatschte Richtung Hofausgang.

Die Schriftstellerin fand das alles «wirklich spannend». Sie habe gar nicht gewusst, über welches Nischenwissen der Nachbar verfüge und dass es Verkostungen im Tabakbereich überhaupt gab.

Die Iglhaut, einsilbig: Es gebe heute doch Verkostungen für alles. Wo sich jeder schon Sommelier nannte, wenn er drei Geschmäcker auseinanderhalten konnte.

Schon bereute sie die Initiative mit der Biedermeierkommode. Denn die Schriftstellerin schlurfte nicht ins Haus zurück, sondern zeigte plötzlich Freude am Gespräch, hörte gar nicht mehr auf zu reden oder eher: ihr Löcher in den Bauch zu fragen.

Ob es stimme, dass der Uli Reizberg früher als Pförtner gearbeitet habe? Ob er wirklich seine Badewanne nicht mehr benützen könne, weil die voller Bücher sei? Sie schien das ganze Haus durchgehen zu wollen. Was noch mal mit der Freundin von der Rolff in der Wohnung unter ihr geschehen sei?

Frau, korrigierte die Iglhaut. Krebs, antwortete sie.

Ob die Valeria Santos wirklich in der Einzimmerwohnung zu bleiben gedenke und aus welchem Land sie stamme.

«Müssen Sie sich von der Valeria bitte selbst erzählen lassen», sagte die Iglhaut. «Jedenfalls nicht Spanien», fügte sie dann doch hinzu.

So ging es weiter, die Schriftstellerin merkte nicht, dass ihr Auftrag bleiben durfte, sie aber nicht.

«Und Ihr Freund, Partner, ich weiß nicht, wie ich das sagen soll, der ist doch …»

«Anwalt», sagte die Iglhaut.

Die Schriftstellerin stieg von einem Fuß auf den anderen. «Ah, Anwalt, ich dachte irgendwas mit Sport, aber ich meinte, er ist doch auch …» Sie fasste sich an den Hinterkopf.

«Vater von zwei Kindern», ergänzte die Iglhaut. «Stört Sie das?»

Die Schriftstellerin hob die Hände. «Nein, natürlich nicht. Und diese Krankenschwester aus dem Ersten, die Lila Tawfeek … Das ist doch nicht ihr echter Name?»

Der Iglhaut fand, es sei Zeit, das Gespräch zu beenden. Sie klappte die Tür der Kommode weiter auf und begann, die Schraube am Scharnier zu lösen.

«Iglhaut klingt auch irgendwie erfunden, wenn man so drüber nachdenkt, nicht?», sagte sie dann.

Die Schriftstellerin machte etwas mit dem Mund. Ein Lächeln war das nicht. «Aber die Frau Tawfeek, die ist doch nicht … die kommt doch eigentlich aus …»

Auch die zweite Schraube klemmte. Die Iglhaut packte eine Zange. «Der Anästhesie, aber jetzt hat sie auf Intensiv umgelernt.»

Die Schriftstellerin fasste sich wieder an den Kopf. «Ist das denn … vereinbar mit ihrem Glau–»

«Ganz und gar nicht.» Die Iglhaut rüttelte an der Schraube. «Sie glaubt, ihr Biorhythmus ist im Arsch. Ihre Worte.»

«Biorhythmus», wiederholte die Schriftstellerin langsam. «Und der Pfleger von der Frau Rolff», sprang sie zum Nächsten, «der dealt doch mit Gras.»

Die Iglhaut wollte nicht entscheiden, ob das noch Frage war oder schon Feststellung. Sie sagte erst mal nichts. Dann erst: «Mhm.» Und dann: «Der Ronnie ist ein Bonze.»

Die Schriftstellerin schaute überrascht. «So sieht er gar nicht aus.»

«Im ursprünglichen Sinn», sagte die Iglhaut.

«Ein Buddhist, der Gras verkauft und in der Pflege arbeitet?»

«Genau. Bloß nicht buddhistisch. Der lebt nur mönchisch. Sagt man das, mönchisch?»

Wie dieser Mensch vor einer halben Stunde noch so zerbrechlich hatte wirken können und jetzt so robust nicken: «Ja, mönchisch, warum nicht?» Wie Lippen, eben noch blutleer und welk, jetzt blühten, schon aufgingen für eine weitere Frage.

Die Iglhaut hob abwehrend den Arm. Sie habe zwar gesagt, es sei gerade Zeit, so viel aber auch wieder nicht. Zudem erwarte sie gleich Besuch.

Besuch, von wem? Die Schriftstellerin wandte sich nur sehr ungern zum Gehen.

Besuch war nicht mal erfunden. Nur «gleich» war eine großzügige Schätzung gewesen um elf Uhr in der Früh. Dori kam abends, nach einem langen Tag in der Kanzlei. Er zog die Iglhaut an sich, fragte ironisch in ihr Haar, was es zum Essen gebe, *Schatz*, und suchte auf dem Telefon die Nummer des *Taj Mahal*, um die Bestellung aufzugeben.

Die Iglhaut stellte den Korb des Vaters auf den Tisch. Sie könnten da mal hineinschauen. Dori legte das Telefon weg. «Sieht aus wie diese Liebeskummer-Körbe», sagte er.

Die Iglhaut hob resigniert die Schultern. «Ich muss wirklich mit ihm reden. Gleich morgen ruf ich an.»

Dori hatte ein Päckchen in Butterbrotpapier genommen, roch daran.

«Quiche oder deftiger Strudel? War jedenfalls früher öfter drin», riet die Iglhaut.

Dori drückte das Päckchen. «Fühlt sich nicht so an. Irgendwie leichter, vielleicht sogar … unbekümmerter?»

Die Iglhaut verzog das Gesicht. «Das kannst du erfühlen?»

«Ja», sagte Dori. «Ich spüre das von Mann zu Mann.» Er verkniff sich das Grinsen und schloss die Augen. «Ich fühle mich in *Der Rosenkrieg* versetzt.» Die Iglhaut knuffte ihn in die Seite. Aber Dori legte nach. «Und ich meine nicht den Film mit Michael Douglas und Kathleen Turner. Sondern natürlich die Roman-Vorlage von, warte …» Dori, über das Display gekrümmt, ganz nach Art des Vaters. «Von einem Schriftsteller namens Adler», zitierte er. «Warren Adler. Geboren in Brooklyn als Sohn von Fritzie und Sol … Ah, einer der Unsrigen.» Das war nicht mehr der Vater, sondern Dori.

Die Iglhaut nahm ein Konservenglas aus dem Korb. Glasnudelsalat. Weißwein war auch drin. Das wunderte sie. Die Mutter trank ausschließlich Roten. Zum Essen passte ein Weißer allerdings besser. Das war wahrscheinlich eines der grundsätzlichen Probleme ihrer Ehe gewesen. Die Mutter musste ihren Willen haben, für den Vater war das Wichtigste, dass die Zutaten harmonierten. Miteinander, nicht mit den Vorlieben der Mutter.

Die Iglhaut gab Eiswürfel in ihre Gläser, um den Weißwein schnell herunterzukühlen. Dann saßen sie einander gegenüber und probierten sich durch den Korb. Wie Dori sich zurücklehnte und den Moment für sich einnahm. Er konnte das: hier sein. Ihr gelang das heute nicht. Die Gedanken flogen in ihr umeinander wie vom Wind aufgewirbelte Zettel.

«Was war denn das?» Dori setzte sich auf. Horchte. Sie hörte nichts. «Na, das.»

Die Iglhaut, inmitten ihrer imaginären Zettelwirtschaft, hörte immer noch nichts. «Du bist hier im Karree übrigens durchaus im Gespräch», sagte sie. «Stell dir vor, eine Nachbarin aus dem Vorderhaus hat mir heute gesagt, sie dachte, du machst beruflich was mit Sport.»

Dori fasste sich geschmeichelt an die Schulter, kugelte sie im Gelenk. «Muss ich dem zehnjährigen Dori ausrichten», sagte er. «Der ist immer über seine eigenen Füße gestolpert und nur von Bällen getroffen worden ... Warte.» Er lauschte. «Da leidet doch jemand.»

Die Iglhaut zog an ihrem Ohrläppchen.

«Wieder Ärger bei diesen Zenkers?», fragte Dori. «Soll ich mal hoch?»

Jetzt hörte die Iglhaut es auch. Bloß kam es nicht von oben.

22:54 Uhr. Sie lagen auf dem Sofa. Mal war es still, mal schrie die angenehme Nachbarin von unten. Dori sah auf die Uhr. «Die Abstände werden nicht kürzer.» Die Iglhaut tastete nach der Kanzlerin, irgendwo neben ihr am Boden. Ein quiekender Laut. Die Iglhaut kraulte ihr den Schreck aus dem Fell. Nach und nach entspannte sich das Tier unter ihren Händen.

Der nächste Schrei. Dori schien die Wehe der Nachbarin mitzuempfinden. Als sie abebbte, schaute er die Iglhaut überwältigt an. «Dass wir das zusammen erleben.»

Die Iglhaut ließ von der Kanzlerin ab. «Vielleicht ist es doch besser, wir gehen zu dir», sagte sie, blieb aber, wo sie war. Alle drei warteten sie auf den nächsten Laut von unten.

23:32 Uhr. Dori sah wieder auf die Uhr. «Gleicher Abstand, oder?» Die Iglhaut drehte sich auf die andere Seite. Dori folgte ihr, beide holten sie kaum Luft, wie um nicht unnötig Atem von unten abzuziehen. Da, die Stimme des Nachbarn. Er klang wie ein Trainer, der sein Team anfeuerte. Die Iglhaut berührte intuitiv die Narbe in ihrer Seite. Dann ein Wehlaut der Nachbarin, der überhaupt nicht mehr abzuebben schien.

«Ich bin so froh, dass ich nicht da unten bin», flüsterte Dori.

Die Iglhaut nickte. Was für ein langer Tag, die Augen fielen ihr zu. In ihrem Innern noch mehr Zettel als zuvor. Auf einem: *Wie gut, dass Dori da ist.* Auf einem anderen: *Wie viel einfacher wäre es allein.*

«Was denkst du?», fragte Dori.

«Ach», sagte die Iglhaut.

«Irgendwas geht dir durch den Kopf.»

«Ich weiß nicht …»

«Du wärst gern an ihrer Stelle, oder? Ist nur natürlich, der Wunsch.»

Die Iglhaut knackte bloß mit den Knöcheln ihrer Hand.

«Entschuldige», sagte Dori nach einer Weile. «War das zu offen?»

«Eher ein bisschen so, als ob du an einem Griff herumreißt, wo gar keine Schublade ist.»

Schreinerlatein. Die Iglhaut stand auf, ging zum Alkoholkabinett, fort von Dori, den Whiskey holen. Sie öffnete die Flasche, trank, ging zurück zum Sofa und bot ihm nichts an.

«Wollen wir nicht trinken, wenn es da ist?», fragte er.

«Ich trinke ab jetzt, *bis* es da ist.»

Sie legte sich dann doch wieder zu ihm. Sagte nach einer langen Pause: «Vielleicht ist es wirklich besser, wir gehen zu dir.»

«Ja, vielleicht», erwiderte Dori.

Wieder rührten sie sich nicht. Der Whiskey versetzte die Iglhaut in einen Dämmerzustand. Ein Pulli, dunkelbau, stieg in ihr auf. Das Kleidungsstück, das ihr an Dori lange Zeit am liebsten gewesen war. Er hatte das gewusst und ihn, als er sie nach dem Abbruch holen kam, extra angezogen.

Wie hoch sie ihm das angerechnet hatte.

01:24 Uhr. Als die Iglhaut aufwachte, schaute er auf sein Telefon. Blätterte sich durch ein Fotoalbum. Zahnlückengrinsen der Tochter. Schmetterlingsverkleidung. Der Sohn auf seinen Schultern. Eine Kissenburg.

«Ist es endlich vorbei?», fragte sie und nahm einen kräftigen Schluck.

«Vielleicht sollte *ich* lieber gehen?» Dori, plötzlich gereizt.

«Es wäre leichter, wenn du jetzt nicht da wärst. Aber nicht besser.»

Dori entspannte sich. Die Iglhaut zupfte an seinem T-Shirt.

«Diesen dunkelblauen Pulli mit den ausgebeulten Ärmeln …»

«Hab ich nicht mehr», sagte Dori. «Den habe ich weg, weil …» Er stockte, brachte den Satz dann doch zu Ende. «Als Dunja das erste Mal schwanger war. Außerdem waren Motten drin.»

Zwischen den nächsten beiden Schreien gab es keinen Abstand mehr. Dori nahm die Whiskeyflasche vom Boden auf, begriff, dass sie leer war, und sagte, sehr leise: «Manchmal kann ich gar nicht sagen, ob uns die vergangenen Jahre verbinden oder ob sie zwischen uns stehen.»

FARBEN

Matt stand die Iglhaut gegen Mittag in der Werkstatt. Die Figuren hatten noch immer keine neue Fassung, aber ihr fehlte die Geduld für weitere Mischversuche. Sie sehnte sich nach freier Arbeit.

Sie trat an den Altholzkasten, nahm einen Kanten, wog ihn in der Hand. Gerade die rechte Größe für ihr Vorhaben. Sie legte das Holz auf die Werkbank, nahm einen Bleistift, spitzte ihn an, die Späne fielen in Rüschen zu Boden. Ihre Gedanken einmal durch den Spitzer drehen, damit allein der geschärfte Geist zurückbliebe, ein Geist, der aus dem Altholz in ihrem Hirn etwas Sinnhaftes zusammenbrachte und bald auch die passenden Farben.

Der Kanten. Vielleicht wollte sie ihn doch lieber werfen? Zwischen ihr und Dori war eine Missstimmung geblieben, ein Unwohlsein. Seine Unterstellung, sie wolle in ein anderes Leben, nagte leise, wurmte sie. Offener Streit wäre besser gewesen als das starre Schweigen in der Früh.

Die Iglhaut setzte die Feinsäge an. Ein Holzspielzeug für das Kleine war keine Ersatzhandlung, es gab nichts zu kompensieren. Nur, wenn sie das betonte, wurde es ihr bestimmt falsch ausgelegt.

«Guten Tag, Kind!»

Sie fuhr herum. Der Vater – viel zu früh, viel zu beladen. Er stellte drei Farbtöpfe auf der Werkbank ab.

Was das sei, wollte die Iglhaut wissen.

«Die Lösung für dein Arbeitsproblem. Habe ich mischen lassen.» Der Vater gestikulierte in Richtung der Töpfe. «Schau sie dir mal an.»

Mit einem Schlitzschrauber hebelte sie einen der Deckel auf. Nahm einen Pinsel, tunkte ihn ein. Zog die Farbe über den Teststreifen. Hob ihn ins Licht.

Das war sie, die Farbe, die sie für die Magdalena nicht hinbekommen hatte! Eine Mischung, von der nicht zu sagen war, ob Rosé oder Gelb, Lachs oder Zitrone dominierten.

Der Vater zog ihr den Streifen aus der Hand, hielt ihn neben die Figur, frohlockte: «Exakt der Ton!»

«Und wenn», entgegnete die Iglhaut. Baumarktfarbe, das sei wohl klar, könne sie nicht verwenden.

«Aber die Mischung ist doch genau das, wonach du gesucht hast!»

Wie er das fände, wenn sie sich bei ihm in der Küche einmischen würde, entgegnete die Iglhaut. Ihm einfach sagte, Schmelzkäse sei für Trüffelrisotto auch vollkommen ausreichend?

Das Stichwort kam dem Vater sehr gelegen. Heute gebe es Sandwiches, beeilte er sich zu erklären, mit selbst gebackenem Sauerteigbrot. «Außerdem eingelegtes Gemüse und über Stunden im Ofen gegartes Roastbeef.»

Er verwandelte ihre Werkbank geschwind in ein Buffet und versuchte erneut, seine Farben zu bewerben.

Die Iglhaut verbat sich das. Der Vater fühlte sich missverstanden. Sie habe vorhin am Telefon so betrübt geklungen.

«Gerade du solltest doch wissen», sagte die Iglhaut, «dass

man hin und wieder einfach bloß ein Ohr braucht, um sich zu beklagen.»

Aber sei es nicht umso schöner, wenn der Besitzer dieses Ohrs mit einer Lösung komme, die man gar nicht erwartet habe! Er klopfte auf die Tiegel. Mit einer Lösung und mit Proviant.

«Apropos.» Sie holte den Lunchkorb der Mutter aus einer Ecke, stellte ihn provozierend aufs Buffet.

Der Vater nickte beifällig und belegte in aller Ruhe sein Brot mit Fleisch und Gürkchen. «Gut, dass der jetzt bei dir ist, der Korb», sagte er viel zu gelassen. Nahm sich dann noch eine Scheibe Roastbeef und wedelte der Kanzlerin damit vor der Nase herum.

Die Iglhaut zog das Tier vom Roastbeef weg. «Gib es bitte endlich auf», sagte sie.

«Wenn der Hund frühzeitig wegen Fehlernährung abtritt, will ich nichts hören.»

«Ich meine das hier», sie deutete auf den Korb. «Das solltest du endlich aufgeben.»

Der Vater winkte ab. «Hab schon eine Tirade von deiner Mutter abbekommen. Keine Sorge.» Er legte das Fleisch weg, streichelte der Kanzlerin den Kopf. «Glaub mir, die Vergangenheit ist passé. Der Korb hier sollte eigentlich für Hannelore sein.» Er seufzte. «Manchmal hab ich die so göttlich gefunden, ich hätte sie heiraten mögen. Auf der Stelle. Aber dann gab es wieder Momente, da wollte ich sie zum Teufel jagen. Einfach nur raus aus meinem Leben. Na. Es ist, wie es ist. Ich hab die währende Liebe wohl wirklich verlernt … Im Gegensatz zu dir.» Der Vater schüttelte den Kopf. «Dass ich das ausgerechnet von deiner Mutter erfahre!»

Die Iglhaut rollte mit den Augen. Wie oft redeten denn die

beiden gerade miteinander, wo sie doch gar nicht mehr sprechen wollten?

«Mein Kartoffelgratin hat er immer gemocht, der Dori», sagte der Vater.

«Dein Gratin ist exzellent, solange du kein Muskat hineingibst. Und ja, Dori, das ist mal gut und dann wieder nicht einfach.»

Der Vater nickte nachdenklich.

«Weißt du», sagte er dann, «es muss nicht alles ein großes Problem sein. Bei meinem Gratin mache ich einfach das nächste Mal extra viel Muskat für ihn in die eine Hälfte und in die andere gar keines für dich.»

Die Iglhaut war bereit, es allegorisch zu nehmen.

«Jedenfalls, der Korb», sagte der Vater. «Da hab ich Rinderbrühe in den Kartoffelsalat und Fischsoße zu den Glasnudeln. In der Küche bin ich manchmal so in Gedanken. Aber Lore ist es mit ihrem Vegetarismus wirklich ernst, und weil ich sie bei den Zutaten nicht hintergehen wollte, habe ich gedacht, deine Mutter mit der kaputten Hand, die freut sich vielleicht, nach all den Jahren, und der Lore pack ich zum Abschied noch einen pflanzlichen.»

Die Iglhaut lehnte sich zurück, verschränkte die Arme. «Und wie hat sie es aufgenommen?», fragte sie.

«Für meinen Geschmack», sagte der Vater, «zu intensiv. Alles wollte sie noch mal durchkauen. Treffen um Treffen Revue passieren lassen, um zu verstehen, weshalb es nicht mehr geht. Aber manchmal ist es doch gerade, was nicht zu fassen ist … Im Übrigen … Ich hab schon wieder jemanden.»

Es war also möglich, staunte die Iglhaut, schamvoll und zugleich triumphierend in ein belegtes Brot zu beißen. Es war möglich, durchs Kauen hindurch zu ergänzen, wie angenehm es sei, eine neue Bekanntschaft nicht gleich heiraten zu wollen, sondern nur …

Der Vater deutete auf seinen vollen Mund. Als er geschluckt hatte, tat er so, als setze er nahtlos an, wo er abgebrochen hatte.

«Ich glaube, ich habe einen neuen Zug an mir entdeckt. Die Liebe, aus der es kein Entrinnen gibt, die reizt mich gar nicht mehr. Die moderne Beziehung, die vom digitalen ins echte Leben schwappt, aber dann auch wieder zurück», sagte er. «Dafür bin ich viel eher gemacht.»

Er nahm sich noch eine Scheibe Roastbeef. «Außerdem mag sie Steak, Schinken und Tatar.»

Zufall oder nicht, aber die Kanzlerin jaulte.

Als der Vater sich kurz darauf mit seinem Korb und den Resten auf den Weg gemacht hatte, öffnete die Iglhaut doch noch einmal den Tiegel für den Franziskus. Sie bestrich eine Pappe mit der Farbe, hielt sie neben die Figur. Passte!

Die Iglhaut nahm den Pinsel, trug probeweise ein paar Striche auf. Die könnte sie ja immer noch entfernen.

Die Pinselstriche fügten sich.

Nächster Test: Jesus. Auch hier ging alles auf. Die Iglhaut überlegte, fühlte sich so beschwingt, sie suchte das Papier mit der Telefonnummer der Ordensschwester. Sie fand es zerknittert im Regal, irgendetwas flatterte zu Boden, als sie das Papier nahm. Würde sie später aufheben.

Schwester Amalburga meldete sich gleich nach dem ersten Klingeln. Sie sei in den nächsten Tagen fertig mit den Figuren, meldete die Iglhaut. Nur noch ein letzter Anstrich.

Die Schwester, dem Anschein nach in gehobener Stimmung, nannte die Nachricht «vortrefflich».

«Dann sollten wir einen Abnahmetermin in der Werkstatt vereinbaren», erklärte die Iglhaut und schlug einen Tag vor.

Die Stimme der Schwester plötzlich wie von ferne (sie schaute wohl in den Telefonkalender ihres Telefons): Da könne sie leider nicht, sie habe sich für ein Zirkeltraining angemeldet. Dann wieder hatte sie Tennis. Noch ein Terminversuch. Boxschule. Im Hintergrund das Klappern von Tellern, Gespräche, das Pfeifen einer Espressomaschine. Die Schwester ungeduldig, weil der nächste Terminvorschlag auf ein Datum fiel, an dem sie in der Schule *Tag der offenen Tür* hatten.

«Ach, wissen Sie was», sagte die Schwester. «Abnahme brauchen wir nicht. Liefern Sie einfach mit Fertigstellung.»

Das kam unerwartet, aber nicht ungelegen. «Können wir so machen», sagte die Iglhaut. «Ich weise allerdings darauf hin, dass dann keine Reklamation möglich ist.»

«Ich bin voller Vertrauen», war die Antwort. Ob in die Iglhaut oder in Gott, blieb offen. Die Schwester verabschiedete sich, vergaß aufzulegen. Die Iglhaut hörte noch, wie sie jemanden ansprach, was für ein hübsches Hemd er trage und ob er das extra für sie …

Die Iglhaut trennte die Verbindung und legte das Telefon beiseite. «So mögen wir unsere Kundschaft», sagte sie zur Kanzlerin, nahm den Magdalena-Topf, roch daran, stellte ihn wieder ab. Und wenn sie ein wenig von ihren hochwertigen Pigmenten da hineinrührte, quasi zur Veredelung?

«Dann ist es gleich schon viel korrekter, oder?», fragte sie den Hund.

Das Tier, nicht bereit, sich mit in die Verantwortung nehmen zu lassen, rollte sich auf seiner Decke zusammen und schloss die Augen.

Die Iglhaut gab etwas Weiß in den Topf, rührte. Die Farbe veränderte sich nicht. Noch einmal. Ah. Das war doch ein Tick zu viel. Nun musste sie mit Gelb und Rot gegensteuern. Andererseits. Je mehr sie von den hochwertigen Pigmenten zumischte, desto höher die Qualität.

Nein. Sie bekam es einfach nicht mehr hin.

Die Iglhaut starrte in den Topf, spürte schon Panik in sich aufsteigen, aber auch eine kleine, wilde Lust. Die Figuren waren abgenommen, dachte sie. Reklamation ausgeschlossen. Sie musste lachen. «Na. Wollen wir doch mal sehen.»

HOLZWERKSTATT IGLHAUT

Rechnung 13

Restaurierung von drei historischen Holzfiguren

Schwester Amalburga stand mit der Oberin und Schwester Imani im Flur, während die Iglhaut mit Dori die dritte und letzte Figur die Treppe hinauf zu der Westwand wuchtete.

Ob die Figuren so richtig stünden, fragte er und wischte sich über die Stirn. Wenn er noch etwas verrücken solle, dann jetzt. Er müsse los in die Kanzlei.

Sie drückte seinen Arm, den Rest schaffe sie allein.

Als er auf glatten Ledersohlen die Treppen hinuntergeeilt war, begann die Iglhaut, den Franziskus auszuwickeln.

«Sie werden sich vielleicht über die Farbgebung wundern», preschte sie vor. «Aber ich habe die tiefer liegenden Schichten eingehend analysiert und mich an die *Teoria del restauro* gehalten. Cesare Brandi. Standardwerk unter Restauratoren. Und wenn man so vorgeht, bergen Restaurierungsarbeiten Überraschungen. Man stößt auf Nuancen, die über Jahrzehnte verborgen gewesen sind.»

«Das ist also näher am Original als das, was zuvor war?», fragte die Oberin.

Zu einem bestätigenden Nicken konnte sich die Iglhaut

nicht durchringen. Aber sie konnte sagen: «Es ist wesentlich … authentischer.»

Das Pfeifen der Meerschweinchen drüben in der Küche, schrill wie die Violinen in Hitchcocks *Psycho*. Schwester Amalburga schaute angespannt zwischen der Oberin und der Iglhaut hin und her. Ihr dämmerte wohl, was sie mit dem Verzicht auf Reklamation angerichtet hatte.

Schwester Imani legte die wunden Finger nachdenklich aneinander, neigte den Kopf, als könnte der leichte Perspektivwechsel etwas ändern. Ob sie auch etwas sagen dürfe?

«Nur zu», war die Antwort der Schwester Oberin.

«Diese *Teoria del restauro*», sagte Schwester Imani, «scheint mir ein recht unorthodoxes Werk zu sein. Aber vielleicht ist es ein bisschen wie mit *Star Wars*. Wenn man die Ur-Trilogie kennt, fremdelt man erst mit der Überarbeitung, aber dann … Also ich finde die Figuren so sehr schön. Sie wirken … lebendig. Irgendwie kann ich mich gut identifizieren.»

Amalburga sah aus, als halte sie die Luft an, ihr Blick lag starr auf dem Gesicht der Oberin. Die ließ sich Zeit.

«Ich stimme Schwester Imani überhaupt nicht zu», sagte sie schließlich. «Die überarbeitete Fassung war nicht hinnehmbar und ist es bis heute nicht.»

Amalburga zupfte nervös an ihrem Schleier.

«Identifikation will mir auch nicht gelingen», fuhr die Oberin fort, «aber ich werde nicht mehr lange damit leben müssen. Dass unsere Imani sie mag, ist da viel wichtiger.»

Schwester Imani zuckte zusammen. So etwas dürfe die Oberin nicht sagen.

«Natürlich darf ich. Ich bin die Oberin», sagte die Oberin.

Die Meerschweinchen fiepten ein Amen.

«Gute Güte!», seufzte Amalburga im Alighieri und leerte fast im selben Atemzug ihren Cappuccino. Sie wisse nicht viel über diese Sternenkrieg-Filme, aber dass niemand, wirklich niemand, mit den überarbeiteten Versionen einverstanden sei, das schon. «Imani. Immer für eine Überraschung gut.»

Anderes Beispiel: Man schicke sie los für Petersilie zu den Pellkartoffeln, und sie komme mit einem Paar Meerschweinchen zurück … Ein Glück, dass die Oberin nicht mehr ganz auf der Höhe sei. Vor ein paar Jahren wäre auf sie beide ein infernalisches Donnerwetter niedergegangen. Apokalypse des Johannes ein Spaziergang dagegen.

Aber, sagte Amalburga und nahm einen letzten Schluck aus ihrer Tasse, vielleicht um den prekären Vergleich rasch von der Zunge zu bekommen, sie müsse zugeben, ihr persönlich gefalle die Bearbeitung der Iglhaut nicht schlecht. Von «authentisch» wolle sie allerdings nichts hören. Sie wisse sehr wohl, wie die Figuren ursprünglich ausgesehen hätten … Wobei die Waden vom Franziskus – Amalburga führte Zeigefinger und Daumen zusammen und küsste ihre Fingerspitzen –, genau so habe sie sich die vorgestellt.

Amalburgas Oberlippe schäumte vom Kaffee. Sehniger sah die Schwester aus. Der vehemente Sport, den sie laut ihren Kalender-Terminen betrieb, zeigte Wirkung. Die Iglhaut war nicht mehr ganz so sicher, dass sie ein Wrestling-Match für sich entscheiden könnte.

Sie holte die Rechnung hervor. Amalburga nahm sie, ging die Posten einzeln durch. «Der Wurmbefall», sie tippte auf die zugehörige Zeile, «war nicht im Kostenvoranschlag enthalten.»

Jetzt also doch noch Diskussionen. Wurmbefall, erklärte die Iglhaut, sei nicht immer gleich erkennbar, dürfe aber nicht unbehandelt bleiben. «Sonst wäre der Jesus unrettbar verloren.»

«Soso. Sie haben also unseren Retter und Erlöser gerettet. Da sage ich doch stellvertretend: Vielen Dank!»

Amalburga legte die Rechnung auf den Tresen. Ein Kaffeering sickerte an der oberen Ecke ins Papier.

Die Iglhaut nahm noch einen Schluck von ihrem Cappuccino, beschloss, die Spitze zu ignorieren, hob den Kopf. «Gern geschehen.»

Die Schwester fuhr mit dem Finger um den Schlussbetrag der Rechnung. «Seien Sie bloß nicht so bescheiden! Wissen Sie, Ehrlichkeit ist mitunter ein teures Geschenk. Ich habe natürlich nicht nur bei Ihnen angefragt. Aber die Konkurrenz hat durch die Bank um die Hälfte mehr verlangt. Ich muss Ihnen wahrscheinlich nicht erklären, woran das liegt.»

Die Iglhaut schaute zu Boden, räumte mit ihrem Schuh ein bisschen Zucker zur Seite, musste gar nicht antworten.

«Wo Sie der einzige weibliche Restaurator auf der Liste waren.» Die Schwester strich über den Kaffeekreis auf der Rechnung, faltete dann das Papier. «Aber gut, dafür habe ich auch bekommen, was ich bekommen habe», sagte sie. «Neu geschminkte Heilige.»

Ein Lächeln, das Unverschämtheit und Wohlwollen so zweideutig vermischte, wie man das wohl nur als Vertreterin einer Institution hinbekam, in der noch immer der Dünkel vergangener Jahrhunderte festsaß.

Darauf noch einen Grappa, befand die Ordensfrau. Die Iglhaut verwies auf ihren Transporter, dass der sich nicht selbsttätig nach Hause fahre.

Dann müsse sie ihr eben beim Grappatrinken zusehen.

Während Amalburga bestellte, lugte die Iglhaut in die Getränkekarte. Der Preis für die paar Zentiliter scheuchte eine Erinnerung in ihr auf. Das Piccolo Principe und das Alighieri! Jetzt verstand sie, dass der Mutter die Kundschaft hier nicht gefiel. Die Mutter glaubte an alles zwischen Himmel und Erde, es durfte bloß nicht katholisch sein.

Sie sah Amalburga dabei zu, wie sie den Schnaps in kleinen Schlucken kippte. Im geleerten Glas ölig die letzten Schlieren. Die Schwester ließ anschreiben, auch den Cappuccino für die Iglhaut. «Meine Einladung, meine Einladung», sagte sie.

Die Frau hinter dem Tresen: «Solange Sie nur anschreiben, Schwester, ist es immer noch *meine* Einladung.»

Amalburga lachte es weg. Wollte der Iglhaut ihre Jacke reichen, die noch am Haken unter dem Tresen hing.

«Ach», sagte die Iglhaut, «hätte ich fast vergessen. Ich kenne wen, die sind auf Wohnungssuche, ziemlich dringend. Und die hätten gerne, dass Sie sie in Ihre Gebete einschließen. Machen Sie so was?»

«Selbstverständlich», sagte Amalburga und sprang vom Barhocker. «Aber Wohnungen sind zurzeit sehr gefragt. Da muss ich eine Warteliste führen.»

Die Iglhaut schob ihre Unterlippe vor, zog sich die Jacke an. «Wie lange würde das denn dauern?»

«Frau Iglhaut!», rief Amalburga. «Das war ein Scherz! Sagen Sie mir, wie die Wohnungssucher heißen. Beim Herrgott hilft es, ganz konkret zu sein.»

«Der Herrgott braucht einen Namen?» Die Iglhaut schüttelte ungläubig den Kopf. Sie knöpfte die Jacke zu. Versuchte, sich zu erinnern, wie der Ivanović-Neffe hieß.

Der Name fiel ihr nicht mehr ein.

Amalburga hob die Hände, als könnte sie darin alle Mächte des freien Mietmarkts bündeln. «Meine Erfahrung zeigt, weist man den Herrn auf einen Pfad hin, dann schaut er zumindest mal vorbei. Also, verraten Sie mir den Namen?»

Entscheidungsfreude war nicht unbedingt eine der großen Stärken der Iglhaut. Es gab Fragen, da musste sie erst kreuz und quer, horizontal, vertikal und diagonal hindurch. Aber manchmal: Quantensprung.

«Valeria Santos», sagte die Iglhaut, «sucht schon sehr lange etwas Größeres für sich und ihre Tochter Thea.»

Schwester Amalburga hatte sich der Frau hinter dem Tresen zugewandt. Sie möge Yassin einen dicken Schmatzer von ihr geben.

Die Frau hinter dem Tresen erwiderte, das würde sie ihm lieber nicht ausrichten. Der Arme sei schon ganz durcheinander von ihrem Gebalze.

Amalburga lachte wieder, wandte sich zur Tür. Der Iglhaut kam es so vor, als habe die Schwester ihre Bitte schon vergessen. Auch gut. Sie würde der Frau Ivanović sagen, sie habe es versucht. Denn irgendwie stimmte das ja.

Draußen drehte Amalburga sich zu ihr um, faltete die Hände. «Valeria und Thea Santos. Kommen heute Abend gleich in die Fürbitten.»

«Danke», sagte die Iglhaut. «Fände ich gut, wenn Sie ein Wunder tun.»

«Wissen Sie», entgegnete die Schwester, «Sie sind furchtbar stolz auf Ihren Atheismus. Das strömt Ihnen aus jeder Pore. Ganz eitel macht es Sie. Ist Ihnen aber auch klar, dass das ein Luxus ist, den sich nicht jeder leisten kann?» Sie deutete zurück zum Alighieri. «Yassin, der Junge, den ich hab grüßen lassen. Das eine Bein zerstört, Fassbombe, das andere verätzt, Mischung aus Benzin und Meerwasser. Er musste in eines dieser Schlauchboote steigen, hatte furchtbare Angst. Warum ist er doch eingestiegen? Weil er Kraft und Zuversicht im Gebet gefunden hat.» Amalburga war stehen geblieben. «Dazu fällt Ihnen jetzt nichts ein. Richtig so! Das war auch eine Keule. Aber so stehen halt die Realitäten hier nebeneinander. Ich könnte Ihnen auch noch eine andere Geschichte erzählen, aus dem Grenzgebiet Ruanda-Burundi.»

Sie hatten den Transporter erreicht. Die Iglhaut zog grantig ihren Schlüssel heraus. Der Cappuccino war gut gewesen, noch besser: gratis. Und wieder zeigten sich die versteckten Kosten hinterher.

«Müssen Sie mich auf den letzten Metern doch noch missionieren?»

Amalburga warf ihren Kopf nach hinten. «I wo! Da bekehre ich noch eher den Kommunismus. Ich gönne Ihnen wie jedem andern seinen Luxus. Aber wenigstens sollte Ihnen auch klar sein, dass es einer ist.»

ZAHLTAG

Über dem Motorenknattern des Transporters das Scheppern der Iglhaut. Seit wann war Vernunft ein Luxus? Wollte die Schwester ihr etwa unterstellen, sie sei eine von denen, die sich in Sachen Moral immer weit vorne wähnten, Jetset quasi, während anderen nur ein Schlauchboot und der Glaube blieb?

Die Iglhaut schlug auf das Steuer, als könnte sie damit dem sogenannten großen Lenker eine überziehen.

Keine Keule war das gewesen, ein stachelbewehrter Morgenstern! Völlig veraltetes Instrumentarium, mit dem die Schwester da hantierte. Aber wen wunderte es? Völkermord, Bürgerkrieg und die Folgen des Kolonialismus mit Heilsversprechen behandeln wollen! Das war wie ein Pflaster auf Menschenrechtsverletzungen pappen.

Gas, das Wutpedal der Iglhaut. Bremse, Reflexion. Wenn ihr jemand ihre Privilegien vorhalten durfte, dann Dori. Aber nicht eine Person, die sich mit gewaltvoll erworbenem Reichtum und Steuern finanzierte und noch dazu Grappa und Cappuccino anschreiben ließ.

Nach mehreren Rundfahrten ums Karree fand sie endlich eine Lücke, in die sie sich aufwendig hineinkurbeln musste. Ihr T-Shirt klebte, nass von Wut und Einparkmühe, an ihrem Rücken, sie warf die Decken, mit denen sie die Figuren umwickelt hatte, in die Garage und ging ins Gartenhaus. Im Postkasten ein Brief der *Zahnarztpraxis Kranuschka.*

Die Rechnung, also doch. Dass sie nicht gleich nach dem Ende der Behandlung zugestellt worden war, hatte sie hoffen lassen. Sie hatte es nicht für sich ausbuchstabiert, und doch schien jeder Tag, der ohne Rechnungspost verstrichen war, nahezulegen, dass die Kranuschkas davon absahen, Geld von ihr zu verlangen. Kostenerlass wegen missbräuchlichen Hineinziehens in familiäre Seltsamkeit.

Oben, im Schutz der Wände, die sie per Mietvertrag Monat für Monat ihr Eigen nennen durfte, öffnete die Iglhaut das Kuvert. Ein pinkes Post-it leuchtete auf dem Weiß des Bogens. *Herzliche Grüße* der Frau Kranuschka *und auf diesem Weg auch ein Hallo an die liebe Valeria.*

Die Iglhaut zog das Post-it ab, suchte nach dem Endbetrag. Mühte sich, ihn bis auf den letzten Cent hinter dem Komma zu erfassen. Musste sich setzen. Konnte körperlich spüren, wie die Summe, die sie der Schwester Amalburga berechnet hatte, auf ihrem Konto einging – auf dass ein Vielfaches davon wieder abfloss zur Frau Dr. Kranuschka.

Davon würde sie sich nicht so schnell erholen. Die Iglhaut versank in Selbstmitleid. Sie litt an dem, was sie nicht ändern konnte, und an dem, was in ihrer Hand gelegen hätte: eine männlich gestellte Rechnung um die Hälfte höher.

Eine Weile starrte sie so vor sich hin, ihr war, als könnte sie sich erst wieder bewegen, wenn irgendwoher neues Geld eintraf. Eine Sprachnachricht auf ihrem Telefon tat es dann aber auch.

Sie fand die Nachbarin hingestreckt, halb in der Dusche, halb auf den Kacheln liegend. Tildi zitterte, die Haut war noch voller Seifenschaum. Die Iglhaut steckte den Ersatzschlüssel ein, wickelte Tildi in einen Bademantel, versuchte, sie hochzuziehen. Es schnackelte in ihrem Rücken. Sie ging neben der alten Frau auf die Knie.

Noch einmal. Ein Stoßlaut, als hebe sie Gewichte.

Diesmal kam Tildi auf die Beine, griff mit der Rechten nach der Gehhilfe, die Linke lag auf der Iglhaut. Sie schnauften ins Schlafzimmer. Tildi tätschelte ihr dankbar den Kopf, als sie ihr die Hosen über die geschwollenen Knöchel streifte.

«Bist mein Engel, Iglhaut. Wenn du mir jetzt noch neue Gelenke schreinerst … Gib mir das Hemd, das da liegt.»

Die Iglhaut reichte es ihr. Tildi bestand darauf, die Knöpfe selbst zu schließen. Ihre Finger langsam, knorpelig, die verdickten Knöchel wie Kiesel unter Haut. Aber die Iglhaut wartete gern. Tildis Langsamkeit war nach den Strapazen dieses Tages so wohltuend, eine Belohnung jeder Knopf.

Auch Tildi schien es Stück um Stück zu stärken. «Jetzt noch die Schlapfen, ja?» Sie zeigte auf ein Paar feine, mit Goldfäden durchwirkte Pantoletten. «Von Elsbeth.»

Ihre geschwollenen Füße kippelten darin.

«Bist du dir sicher, dass das günstiges Schuhwerk ist?», fragte die Iglhaut.

«Wenn das Laufen schon so schwerfällt und wenn es schon so schmerzt, dann will ich wenigstens auf schöne Schuhe schauen.» Tildi wackelte mit den Zehen. «Und die hier sind mir die liebsten.»

Die Iglhaut geleitete die Nachbarin ins Wohnzimmer, mit Zwischenstopp in der Küche, um gezuckertes Popcorn zu holen. Das war ein Ächzen, ein Schlurfen, es hätte sie nicht überrascht, wenn es spätnachts gewesen wäre, als sie endlich beim Sofa waren.

Tildi ließ sich in die Polster fallen, beugte sich zum Beistelltisch, entzündete eine von Ronnies Vorgerollten und zog so heftig dran, als könnte sie die Erinnerung an ihren Sturz und Iglhauts Nothilfe in Rauch aufgehen lassen. Wie frisch gemäht roch es und süßlich nach Hopfen.

Die Iglhaut schaute in die Schale, wo nur noch ein letzter Joint lag. Tildis rotadrige Augen waren ihr zuvor schon aufgefallen. «Vielleicht rauchst du erst mal nicht, bevor du in die Dusche steigst.»

Tildi hob entrüstet den Blick. Die Haare, wildweißer Schopf mit dunklem Draht durchzogen, hätte sie ihr noch kämmen und föhnen sollen, dachte die Iglhaut.

Der Nachbarin war es gleich. «Das ist nicht das Problem», fauchte sie. «Oder nur, dass ich immer zu wenig kriege. Ronnie ist nicht nur schludrig beim Putzen, sondern auch ein grottenschlechter Rauschgifthändler. Er könnte das Zehnfache rüberschieben.» Sie nahm noch einen Zug. «Aber der will mich lieber kontrollieren, als sich selber zu bereichern. Schon ganz im Postkapitalismus angekommen, der Bursche.»

Die Iglhaut wollte einhaken, aber Tildi ließ keinen Widerspruch gelten. Postkapitalismus bedeute eben nicht die Überwindung, sondern die Verschärfung des Systems, erklärte sie. «Und komm mir bitte nicht wieder mit deinem bedingungslosen Grundeinkommen. Ziel muss eine Gesellschaft sein, in der jeder für sich sorgen kann, und nicht ein Staat, der für dich sorgt. Denn den Staat gibt es nicht, der bedingungslos handelt.»

Heute hatte die Iglhaut nur noch Kraft für Lösungen im Kleinen. «Ich könnte dir helfen, wenn du mit Ronnie L. so gar nicht mehr zufrieden bist», bot sie an, ohne weiter drüber nachzudenken.

«Na hör mal, wir wollen doch Freunde bleiben! Außerdem schasse ich keinen Mann, der Care-Arbeit macht ...»

Gutes Argument, fand die Iglhaut.

«Aber weißt du was? Einen schönen Handlauf für die Dusche und bei der Toilette, den könnte ich gut brauchen.»

Die Iglhaut wiegte den Kopf. «Aus Holz?»

«Ganz, wie du denkst. Die Umsetzung ist deine Sache.»

«Ich werde aber meine Preise erhöhen müssen, auch für die Nachbarschaft.»

Als Gewerkschafterin, sagte Tildi, habe sie vollstes Verständnis.

Die Aussicht auf eine Einnahme, mochte sie noch so bescheiden sein, hob Iglhauts Laune.

Tildi drückte die aufgerauchte Zigarette im Aschenbecher aus. «Gut, dass wir das schon mal besprochen haben.» Sie zog die Schüssel mit dem Popcorn näher zu sich. «Ich hätte da noch weitere Punkte auf der Liste.» Ihre Stimme klang wieder so energisch, als handele es sich hier um ein Arbeitstreffen, das sie bloß etwas theatralisch eingeläutet hatten.

Sie nahm einen Zettel zur Hand. Erster Stichpunkt: das alljährliche Hoffest. Da wünsche sie dieses Jahr eine solidere Vorbereitung. Und sie schlage vor, die sogenannte Zenkerin auch zu involvieren.

«Aber die ist doch nie zum Fest gekommen», gab die Iglhaut zu bedenken.

«Eben.» Als sei damit alles gesagt, setzte Tildi einen Haken und ging zum nächsten Stichpunkt über. Die Kirsche. Müssten sie der Hausverwaltung melden. Die sei offenbar perdu.

«Oder sie macht ein Jahr Verschnaufpause?», fragte die Iglhaut, Vermeiderin des Unvermeidlichen.

Tildi verzog das Gesicht. Dann werde sie sich eben darum

kümmern. «Obwohl Themen rund ums Holz eigentlich deine Sache wären.»

Sie fuhr mit den Fingern zwischen die Seiten eines Buchs, das neben ihr lag.

«Das Lesen und das Leben sind sich in vielem gleich», räsonierte sie (nicht zum ersten Mal). «Kein Wunder, trennt sie nur ein Buchstabe.»

Das brachte sie zum nächsten Punkt auf der Liste. Ob die Iglhaut auch den Reizberg habe munkeln hören? Die Schriftstellerin schreibe einen Nachbarschaftsroman?

«Du hast mit Uli gesprochen?», fragte die Iglhaut zurück.

«Zuweilen unvermeidbar. Also, was weißt du?»

Die Iglhaut hob die Schultern. «Ich repariere gerade was für sie. Einmal hat sie mich übers Haus ausgefragt, aber danach wohl schnell die Lust verloren.»

«Du weißt also nichts. Schwach, schwach, schwach», war Tildis Kommentar. Dann fielen ihr dort auf dem Sofa die Augen zu.

Die Iglhaut seufzte, ging in die Knie und brachte die leicht gewordene Genossin ins Bett, bevor sie leise die Wohnungstür hinter sich schloss.

PLÖTZLICH SOMMER

BERG UND TAL

In der Iglhaut rumorte es. Dori hatte ihr mitgeteilt, er sei für die Sommerferien sechs Wochen mit den Kindern fort. Fragte nicht, ob ihr die lange Trennung recht sei, ob sie mitkommen wolle.

Aber war das nicht ganz in ihrem Sinn?, sagte sie sich. Eine Pause von so viel unverhoffter Innigkeit. Bis dahin hatte sie aber noch Zeit mit ihm verbringen wollen und eine Tagestour in die Berge vorgeschlagen. Gemeinsam fanden sie eine Lücke zwischen Kindern und Kanzlei. Und dann hatte Dori am Vorabend abgesagt. Es sei einfach zu viel Stress.

Setzte Dori sich etwas in den Kopf, gab es immer Zeit dafür. Sechs Wochen ohne Kanzlei waren anscheinend möglich. Ein einziger freier Tag ging aber nicht? Die Nacht nach seiner Absage war für die Iglhaut ein Wurmloch gewesen in die Vergangenheit. Wurde sie eigentlich nur aktiviert, wenn es ihm passte? Wie oft war sie, während ihrer ersten Jahre, in der Tür gestanden, um dann doch zu Hause zu bleiben. Hatte in Restaurants auf ihn gewartet, bei einem Konzert und, seltener, vor einem Abendessen, das sie für ihn zubereitet hatte.

So wälzte sich die Iglhaut in altem Ärger. Erst in der Früh hatte sie zurückgefunden, stand wieder in der Gegenwart: in einem von Morgensonne erfüllten Schlafzimmer, mit einem bewegungslustigen Hund und dem vergnügten Krähen eines Säuglings in der Wohnung unter ihr.

Die Iglhaut füllte Wasser ab, packte Proviant für die Kanzlerin und Sonnenschutz für sich. Die Wanderstiefel, lange nicht getragen, hingen unerwartet schwer an ihren Füßen. Das Tier trippelte vor ihr die Treppe hinunter, an der Tür der jungen Eltern vorbei. Eine Melodie kam ihr, verscheuchte noch den letzten Frust. Summend ging sie über den Hof und zur Garage.

Dort lag das begonnene Geburtsgeschenk. Das musste sie auch noch zu Ende bringen! Die Iglhaut suchte gerade nach einer Kappe, als Thea Santos vor ihr stand, das lange Haar seidig gekämmt, geschminkt, als sei sie auf dem Weg zu einer Gala und nicht in die Schule. Der schlichte Rock und die Turnschuhe im Kontrast dazu.

So früh schon auf? Sonst fange sie doch später an.

Die Iglhaut erklärte, sie habe einen wunderbaren Plan und die Morgensonne so einen Zauber. Da komme sie auch mal früher raus.

Funkelnde, in Schminke gebettete Augen. Was für ein Plan denn? Welcher Zauber?

Als sie erklärte, sie breche auf zu einer Wanderung, verglühte der Funke in Theas Augen. Genauso gut hätte sie ihr sagen können, sie müsse ihre Steuerunterlagen zusammensuchen, um sie dann über Stunden mit einer Person in grauem Anzug zu besprechen, bei einem Gläschen Magenbitter.

Theas freimütige Enttäuschung rührte die Iglhaut. Lieb auch, wie Thea davon abzulenken suchte. Sie begann einen Satz, holte ihr Telefon heraus, steckte es wieder ein, bückte sich, nestelte irgendwas am Boden, zog das Telefon noch einmal heraus, rieb über das Display wie über eine Wunderlampe.

Kein Geist kam heraus, der leuchtete aus ihr, auch hinter ihren abgebrochenen Sätzen. Eben noch war sie als winzig kleines Mädchen an Valerias Hand hier durchs Karree gestolpert, und jetzt schimmerte da schon Erwachsenes an ihr.

Ein bisschen wie bei Jasmina aus der Vorderhaus-WG, dachte die Iglhaut, nur viel zuvorkommender.

Die Kappe hing am Haken unter einem Kittel. Die Iglhaut schulterte den Rucksack. Da wurde Thea selbst zur Wunderlampe. Aus ihr stieg Valeria, schüttelte den Kopf: So könne sie nicht los ... Thea packte Iglhauts Schultergurte, justierte mit geschickten Handgriffen, nahm Abstand, um zu prüfen, ob der Rucksack besser saß, rüttelte, noch nicht zufrieden, wieder an den Gurten, nickte dann wie die Mutter, wenn die mit etwas einverstanden war, bis sie auf ihrem Telefon die fortgeschrittene Uhrzeit sah. Thea, wieder Schülerin, rannte los.

Die Iglhaut beorderte die Kanzlerin an ihre Seite, stapfte hinterher. Der Imbiss war noch nicht geöffnet, die Eingangstür aber nur angelehnt. Herakles winkte sie herein. Er stellte eine Papiertüte vor ihr auf den Tresen: Fladenbrot und Auflauf, die frisch aus dem Ofen kamen.

Die Iglhaut bedankte sich, schaute in die Tüte, sagte, sie brauche nur die Hälfte, werde aber natürlich alles zahlen.

«Ganz sicher nur die Hälfte?», fragte Herakles zweifelnd, als er einen Teil wieder auspackte.

«Um nicht so viel zu schleppen», antwortete die Iglhaut.

Sie nahm die neu gepackte Tüte, legte Geld auf den Tresen. Herakles kramte in der Kasse nach den passenden Münzen, als dürften es nur die frisch polierten sein.

Die Iglhaut in Eile. Sie müsse los, die Bahn.

«Warte kurz», bat er, den Kopf in der Kasse. «Kennst du das neueste Gerücht?»

Den Regionalzug hatte die Iglhaut gerade so erreicht. Die Türen gingen direkt hinter ihr zu. Sie schob den Rucksack ins Gepäckfach, setzte sich und holte die Kanzlerin auf ihren Schoß. Die drehte den Kopf zum Fenster, fixierte mit springenden Augen die vorbeisausende Landschaft.

An der Bahnstation nahmen sie den Bus zum Fuß des Berges. Das Tal lag noch im Schatten. Die Iglhaut zog ihre Kappe tiefer in die Stirn, sah zu, wie Ausrüstung aus Autos wanderte, um gut Gerüstete noch tauglicher zu machen. In ihrem Rucksack knisterte hörbar Herakles' Verpflegung. Schönes Geräusch, es übertönte nur nicht die Parkplatzgespräche über Rekordzeiten zum Gipfel, Wunsch nach Alkohol, schon vor dem Frühstück, Witze, die nur komisch waren, wenn man sich diesen Wunsch schon vor dem Frühstück erfüllt hatte.

Die Iglhaut beeilte sich, fort von dem Sammelpunkt zu kommen. Der Anstieg zuerst sanft und asphaltiert, ihre Bergschuhe noch immer auf fremdem Terrain – erst bei einer niedrig gelegenen Weide griffen die Sohlen in die Spuren derer, die früher aufgebrochen waren.

Die Kanzlerin, gelockt von fernem Kuhgeläut, konnte sich nicht entscheiden, ob sie über das weite Gras tänzeln oder sprinten sollte. Die Iglhaut beobachtete den juchzenden Hund. Diese Kanzlerin war einfach eine feine Begleitung. Sie zog sie den meisten Menschen vor und ihrem Klatsch und Tratsch. Das Gerücht, das Herakles ihr mit dem Restgeld mitgegeben hatte, war nicht neu, aber eine andere Variante.

Neuerdings komme diese Schriftstellerin zu ihm in den Laden, hatte Herakles gesagt, und sie horche ihn dabei aus, als ob er das nicht merke!

Die Iglhaut nickte, das Gefühl kenne sie.

Herakles mutmaßte aber, die Schriftstellerin schreibe ein Buch über ihn, die Mama, den Imbiss und seine Gäste.

«Stell dir mal vor: ein Imbiss-Roman! Da hab ich ihr gleich Stoff gegeben.»

Eine wilde Mischung aus Irrsinn und Phantasie habe er der Schriftstellerin aufgetischt, korrigierte die Mama von hinten.

Als wäre das nicht genau, was es brauche!, so Herakles' Rechtfertigung. Über sie, die Iglhaut, habe er natürlich nur Gutes berichtet. Nicht nur in Sachen Trinkgeld und Appetit – alles an ihr beweise Kenner- und Könnerschaft.

Als die Iglhaut einwandte, dass ihre Werkstatt nur schwerfällig laufe: «So war das doch nicht gemeint! Wie du eben dein Leben lebst.»

Lebenskunst?, habe die Schriftstellerin sich dann notiert. Allerdings mit Fragezeichen – das habe er nicht mehr korrigieren können.

Herakles tätschelte abwesend ihre Hand. Das Geplänkel zwischen ihnen war in letzter Zeit mehr und mehr zur Folklore geronnen. Auch wusste sie von der Mama, dass es da immer wieder jemanden gab. Valeria, an der Herakles im Imbiss sein Spanisch auffrischte, hatte einmal ergänzt, «jemand» schließe alle Geschlechter mit ein.

Wie auch immer. Die Schriftstellerin recherchierte also für einen Imbiss-Roman. Eine Nebenrolle als großzügige Kundin könnte ihr schon gefallen. Auf Hauptfigur im Nachbarschaftsplot hätte sie schon viel weniger Lust. Und im Ernst. Als könnte man die Komplexität einer Iglhaut so einfach bannen …

Sie labte sich an ihrer Einzigartigkeit und pfiff nach der Kanzlerin, die mit den Hinterbeinen in einem Loch scharrte. Dann bog sie ab auf einen Pfad, der mit blau gefärbter Kerbe ausgewiesen war.

Weil die Bewegung ihr Hirn auf Trab brachte, kam die Iglhaut nicht umhin, sich die Geschichte auszumalen. Eine Sommerliebe für den Imbisskunden Ronnie L. schwebte ihr vor. Ein neues und größeres Heim für Valeria und Thea. Und eines für Großfamilie Ivanović. Für Tildi weniger Schmerzen und Elsbeth, die noch lebte. Blitzscheidung für die Zenkerin wäre auch eine Idee.

Und für sie selbst? Spätes Kinderglück und statt der Werkstatt eine gut gehende Manufaktur –

Ein Schmerzenslaut. Die Iglhaut war gegen einen Stein getreten, der anders flog als kalkuliert. Er traf die Kanzlerin.

Die Iglhaut fiel auf die Knie, wiegte das liebe Tier und flüsterte Entschuldigung. Mehrmals, vielmals, oftmals. Auch für das klebrig-süße Ende, das ihr sofort peinlich war.

Der Kanzlerin gefiel es in der Sänfte ihrer Arme. Sie trug den Hund ein gehöriges Stück bis an eine Gabelung. Ein Jogger kam ihr auf Zehenschuhen entgegen, grüßte, war schon viele Meter weiter, als die Iglhaut seinen Gruß schwer atmend erwiderte. Bergauf am Hang war sie längst nicht mehr so flott unterwegs. Den Rucksack spürte sie zwar kaum – optimal angepasst von Thea! –, doch ihre Oberschenkel brannten.

Die Iglhaut versuchte, sich von der Anstrengung abzulenken und sich auf die Natur, die sie umgab, zu konzentrieren. Sie bewunderte solche Menschen, die jeden Strauch bestimmen konnten und Moose unterscheiden, deren Finger in die Höhe schnellten, um den seltenen Vogel noch im Vorüberfliegen korrekt zu benennen. Sie selber mochte die Natur, doch wenn sie ehrlich war, stakste sie darin herum wie in einem Themenpark, dessen letzte Station das Picknick auf dem Gipfel war.

Oben herrschte das passende Gedränge. Handykameras, belegte Brote, Bananen, Power-Riegel, Flachmänner. Die Iglhaut schnäuzte sich, holte den Reis für die Kanzlerin heraus, trank eine halbe Wasserflasche, naschte von Herakles' Verpflegung, obwohl sie noch gar nicht hungrig war.

An der Gondelstation band sie den Hund an und suchte die Toilette. Im Spiegel hinter ihr schwebten die Ausflügler schon wieder hinunter. Spontan entschied sie sich für den Fußweg ins Tal.

Ihre Stiefel waren jetzt ganz in ihrem Element, ihr Körper leider nicht. Das tiefe Sohlenprofil verhinderte zwar, dass sie den Abhang hinabrutschte, doch ihre Knie jaulten. Trotzdem lag die Hälfte des Weges schon hinter ihr, als sie bemerkte, dass ihr vor Hunger schwindelig war.

Mama und Herakles hatten mitgedacht, nur Proviant eingepackt, der auch kalt noch schmeckte. Das frittierte Brot war herrlich weich. Eigentlich …

Die Iglhaut ächzte, hob die Hand zum Kiefer und spuckte Timmis Krone aus. Was war denn das für eine Wendung?

Nicht der Rede wert, beschloss sie, sie wollte zur Abwechslung mal andere Probleme.

Auf den letzten Metern konzentrierte sich die Iglhaut ganz auf die Schmerzen in ihren Knien.

HOLZWERKSTATT IGLHAUT

Auftrag 16

Holzschatulle, verschließbar (Kiefernholz)

Den Hexen-Gutschein hatte sie in der Werkstatt gefunden, an dem Tag, als die Iglhaut in die Berge war. Er hatte auf dem Boden gelegen, aber die paar Fußabdrücke machten sicher nichts. Außerdem stand kein Ablaufdatum drauf.

Thea hatte den Gutschein aufgehoben, heimlich eingesteckt und dann der Iglhaut ihren Rucksack eingestellt, weil die Nachbarin hatte wie eine Erstklässlerin ausgesehen, die noch nie einen Ranzen aufgehabt hatte.

Bevor sie sich in den Hexenladen wagte, hatte sie noch einen Post als @LaDiosa abgesetzt. Fühlte sich irgendwie sicherer an, wenn sie ihren Standort angab, als Hinweis, falls sie dort verloren ging. Was unwahrscheinlich war, aber nicht ganz unmöglich. Der Laden war schon eigenartig.

Von außen. Drinnen war Kiosk-Atmosphäre. Die Verkäuferin, der sie den Gutschein gab, war gleichzeitig die Hexe. Bisschen Buckel oder Warze hätte Thea eigentlich erwartet. Aber diese Nurja hatte ein richtig gutes Make-up, darunter so reine Haut, das sah nach Fruchtsäurepeeling aus. Sie bat Thea, hinter dem Vorhang an einem Holztisch Platz zu nehmen.

Setzte sich ihr gegenüber und fragte: «Welches ist deine aktive Hand?»

Da wurde es schon kompliziert. Mit rechts schrieb sie, aber alles, was sie am Telefon machte, tippte sie mit links.

Nurja schien die Antwort nicht zu irritieren. Dann sei sie klar Rechtshänderin. Das Telefon müsse aber im Flugmodus sein, sonst störe es ihre Schwingungen.

Ziemlich altmodisch, fand Thea und stellte trotzdem ihr Telefon ab. Enge in der Brust, als das Netz und damit der Zugang zu @LaDiosa schwand.

Nurja strich ihr die Finger aus, knetete Handfläche und Ballen, eine Massage, die ihr guttat. Dann zog sie ihr allerdings die Fingerknöchel auseinander und sagte irgendwas von unterdrücktem Wissen, das sie hier an sie weitergebe.

Das fand Thea komisch. In ihrem Telefon gab es alles, man musste nur suchen. Über die Uiguren hatte sie sich schon informiert, sich DNA-Sequenzierung und die Urknalltheorie erklären lassen, und wenn man drei, bald irgendwann vier Sprachen beherrschte, so wie sie, gab es gleich noch mehr Wissen zu finden.

Dann ging diese Nurja einfach davon aus, sie sei hergekommen, um etwas über die Liebe zu erfahren. Gut, Liebe war nicht komplett uninteressant, aber Thea hatte keinen Platz dafür in ihrem Leben. Jemanden zum Küssen mit nach Hause nehmen ging höchstens in der halben Stunde, wenn sie aus der Hausaufgabenbetreuung kam und Mamita noch bei der Arbeit war. Die Hexe zu der Frage zu bringen, ob und wann sie in eine größere Wohnung umziehen könnten, war gar nicht so einfach – sie schien es nicht interessant genug zu finden. Wahrscheinlich bewohnte diese Nurja ein Häuschen am Stadtrand, komplett mit Gästebad und Wintergarten, mit Bimmelglöckchen und geschliffenen Scherben, die in der Sonne blitzten.

Nurja tippte auf den Handballen am Daumen und sagte, die wichtigste Behausung sei der Körper.

Bedeutungsvolle Pause.

Okay?

Thea wartete, dass noch was kam.

So war es auch. Die Hexe fing an, sich zu schütteln, sie brummte und blies die Backen auf. Heftiges Beben der Nasenflügel. Thea fragte sich schon, ob da vielleicht wirklich ein Geist … als Nurja wieder die Augen öffnete und Theas schulaktive Hand schlagartig fallen ließ. Sie presste die Hände flach auf den Tisch, wie um ihn am Wegfliegen zu hindern.

Aber was danach kam, unfassbar enttäuschend! Als Thea aus dem Laden trat, schwor sie sich, nie mehr einen Fuß da hineinzusetzen. Ihr Atem ging schwer, als hätte ihre Lunge schon wieder nicht genug Raum. Sie holte ihr Telefon aus der Rocktasche, gab mit links das Passwort ein, um das Telefon zu entsperren. Da war sie wieder @LaDiosa und fühlte sich gleich wohler.

Das wollte sie festhalten. Thea schürzte die Lippen und machte ein Foto von sich.

WÜNSCHE

Nach ihrer Rückkehr aus den Bergen wurde im Karree schon wieder diskutiert. Die Iglhaut und ihr Befinden. Die Iglhaut und ihre Unvernunft.

Was stimmte: Sie hatte das neuerliche Bröckeln und Ziehen in ihrem Kiefer nicht ernst genug genommen. Wie auch? Wo sie und ihr Konto definitiv mit dem Thema abgeschlossen hatten. Kaute sie eben nur noch auf einer Seite. Schluckte die Schmerzmittel, die von der Handverletzung der Mutter übrig waren. Pah.

Doch Lila trug den Horror der Intensivstation als gut gemeinten Rat zu ihr in die Garage. «Glaub mir», sagte sie, «erst ist da nur ein bisschen Blut beim Zähneputzen. Am Ende: Sepsis. Organversagen. Exitus.» Pulte, als sie das sagte, mit dem kleinen Finger zwischen den gesunden Backenzähnen. Kräuterflitter von Herakles mit einem Fitzelchen Huhn?

Lila pustete gegen die Fingerkuppe, als habe sie dafür einen Wunsch frei.

Frau Ivanović als Nächstes: Der Mund sei wie eine Wohnung, die Zähne wiederum das Mobiliar. An sich austauschbar, müsse es eben doch gepflegt und instand gehalten werden.

«Da wir gerade davon sprechen», sagte sie, als hätte nicht sie selbst mit der Analogie von Wohnung und Einrichtung angefangen, «bei meinem Neffen hat sich noch gar nichts getan.»

«Da wir gerade davon sprechen», erwiderte die Iglhaut gereizt, «mein Gebiss hat mit Ihren Problemen gar nichts zu tun.»

Darauf kein Abschiedsgruß, nur ein Arm, der sich hob und senkte, enttäuscht und resigniert.

Uli bleckte die gelbgrauen Zähne. Professionelle Zahnreinigung sei etwas für «die da oben». Er deutete gen Himmel. Aber sie, die hier unten vegetierten, dürften trotzdem den Biss nicht verlieren. Ein zahnloses Volk käme denen gerade recht. Sehe man schon daran, welche Krümel die Kasse in Zahndingen übernehme.

«Für eine Krankenversicherung noch eine Zusatzversicherung? Bei denen piept es wohl.»

Dass es ihm nur um ihre Gesundheit und die vorherrschenden Klassenverhältnisse zu tun war, bezweifelte die Iglhaut. Es war wie bei der Ivanović. Am liebsten redeten die Menschen über ihr eigenes Leid.

Und tatsächlich: Ulis Zigarrenfreundschaft war schon wieder zerbrochen. «Doch Bonze», war die lapidare Erklärung. «Aber im Pelz des einfachen Mannes.» Um dann rhetorisch zu fragen, was der Pelz des einfachen Mannes eigentlich sei.

Die Iglhaut war nur noch Hintergrund mit Ohren, als Uli die Frage im Detail zu erörtern begann.

Spät in der Nacht kam Dori noch überraschend zu ihr. Er brachte Betäubungsmittelnachschub und gute Gründe, ihm die kurzfristige Absage neulich nachzusehen. Er gab sogar zu, die Pläne anderer zu achten, sei nicht seine Stärke. Das habe auch Dunja ihm immer vorgeworfen.

Die Iglhaut, schon dösig von Mutters Schmerztabletten,

beschloss, ihm wieder gut zu sein. Sei es auch nur, um weiteren Dunja-Vergleichen zu entgehen.

Am Morgen stand sie in der Werkstatt wie immer. Solange sie da noch hinkam, konnte es mit dem Zahn so arg nicht sein. Tildis Handläufe (Auftrag 15) waren fertig zur Montage. An dem Badkasten gab es auch nichts mehr zu tun. Doch von der Schriftstellerin sah und hörte sie: nichts. Die schlich sich wohl immer dann aus dem Haus, wenn sie gerade nicht an der Werkbank war.

Die Iglhaut überlegte, ob sie ihr ab jetzt Lagergebühren draufschlagen sollte. Oder ihr das Möbel einfach vor die Tür stellen? Wenn bloß ihr Zahn nicht so schlimm pochen würde …

Valeria sah sie gar nicht mitleidig an: «Komm, sei mal ehrlich», sagte sie, «ganz tief in dir drin freust du dich doch, weil dir DeinTimmi bald wieder das Kinn streicheln kann.»

Für diese Frechheit erhob die Iglhaut den Hammer.

Valeria nahm rasch eine Zange von der Wand. «Wenn du nicht aufpasst, ziehe ich dir einen weiteren Zahn, damit DeinTimmi noch mehr zu tun hat. Und am Ende wird das so schön, dass du dich bei mir bedanken willst.»

Die Iglhaut ließ den Hammer sinken. Konnte nur sprachlos zusehen, wie Valeria die Zange klappern ließ, als wär's ein Gebiss. Dazu ein Blick, der sagte: Sei nicht so spießig, Iglhaut! Außerdem wäre es immer noch herrlich, du würdest der Frau Doktor eins reinreiben.

Das verfängt doch nicht bei mir, sagte sich die Iglhaut.

Sagte sich später: Ehrlich. Kein Stück.

Und: Es gibt über tausend Zahnärzte in der Stadt.

Aber noch später: Andererseits, die Nummer hab ich schon.

GLEICHMUT

Nervös, die Iglhaut, vor ihrem Termin. Den Vormittag über wechselte sie dreimal Hemden, die sich nur darin unterschieden, wo ein Farbfleck bei der Wäsche nicht rausgegangen war. Am Ende zog sie wieder das erste an. Dazu ihre Stiefel, nicht die Budapester, obwohl die mittlerweile eingelaufen waren.

In der Werkstatt machte sie endlich das Spielzeug fertig. Genau das Richtige, um sich die Zeit und unnötige Gedanken zu vertreiben.

Und dann waren ihre Sorgen wirklich ganz unnötig gewesen. MeinTimmi begrüßte sie wie eine alte Bekannte und nicht wie eine verflossene Opernprovokation. Geblieben war das «Du». «Du, da müssen wir tatsächlich noch mal ran», sagte er, setzte die OP-Maske auf und kittete den Zahn. Ohne Umstände und Zusatzkosten.

Die Iglhaut, erleichtert, richtete sich im Stuhl auf und wollte wieder los. MeinTimmi hielt sie zurück.

«Hast du gerade Stress?»

Die Frage überraschte die Iglhaut. Sie hob die Schultern.

MeinTimmi schob die Ärmel seines fleckfreien weißen Pullovers nach oben. Schöne Unterarme. Der Stoff wölbte sich über seinem Bizeps. Wolkenformationen aus Jersey. «Ohne Schiene zermalmst du mir meine ganze Arbeit.»

«Zähneknirschen ist mittlerweile Volkskrankheit», sekundierte die Dentalassistentin, die neben ihn getreten war. «Betrifft fast siebzig Prozent unserer Patienten.»

«Na dann.» MeinTimmi klopfte der Iglhaut freundschaftlich auf den Rücken. «Machen wir doch gleich einen Termin!»

Womit bewiesen wäre, sagte die Iglhaut sich draußen, dass auf seltsame Begegnungen wieder alltägliche folgen konnten. Eine gute Erfahrung, die man viel zu selten machte.

Schmerzfrei und zufrieden stieg sie aufs Rad. Sie würde noch Blumen besorgen, Sonnenblumen, für sich und für die jungen Eltern.

Im Gartenhaus horchte sie kurz an der Tür, alles still, da wollte sie lieber nicht stören. Sie legte die Blumen vor der Tür ab, daneben das Holzspielzeug. Ein Igel hatte es werden sollen. Na ja. Die Augen, die stumpfen Stacheln erinnerten eher an den gewissen Kobold, den Jasmina gern zitierte. Aber sie hatte das Holz fein abgeschmirgelt, ein Handschmeichler war es geworden, immerhin. Als sie das Spielzeug zu den Blumen legte, fühlte sie sich, als habe sie etwas Gutes vollbracht.

Zurück in der Werkstatt, schaute auch schon Uli vorbei. Ihm sei wieder eingefallen, was der Pelz des kleinen Mannes sei: die Haare auf den Zähnen.

Die Iglhaut, die sonst oft mürrisch auf Ulis Humor reagierte, lächelte. Gefiel sich darin, Uli anzunehmen, wie er war. Sie hatte reparierte Zähne und Grund zu der Annahme, dass es so blieb. Dass eine neue Zeit anbrach.

Eine Zeit der Gleichmut für die Iglhaut?

Zur Prüfung verbrachte sie den Nachmittag mit ihrer Mutter – und regte sich nicht auf. Wegen der Sache mit der Geburtstagshand hatte die Mutter einen Workshop gemacht: Narbenlesen. Erstaunlich und sehr aufschlussreich.

«Woraus, bitte, könnten wir mehr lernen als aus unseren Narben!», hatte die Mutter geschwärmt und die Iglhaut sich sagen hören:

«Bewundernswert, wie du noch aus den dümmsten Unfällen etwas Sinnvolles herausbekommst für dich.»

Am Abend sah sie mit an, wie der Vater ihren Hund mit Ragout zu locken versuchte, ihr Inneres unbewegt wie ein windstiller See. Die Kanzlerin schnupperte, kräuselte die Schnauze und ignorierte von da an die Bemühungen des Vaters. Einmischung war gar nicht vonnöten.

Bis über den Nachtisch hinaus hörte die Iglhaut zu, wie der Vater sich über einen Softwarefehler in einer App beschwerte, ja sie genoss es wie eine Symphonie, von der sie jede Note kannte. Als er sagte, er habe sich in Kafkas *Schloss* versetzt gefühlt, trillerte sie innerlich mit.

Sogar Thea sagte sie zu. Das Mädchen hatte sie gefragt, ob sie ihr eine verschließbare Schatulle anfertigen könne, um ihre Wertsachen darin zu verwahren.

Aber ja, machte sie gern.

Nur wollte Thea die Arbeit, wie sie sagte, auch dokumentieren, und die Iglhaut genoss es nicht sonderlich, beobachtet zu werden, geschweige denn gefilmt. Der neu gefundene Gleichmut bedeutete aber, dass sie nicht nur zustimmte, sondern sich von Thea nach einer ersten Kameraprobe auch noch die Hände cremen und feilen, kurz: eine Maniküre machen ließ.

Während der Lack trocknete, klemmte Thea ihr Telefon in ein Stativ und holte eine Ringleuchte, die sie daneben aufstellte. Dann startete sie die Aufzeichnung: «Und Action.»

Die Iglhaut begann, ein Brett aus Kiefernholz auszumessen, warnte, dass das nun einige Stunden dauern werde, Thea könne ruhig derweil etwas anderes machen. Hausaufgaben zum Beispiel.

Thea schaute noch mal, ob das Stativ stabil stand. «Längst erledigt», sagte sie. «Ich bleibe hier. Schon um die Aufnahme zu überprüfen.»

Von da an hob sie den Blick kaum noch vom Display. Immer wieder nickte sie zufrieden. Das sich ändernde Tageslicht glich sie aus, indem sie die Ringleuchte hierhin und dahin verschob, mit einer Wendigkeit, die der Iglhaut imponierte.

Unter dem Licht, im Fokus der Kamera und mit dem neuen Lack, der den Spalt in ihrem Mittelfingernagel verdeckte, fühlte die Iglhaut sich, ja, *veredelt.* Dachte das und klemmte sich schon den Daumen. Zog im Reflex den Finger vorschnell heraus. Fluchlaut. Dann kam der Schmerz.

Thea war aufgesprungen, zoomte näher heran, flüsterte andächtig: «Die Haut des Igls kann also bluten.»

Das war so rührend kindlich, die Iglhaut konnte ihr die sensationsgierige Kamera irgendwie nicht übel nehmen.

Nachdem sie den Finger verpflastert hatten, verfielen sie beide wieder in ein Schweigen. Iglhaut kümmerte sich um das Analoge, Thea um den Rest.

Das Mädchen wusste, wie man auf engem Raum miteinander umging. Sie hatte Übung darin. Nicht viele, dachte die Iglhaut, beherrschten diese Kunst. Die Kanzlerin, klar. Dori kam dem Ideal momentweise nahe, aber dann spülte er einen Topf, und danach war die Küche überschwemmt. Außerdem war er ein Fersentreter. Sogar wenn er barfuß durch die Wohnung ging, klang es, als hätte er Klötze unter den Füßen: jeder Schritt ein Knall.

Theas Kästchen war beinahe fertig. Sogar ein Vorhängeschloss mit zwei Schlüsseln hatte die Iglhaut dafür parat. Thea zog ihr Telefon aus dem Stativ und ließ die Kamera über das Werkstück in Iglhauts Händen schweben. Vollführte einen Schwenk und sagte, wie nebenbei:

«Ich habe übrigens den Gutschein benützt, der bei dir am Boden lag. Hoffentlich war das okay?»

Die Iglhaut, fester im Bann der Kamera, als sie es für möglich gehalten hätte, fragte abwesend zurück: «Welcher Gutschein?»

«Der für die Hexe ums Eck.»

Erst nach und nach sickerte es zu ihr durch.

«Was heißt, du hast ihn benutzt?»

«Für eine mediale Beratung. Bei dieser Nurja.»

Die Iglhaut schloss die Augen, wusste nicht, auf wen sie wütender sein sollte, auf sich oder auf diese Nurja. Einem Kind deutete man doch nichts!

Thea schien ihre Aufregung zu spüren. «Keine Sorge. War eh lustig. Weißt du, wenn die eine gute Hexe wäre, dann hätte sie nicht so einen schrabbeligen Laden bei uns in der Nähe.»

«Thea, es geht nicht darum, ob die eine gute Hexe ist oder eine schlechte. Sie ist gar keine.»

«Hey», sagte Thea, ohne den Blick vom Display zu lösen. «Wenn die sich als Hexe fühlt, dann ist das ihr absolutes Recht.»

Die Iglhaut hob die Arme.

Thea stoppte die Kamera und lachte. Mit einer übertriebenen Geste packte sie Iglhauts Arm, zog die Handfläche zu sich, strich darüber, wie über etwas Knittriges, das glatt gebügelt gehörte, und machte Schmatzgeräusche.

«Iglhaut, Iglhaut … In deinem Leben wird sich erst etwas ändern, wenn große Umwälzungen in der Welt stattfinden, Veränderungen, die jeden, wirklich jeden, betreffen.»

Die Iglhaut lachte erleichtert. «Damit kannst du eigentlich schon selbst einen Hexenladen eröffnen.»

Thea hatte ihre Hand losgelassen und filmte weiter. «Ja, warum eigentlich nicht? In meinem Alter sollte man offen für alles sein. Vorschlag für dich, Iglhaut», sagte sie, sagte es aber mehr für die Kamera. «Wenn ich einen Hexenladen eröffne, lasse ich alle Flugbesen von dir produzieren. Deal?»

Die Iglhaut wollte gerade Flugbesen mit Telefonhalterung für Luftaufnahmen versprechen, als sie merkte, dass Thea um Atem rang. Tränen stiegen ihr in die Augen, sie drehte sich weg. Es schüttelte sie.

Die Iglhaut wusste nicht, was tun. Sie in den Arm nehmen? Kurz fürchtete sie, es könnte am Holzstaub hier liegen. Oder an einem nicht ganz dichten Tiegel?

Iglhaut, Iglhaut! Erst mit blöden herumliegenden Gutscheinen das Mädchen zu einer Hexe schicken und dann in eine Atemnot.

Thea hatte sich wieder umgedreht. Die Iglhaut sah zu, wie das Mädchen die Kamera ausschaltete, eine App öffnete, Nachrichten las, selbst welche tippte. Ein Foto verschickte, fast umgehend Antwort bekam, sie mit einem Herz versah. Eine weitere App und noch irgendeine digitale Aktion, innerhalb eines Spiels, so schien es, und allmählich wirkte sie wieder ruhiger. Ihr Atem ging langsamer, wurde tiefer.

«Den Schluss habe ich jetzt nicht mehr drauf», sagte Thea, als sie wieder sprechen konnte. «Da müssen wir später noch mal ran, okay?»

Thea, knapp dreizehn, Panikattacke und Vollprofi-Ton.

HOLZWERKSTATT IGLHAUT

Auftrag 16

Holzschatulle, verschließbar (Kiefernholz)

Was hatte sie sich eigentlich von der Hexe erhofft? Wahrscheinlich eine Weissagung, einen konkreten Termin, wann das hier vorbei war. Wann sie herauskam aus ihrer Höhle, aus ihrem Bau, aus ihrer Wabe, ihrem Kokon.

Um vom Hochbett herunterzukommen, musste sie flach zur Leiter robben. Hinein schlängelte sie sich. Oder flutschte sie. Oder krabbelte, wieselte, kroch, schob, verstaute sich. Im Schneckenhaus, Kabinett oder Wolkenheim.

Ihr Reich unter der Decke war schon okay, sagte sich Thea. Mamita hatte eine Leiste installiert und einen Vorhang genäht, damit sie für sich sein konnte. Ihr Bett musste auch nicht tagsüber zum Sofa werden. Mamita machte das jeden Tag. Aufstehen, ihre Bettsachen in einem Rollfach verstauen, dafür große Kissen herausholen, um ihre Matratze zur Couch umzubauen. Für Thea gab es «den Schreibtisch im Westflügel», also die aufgebockte Holzplatte am Fenster, die sich verstauen ließ, wenn jemand zu Besuch kam. Mamita hatte ihr eigenes Büro, das sehr praktisch in der Teeküche gelegen war, die sich außerhalb der Arbeitszeiten in ein Esszimmer mit angeschlossener

Küche verwandeln ließ. Sie wohnten nämlich in einem Vielwörterpalast mit so vielen Zimmern, wie es Bedürfnisse gab.

Manchmal half es aber nicht, das Bett in der oberen Etage «Himmelreich» zu nennen. Auch wenn es da kuschlig war, gab es Höllennächte, in denen Thea keine Ruhe fand vor Furcht, sie könnte im Schlaf derart rapide wachsen, dass sie morgens zwischen Bett und Decke feststeckte. Im Halbschlaf spürte sie ihre Knochen wachsen! Hörte, wie ihre Haare länger wurden und ihre Haut sich dehnte. Ein Jucken im großen Zeh, und die Nacht machte ihn groß wie Blumenkohl.

Gekommen waren diese Ängste mit einem anderen Schreck. Eines Morgens hatte sie eine Schwellung an ihrer Brust entdeckt. Ihr erster Gedanke war Krebs gewesen. Krebs schmerzte lange nicht. Das wusste sie von Oma Thalbach. Das war nicht Nana, Mamitas Mutter, sondern die ihres Vaters. Oma Thalbach hatte Krebs in der Brust gehabt. Und die Nachbarin von oben war dran gestorben!

Thea musste ein Schluchzen unterdrücken. Krebs, das war erblich. Sie also jetzt auch. Mit zwölf. So früh! Sie hatte versucht, den Krebs vor Mamita zu verbergen. Nur: Irgendwann hatte sie es nicht mehr ausgehalten. Mamita hatte sich die Wölbung angesehen und zu lachen angefangen und dann doch mit ihr geweint.

«Meine Kleine», hatte sie gesagt, «du bist nicht krank. Auch wenn Frausein manchmal die Pest ist.»

Die Angst vor dem Krebs war danach verschwunden, nicht aber die Furcht, einen schiefen Busen zu bekommen, der im Hochbett keinen Platz mehr hatte. In ihrer ersten Kindheit hatte Thea noch ein eigenes Zimmer gehabt, mit einem Vater, der entweder gar nicht aufstand oder durch die Wohnung ging und sich beschwerte: Hier sei es nicht sauber genug, und dort habe sich Staub angesammelt, die Wäsche sei nicht so gefaltet wie in jedem anderen «normalen Haushalt».

Der «normale Haushalt», davon konnte der Vater ständig reden, wenn er nicht schwieg. Und Mamita hatte sein Haushaltswissen umzusetzen, aber dafür, sagte der Papa, sei sie (die zeitgleich ihren Abschluss machte, arbeiten ging und sich um Thea kümmerte) wohl zu beschränkt.

An einem Wochenende, als der Vater zu Oma Thalbach gefahren war, packte die Mamita Theas Rucksack und sagte: «Wir verreisen auch.» Thea hatte erst allmählich verstanden, dass es von hier kein Rückticket mehr gab. Dafür viele neue Wörter und die Platzfrage.

Wenn Thea sich etwas wünschte, dann war die erste Überlegung, ob sie dafür Raum hatten. Meistens war die Antwort der Mamita: Nein. Etwas musste sich falten oder knicken lassen, es musste flach verstaubar sein. Eine Weile hatte der Vater, wenn sie sich trafen, extragroße Geschenke mitgebracht, die Thea annahm, bis sie merkte, wenn die Sachen in der kleinen Wohnung im Weg standen, machte das dem Vater mehr Freude als ihr.

In letzter Zeit musste Thea wieder öfter an den «normalen Haushalt» denken. Wenn sie an ihrem Schreibtisch saß oder auf der Couch, konnte die rasende Angst sie überfallen, sie werde so groß und selbst zu einer Platzfrage werden, wenn sie nicht abstaubte, wegwarf und schrubbte, sich selber wusch und peelte, einfach alles loswurde, was ihr den Atem nahm.

Entspannt fühlte sie sich nur an ihrem Telefon. Da konnte sie sich ausbreiten, Herzen sammeln ohne Bedenken, dass es irgendwann zu viele sein könnten. @LaDiosa war nur geschminkt komplett. Mit Cat Eyes, Lipliner und Filter kam sie noch schneller, noch weiter, noch schöner herum.

Wobei. Nicht alles in Theas Telefon war wunderbar. Jeden Tag musste sie Fotos sperren und Nachrichten melden. Wo es Platz für alle gibt, ist eben auch Raum für alles, sagte sie sich, wenn wieder etwas total Ekliges oder Fieses gekommen war.

Aber die vielen Herzen, die meist guten Kommentare hatten das aufgefangen. Gut waren auch ihre Chats mit @KlimaWut. Erst hatten sie sich beim Gamen zu einem Team verbündet, nebenher aber bald mehr gechattet als gespielt. @KlimaWut hatte auch zu helfen versucht, als Theas Panik groß und größer geworden war und auch das Telefon gar nichts mehr half. Sie hatte irgendwas erklärt, dass man seine Gefühle abschalten und wegsperren kann. Wobei man sie dann allerdings wieder mühsam aktivieren musste.

Thea hatte das versucht, aber es war ihr nicht gelungen. Sie fragte ihr Telefon um Rat. Fand Tipps. Die waren aber komisch, das Telefon riet quasi von sich selber ab. Pausen sollte man machen, das Telefon aus der Hand legen, länger, auch wenn das erst mal schwer war.

Also nicht die Gefühle wegsperren, sondern das Telefon? Unmöglich, dachte Thea, und hatte am Ende doch eine Idee gehabt.

«Hast du manchmal Angst, was passiert, wenn deine Kinder Teenager werden?», fragte die Iglhaut Dori am Abend. Der Tag mit Thea ging ihr irgendwie nach.

Dori strich ihr über die rundum schmerzlose Wange, lächelte müde. Bei solchen Fragen, sagte er, habe er zuweilen das Gefühl, sie lebten in verschiedenen Welten. Er habe Angst um seine Kinder schon vor ihrer Zeugung gehabt.

«Wenn du sie dann an den Sicherheitsleuten vorbei in den Kindergarten und in die Schule gehen siehst ...» Dori öffnete ein Bier für sie und für sich. «Diese paar Wochen im Sommer, die sind auch Urlaub von Deutschland.»

Er prostete ihr zu. Die Iglhaut musste daran denken, wie kleinkrämerisch sie neulich den gescheiterten Ausflugstag gegen Doris Sommerpläne aufgerechnet hatte.

Sie saßen vor dem Gartenhaus auf der Veranda, schauten zu, wie der Tag über den Dächern verglomm. Dori war heute früher aus der Kanzlei gekommen, schon im Morgengrauen ging sein Flug.

Ihr Herz machte einen unruhigen Hüpfer. Dori aber war ganz entspannt. Er hielt ihre Hand, sprach vom Fliegen, als wären es nur zwei Stationen mit dem Bus. Bewundernswert, fand die Iglhaut. Obwohl ihre letzte Flugreise gar nicht lange zurücklag, war es für sie nicht selbstverständlicher geworden. Vielleicht lebten sie auch in dieser Hinsicht in verschiedenen Sphären. Zeitweise zumindest, dachte sie und legte ihre Füße in seinen Schoß.

Die Dentalassistentin nahm den Zahnabdruck für die Knirschschiene, da war Dori schon hoch in der Luft. Sie suchte nach einem passenden Mundlöffel. Der erste zu groß, der zweite passte, reichte aber nicht bis ganz zu den hinteren Backenzähnen. Die Dentalassistentin kramte in einer Schublade, holte eine Tüte weiterer Mundlöffel hervor, schüttelte die, als würde sich die passende Form so schneller hervortun.

Die Dentalassistentin war mit der Auswahl nicht zufrieden, entschuldigte sich und verließ das Zimmer.

Die Iglhaut lag auf dem Behandlungsstuhl, Latz um die Brust, schaute auf eine gerahmte Fotografie, bei der es nicht viel zu schauen gab: wehendes Weizenfeld und Sonnenuntergang.

In das Behandlungszimmer führten zwei Türen. Beide waren nur angelehnt. Hinter der einen hörte sie die Frau Dr. Kranuschka murmeln. Aus der anderen Richtung hob eine Konversation an, an der MeinTimmi beteiligt zu sein schien. Er scherzte wohl. Jemand lachte. Versetzte ihr das einen Stich?

Die Dentalassistentin ließ ihr keine Zeit, darüber nachzudenken. Als sie zurückkehrte, hatte sie die passende Form dabei. Hinter der Iglhaut ging ein Rührgerät an, aus dem Augenwinkel sah sie, wie die Dentalassistentin eine hellrosa Masse in die Abdruckform spachtelte.

Sie solle den Mund öffnen. Die Dentalassistentin schob ihr die Form zwischen die Kiefer, stemmte sich gegen ihren Gaumen. Die weiche Masse schloss sich wie Bauschaum um ihre Zähne.

Die Dentalassistentin erkundigte sich, ob sie es noch ein wenig aushalte. Die Iglhaut glaubte nicht, dass es wirklich etwas änderte, wenn sie den Kopf schüttelte.

Nach dreimal Würgen war es geschafft. Die Dentalassistentin zog die angetrocknete Masse aus ihrem Mund, betrachtete den Abdruck, lobte das Ergebnis aus Gruben und Vertiefungen. Die Iglhaut beugte sich vor, spuckte Überreste der rosa Masse ins kreisrunde Becken.

Nach dem Termin ging sie direkt in den Supermarkt. Den Einkaufskorb nahm sie nur pro forma – Valeria hatte sie schon entdeckt und winkte ihr vom Gemüse. Sie war gerade dabei, die Auslage neu zu sortieren. Auch eines ihrer Talente: in Zellophan verpackte Ware wie Feinkost drapieren.

Bevor Valeria ein Gespräch anfangen konnte, zog die Iglhaut den Zweitschlüssel zu Theas Kästchen aus ihrer Hosentasche und hielt ihn ihr auf der flachen Hand hin. Valeria legte den Kopf schief und die Hand auf die Brust. «Endlich», sagte sie, «der Schlüssel zu deinem Herzen!»

«Den hast du längst», erwiderte die Iglhaut und erklärte ihr, was es mit dem Schlüssel hier auf sich hatte und zu welchem Schloss er gehörte.

Valeria schaute sich den Schlüssel an. «Danke», sagte sie. «Weiß Thea davon?»

Die Iglhaut schüttelte den Kopf. «Ich wollte erst mit dir darüber reden», sagte sie. «Falls du das Gefühl hast, sie verheimlicht dir was.»

«Mhm.» Valeria nahm den Schlüssel.

«War vielleicht keine so gute Idee?»

Darauf keine Antwort. Valeria steckte den Schlüssel achtlos in die Kitteltasche. Wandte sich wieder der Auslage zu und beachtete die Iglhaut nicht weiter.

Die Iglhaut drehte sich langsam um die eigene Achse, hatte plötzlich das Gefühl, sie müsste Kaufladen spielen. Außer drei losen Karotten fiel ihr nichts ein, das sie kaufen könnte. Am Ende hatte sie dann doch noch Doris Lieblingsschokolade und Popcorn für Tildi in den Korb gelegt.

Valeria wartete heute nicht an der Selbstbedienungskasse und war auch sonst nirgends zu sehen.

Am nächsten Morgen, ein Dienstag, endlich Nachricht von Dori. Sie seien gut angekommen. Aber das habe sie bestimmt schon von ihrem Vater erfahren.

Die Iglhaut reagierte amüsiert.

Ein paar Stunden später, Sommerschwüle drückte durchs Garagendach, saß sie in ihrem zerfetzten Sessel und machte Siesta. Die Blätter des Baums über ihr: angefressen, keine einzige Kirsche, trotz passender Jahreszeit. Sie schrieb Dori, ob sie sich gut akklimatisiert hätten?

Diesmal ließ er sie nicht warten, schickte gleich ein knappes «Ja».

Donnerstag. Die Kanzlerin war in einen Spreißel in der Garage getreten. Der musste in der Tierarztpraxis entfernt werden. Seitdem humpelte sie erbärmlich. Die Iglhaut gab ihr noch ein paar Streicheleinheiten obendrauf. Die fehlten ihr selber ja auch.

Freitagfrüh die Benachrichtigung: Die Beißschiene sei zur Abholung bereit. Natürlich gegen Zuzahlung.

Wochenende. Dori schien es wohl passend zu finden, auf die Spreißelnachricht hin Fotos von Moroder bzw. Conny Plank zu senden. Auf seine alten Tage höre er nun außerdem auf Rick Rubin. *Mit süßen Grüßen – auch von Haya.*

Drei der Fotos zeigten eine Hundezunge, die über die Linse leckte. Wenn es denn eine Tierzunge war …

Abends klingelte es. Die Iglhaut war schon im Pyjama, die brandneue Schiene im Mund. Die Kanzlerin hob neugierig den Kopf, humpelte los. Hinter dem Spion: Valeria.

«Entschuldige, ich weiß, es ist spät.» Valeria bückte sich, um das Knäuel zu streicheln. «Ich hab ein bisschen nachdenken müssen, über die Sache im Markt.»

Die Iglhaut gestikulierte, das habe sie sich irgendwie gedacht.

«Ich sag mir: Die Iglhaut, die ist doch eine Verfechterin von Freiheit und nicht von Kontrolle. Warum tut sie meiner Thea das an?»

«Isch …», warf die Iglhaut schlürfend ein.

Valeria war noch nicht fertig. «Denke mir andererseits: Wenn sich selbst eine Iglhaut Sorgen macht, ist vielleicht etwas dran. Nicht, dass meine kleine Thea mich schont! Mir keine Sorgen machen will, verstehst du? Ich muss nicht alles wissen von meiner Tochter, ich will ein Verhältnis, wo sie mir sagt, was sie will, auch das Schlimme. Gerade das Schlimme.»

Valeria streckte ihr die Hand mit dem Schlüssel entgegen. «Den gibst du mir nur, wenn ich ausführlich und überzeugend begründen kann, dass ich keine andere Möglichkeit sehe. Es muss Gefahr im Verzug sein, wie man so sagt.»

Die Iglhaut zog den Kunststoff von ihren Zähnen. Nahm den Schlüssel. Umarmte Valeria ungelenk. Dann gelobte sie feierlich, sie werde die Gefahrenlage hart und unbestechlich prüfen und keine Argumentationslinie akzeptieren, die nicht auch vor dem Bundesverfassungsgericht standhielte.

Als Valeria nach einer weiteren festen Umarmung gegangen war, verstaute sie die Schiene wieder im Mund und den Schlüssel an einem angemessen geheimen Ort. Sie legte sich ins Bett und wollte noch eine Zeile an Dori schicken.

Ich bin jetzt Valerias Bundesverfassungsgericht, hatte sie schon getippt, löschte es aber wieder, weil: albern und unverständlich.

Über ihr fingen die Zenkers an, lautstark zu streiten. Mal wieder. Sie überlegte, davon zu berichten. Uninteressant, fand sie, über so viele Hunderte von Kilometer hinweg. Unerfreulich sowieso.

Es polterte. Die Iglhaut legte das Telefon weg, nahm Ohrenstöpsel zur Hand. Sie war jetzt doch sehr müde.

Ihr Schlaf eine von Träumen geschiente Nachtstrecke, in der sich die üblichen Greifvögelangriffe abwechselten mit Visionen eines gigantischen Buffets voller Krustentiere, das sie alleine bewältigen musste. Sie aß, sie fraß, die Schalen knackten zwischen ihren Zähnen.

In der Früh war der Nacken steif und ihr Zahnfleisch juckte. Aber kein Bröckeln in ihrem Mund. Die Iglhaut nahm die Schiene heraus, die Ohrenstöpsel, kochte sich einen Kaffee.

Sah: Dori war ihr mit einer Meldung zuvorgekommen. Er schickte Bilder von einem Badeort am Toten Meer.

Von salzverkrusteten Kinderfüßen.

Das war doch nicht Haya im Hintergrund?

Nein, nur eine unscharfe Passantin, sagte sich die Iglhaut. Ganz bestimmt.

Mittwoch. Besuch bei Tildi. Die Iglhaut stand in der Küche und starrte in die Mikrowelle, wo sich die Popcorntüte langsam blähte. Die ersten Körner platzten auf. Dann Mais-Feuerwerk. Die Iglhaut lauschte den letzten Knallern, bekam dabei Lust auf die Schokolade, die sie für Dori gekauft hatte. Sie machte ein Foto von der Popcorntüte, schickte es ihm.

Zurück kam: *Verstehe ich nicht.*

Sie konnte es ihm auch nicht so recht erklären. *Vergiss es. Muss man dabei sein.*

Bald wieder, versprach Dori, aber ein wenig klang es nach Beschwichtigung.

Bevor sie zu Tildi ins Wohnzimmer zurückkehrte, ging sie noch kurz ins Bad. Musste sich plötzlich vergewissern, dass Handlauf und Griffe, die sie montiert hatte, auch wirklich hielten.

Donnerstag. Schon wieder bei Tildi. Das süße Popcorn dampfte noch, als sie die Schüssel auf den Beistelltisch stellte. Tildi drückte ein Kühlpack abwechselnd gegen Stirn und Handgelenke. «Diese Hitze. Geht gar nicht mehr aus der Wohnung.»

Die Iglhaut setzte sich. Tildi griff sich eine Hand Popcorn. «Also, Iglhaut», sagte sie dann, «Termin für Sommerfestplanungstreffen haben wir gestern festgesetzt und auch sonst alles besprochen. Ich freue mich über Besuch, aber so oft beehrst du mich sonst nicht. Ist irgendwas?»

Die Iglhaut schüttelte den Kopf, nein, sie glaube eigentlich nicht.

Die Bruthitze hielt an. Sogar Herakles und die Mama machten frei. Sonst wäre die Iglhaut da einmal vorbei. Der Vater schrieb raunend, er bekoche gerade jemand Neuen, und gab, ohne dass sie darum gebeten hätte, geeiste Suppenrezepte durch.

Von Dori seit vorgestern keine Nachricht, kein Foto, nichts. Nur die Hitze allgegenwärtig. Jasmina kreuzte den Hof, stimmte in die Musik ihrer Kopfhörer mit ein: *Und wir singen im Atomschutzbunker. Hurra, diese Welt geht unter! Hurra, diese Welt geht unter! Auf den Trümmern das Paradies.*

Die Iglhaut sprühte die Kanzlerin mit dem Gartenschlauch ab. Sie räumte lustlos in der Werkstatt herum. Der Schriftstellerin, die an der Garage vorbeischlich, rief sie nicht hinterher. Die erschien ihr noch viel erbärmlicher als sie selbst.

Wer bei diesem Wetter einen Schal trug, der hatte größere Probleme als eine Iglhaut.

Sie lud Ronnie L. zum Gazpacho und brachte doch keine Geduld für ihn auf. Dabei wollte er Wichtiges mit ihr besprechen. Er überlege sich, inspiriert von den kontinuierlich guten Erträgen seines Beets trotz der Trockenheit, erst mal umzusatteln auf Zierpflanzengärtner. Das lasse sich dann irgendwann auch mit dem Webshop besser vereinbaren.

«Wenigstens so Blumen und Bienen.» Sie war zu Gemeinheiten aufgelegt.

Ronnie ließ sich nicht beirren. Schon klar, die Hitze setze ihr zu. Wem nicht? Trotzdem: Könne er Tildi das antun? Sie einfach verlassen?

Die Iglhaut war schon wieder auf ihr Telefon fixiert. Sonst gar nicht ihre Art. Jeder müsse sein Leben leben, sagte sie, um irgendetwas zu sagen, und senkte schon wieder den Blick.

Vom Telefon kam nicht der leiseste Pieps.

Die Nacht endlich kühler als die letzte, die Iglhaut glühte dennoch, träumte etwas, von dem sie sich schon während des Träumens fragte, ob es was Sexuelles war oder ob sie einfach schleunigst aufstehen sollte, um zur Toilette zu gehen. Zurück im Traum: die Assoziation eines von Schmieröl triefenden Roboters. Als sie in tiefster Dunkelheit hustend erwachte, kam sie sich immer noch vor wie ein künstlich verfertigtes Wesen, mit riesigem Mund, das Platinen und splittrigen E-Schrott verschlang.

In der Früh fand sie eine mögliche Erklärung: die Schiene in Teile zerbissen neben ihrem Kopfkissen.

Die Dentalassistentin hatte Urlaub, MeinTimmi war allein in der Praxis.

Da haben sich wohl die Sexgötter zusammengetan, hörte die Iglhaut Valeria flöten.

Der Behandlungsstuhl sei nicht für alle Aktivitäten gleich gut geeignet, sagte MeinTimmi entschuldigend. Vollbeweglich und trotzdem ähnlich ungünstig wie ein Theatersitz.

«Sehr egal», flüsterte die Iglhaut. «Ist trotzdem große Oper.»

DR. TIM

Plötzlich war alles so intensiv, alles sah so aus und schmeckte, als ob es für diesen Augenblick erfunden worden sei. Das Grün von Pistazieneis. Das tiefe Rot von passierten Tomaten im Glas. Das Prickeln von Apfelschorle. Tim trank keinen Alkohol. Nicht einmal Bier. Sei nicht seine Droge, sagte er. Scheute sich nicht hinzuzufügen: «Meine Droge bist du!»

Die Iglhaut fragte sich, weshalb sie das nicht bescheuert fand. Wahrscheinlich, weil Tim so etwas sagen konnte und ihr im nächsten Moment ein weiteres Rauschmittel in die Apfelschorle rührte. Das Pulver war scheußlich bitter, aber ihr Heimweg danach war duftend von all den Blumen um sie her, das Geländer zu ihrer Wohnung so glatt und geschmeidig, sie wollte gar nicht mehr aufhören darüberzustreicheln.

Mit Dr. Tim gab es nicht nur Schlückchen. Es wurde in einem Zug konsumiert. Sein Hintern war wie mit Seide überzogen, seine Narben erzählten von waghalsigen Sprüngen und Stürzen.

«Aber nicht von einer Lebensrettung, so wie deine.» Tim legte ihr eine Hand weich auf die Seite.

Das gefiel der Iglhaut, gefiel ihr so gut, sie verdrehte nicht einmal die Augen, als Dr. Tim diagnostizierte, es fehle ihnen nur noch «Vitamin See». Sie nahm es hin, dass er mit dem

Cabriolet «der Chefin» vorfuhr, um sie abzuholen. Sie war so gelassen, weil die Sache morgen vielleicht schon vorbei war. Sonst spätestens übermorgen.

Bis dahin stieß sie mit einem vergnügten Platschen ins Wasser, lag später am Ufer und betrachtete die Wasserperlen auf Tims Schultern. Überhörte die Musik, die er auf seinem Telefon abspielte: kommerziell und eintönig. Überhörte auch, dass die Musik von einem Anruf unterbrochen wurde und wie aus Tims angenehmem Bariton MeinTimmis Säuseln wurde, als er «der Chefin» brav erklärte, er sei gerade noch unterwegs, zum Abendessen dann auf jeden Fall pünktlich bei ihr.

Von den Push-Nachrichten seiner Dating-App wollte sie auch nichts wissen. Das ging sie nichts an. Sollte er doch für nächste Woche ein Treffen mit irgendwem vereinbaren, sollte er irgendjemand anderen glücklich machen. Aber bis dahin machte sich die Iglhaut rar. Versetzte ihren Vater, der jetzt doch wieder für sie da sein wollte, schaute auch bei Tildi kaum mehr vorbei.

«Iglhaut, wie geil siehst du denn aus?» Das war Jasmina. Die Iglhaut kam eben zur Werkstatt zurück, tat unbeeindruckt ob des ungewohnten Kompliments. Sie kriege zurzeit genug Vitamin See ... Seichtes Wortspiel hin oder her, die Iglhaut kümmerte es nicht. Die Quelle dieses peinlichen Zitats wäre bald schon versiegt.

Dori schickte Schnappschüsse vom Hafen auf Andiparos. Hatte er gar nicht erwähnt, dass er auch einen Teil der Sommerwochen in Griechenland verbringen würde. Schön!, schrieb sie zurück, aber nur weil Tim gerade selber am Telefon war.

Wenn er mit der Mutter telefonierte, wechselte er das

Zimmer oder ließ sich ein paar Meter zurückfallen, was wiederum der Kanzlerin missfiel. Auch sie liebte ihn, Dr. Tim. Er streichelte sie bei jeder Gelegenheit, trug sie, die immer noch lahmte, auf seinen Schultern spazieren. Er habe sich immer ein Haustier gewünscht, sagte er und kraulte der Hündin das Kinn, die Chefin habe es nur nie erlaubt. Die Kanzlerin schnurrte wie eine Katze.

Ja, die Iglhaut fühlte sich mit Tim phantastisch, ohne darüber zu vergessen, dass die Wirkung jeden Pulvers nachließ, wenn man es zu oft einnahm. Sie wartete nur darauf, dass Dopamin und Adrenalin ganz ausgeschüttet waren. Und tatsächlich, nach ein, zwei Wochen gab es Momente, in denen sie sich fragte, wer dort in der Praxis die Initiative ergriffen hatte, er oder sie, Momente, in denen das eine Rolle spielte.

Es gab auch Momente, in denen sie mit Tim sprach und von Dori eine Antwort hören wollte, Momente, da hatte sie den Geschmack eines Essens auf der Zunge, das sie lieber mit Dori geteilt hätte als mit ihm. Dori und sie mussten sich einander nicht mehr erklären. Diese anstrengende Phase hatten sie längst hinter sich.

Sie sprang ein paar Nachrichten weiter zurück, studierte noch einmal die unscharfe «Passantin». Haya war frisch geschieden und bestimmt offen für Trost. Zudem Haya und Dori viel besser zueinanderpassten. Dori brauchte eine Frau, die gelassen zwischen ikonischen Städten pendelte. Nicht eine, die – wenn in Ägypten – es bloß nach Hurghada schaffte. Nicht eine, die nach Löchern im Holz statt nach Lücken in Verträgen suchte. Nicht eine, die sich davor drückte, Vergangenheit aufzuarbeiten.

Mit Tim gab es keine Geschichte, keine Verantwortung. Nur sie beide, ihre Narben und das, was sie erzählen wollten, um einander zu unterhalten. Jeden Teil ihres Körpers, jede Falte, jede Ritze erforschte und elektrisierte er. Sie schufen Fakten allein mit ihren Körpern. Das echte Leben war ferne Fiktion.

BILANZ

Grund, an ihre Schulzeit zu denken, hatte die Iglhaut selten. Doch eine Lehrerin kam ihr gerade wieder in den Sinn. Die hatte am Schuljahresanfang, es musste zu Beginn der achten oder neunten Klasse gewesen sein, angekündigt, ihrer Erfahrung nach kämen die meisten von ihnen demnächst in die Pubertät, da ginge es mit den Gefühlen drunter und drüber, Verliebtheit sei wichtiger als Klassenarbeiten – und deshalb lasse sie mit sich reden, wenn jemand zum Lernen gerade so gar nicht in der Lage sei.

Eine ähnlich vernünftige Person hätte die Iglhaut jetzt im Finanzamt gebraucht. Jemand, der darüber hinwegsah, dass sie mit ihrer Steuer nicht hinterherkam, auch wenn Tim heute bei sich schlafen würde und Dori noch im Urlaub war, nicht hinterherkam, weil sie gerade *beide* vermisste! So sehr, dass sie Socken von Tim angezogen hatte und dazu Doris Schokolade aß.

Wen interessierte da eine undatierte Rechnung vom letzten Jahr? Oder dass der Beleg vom Großhandel bei den Werbungskosten schon gefährlich blass geworden war?

Nicht wegen des Aufwands und der Bürokratie empfand die Iglhaut die jährliche Steuererklärung als Zumutung, nein, so weltfremd war sie nicht. Doch wie die jüngste Vergangenheit dort auf ihren Zetteln zusammenschnurrte, dass Erinnerungen – an Arbeit, an Vergnügen – sich daran messen lassen mussten, ob sie eine gute Bilanz ergaben, ging ihr ernsthaft gegen den Strich. Mit diesem kalten Blick betrachtet, war ihre derzeitige Lebensweise ein noch größeres Minusgeschäft.

«Aber es geht mir doch so gut!», wollte sie dem Finanzamt zurufen.

Antwort des Finanzamts: «Frau Iglhaut, auch andere Menschen haben gelernt, Wohlbefinden und EÜR (Einnahmenüberschussrechnung, Anm. Sachbearbeiter/in) auszubalancieren.»

Aber wenn sie jetzt noch anfing, sich zu fragen, ob der Erregungszustand der letzten Zeit reines Glück war oder sie sich nicht etwas vormachte, war ihre Laune endgültig dahin. Die Iglhaut warf sich also in jede Ablenkung. Blumen mussten gegossen werden, ein Tee zwischendurch gebrüht, die Kanzlerin, deren Pfote nun schon fast verheilt war, bei Laune gehalten. Begann nicht auch der Müll zu riechen?

Sie schnürte den Müllsack zu, schlüpfte in die Sandalen. Im Treppenhaus ein Scharren, die vage Ahnung einer Anwesenheit. Sie sprang die Stufen hinunter, warf den Sack in die Tonne. Dicke Fliegen stiegen auf, stürzten sich auf die neue Beute. Die Iglhaut ging zurück ins Treppenhaus, fest entschlossen, alle verbliebenen Unterlagen in einem Rutsch durchzusehen, einzugeben, abgabefertig abzuheften. Sie lockerte die Schultern, als stünde ihr ein Kampf bevor.

Wieder ein Scharren, Blick hinauf durch das Geländer. Die Beine kannte sie, die Wampe auch. Über dem Scharren ein Seufzen. Der Zenker saß dort auf der halben Treppe, den Kopf in den Händen vergraben. Die Iglhaut war schon fast an ihm vorbei, als er den Blick hob.

Sie habe ihn vor die Tür gesetzt.

Die Iglhaut sagte erst mal nichts.

«Einfach rausgeschmissen.» Jetzt sackte er ganz in sich zusammen.

Die einzige Antwort, die ihm die Iglhaut geben konnte, war: «Ich kann sie verstehen.»

Der Zenker nickte, rieb sich über das Gesicht. Er wisse, dass es mit ihm nicht einfach sei. Aber … es komme oft nur falsch heraus.

Ob es das allein sei, bezweifelte die Iglhaut.

Der Zenker winkte ab. Schon klar, dass er sich erst einmal aus der Ferne beweisen müsse. Er habe einen Couchplatz bei einem Kumpel. Nur brauche er noch ein paar Sachen aus der Wohnung, und seine Frau lasse ihn nicht rein.

Er hob die Hände. Die Iglhaut verschränkte ihre. Da werde sie sich bestimmt nicht einmischen.

Mit Recht, mit Recht. Aber eine Garnitur Klamotten und Waschzeug rausholen für ihn?

Sie schüttelte den Kopf.

Schon gut. Er wolle niemanden zu etwas drängen. Nur einen Schluck Wasser, dann werde er verschwinden.

So viel Entgegenkommen, fand die Iglhaut, war möglich. Sie ging hinunter, gestikulierte ein Ich-weiß-doch-auch-nicht in Richtung Kanzlerin.

Der Zenker leerte das Glas in maßvollen Zügen, ernüchtert sah er aus, nach all den Jahren volltrunkener Männlichkeit.

Er gab das leere Glas zurück. Kurz schaute er sich um, als wolle er doch noch mal nach oben, um Einlass zu verlangen, entschied sich anders. Ging.

Die Iglhaut setzte sie sich wieder an ihre Steuerunterlagen. Das Sortieren ging ihr plötzlich leichter von der Hand. Es kam ihr vor, als hätte die Zenkerin eine Veränderung bewirkt, nicht nur für sich und ihre Kinder, sondern auch für sie, die steuerfaule Nachbarin.

BESTELLUNGEN

Und wie die Zenkerin sich verändert hatte! Gesprächig saß sie bei Tildi, lachte, freute sich über die Einladung. Schmuck hatte sie angelegt, hochgestecktes Haar, fein ausgemalt die Lippen, als sei dies nicht der Planungsabend, sondern schon das Fest. Ihre Gegenwart befreite auch die anderen von der eingeschliffenen Routine, ließ das Datum im Terminkalender ganz neu glänzen.

Zudem hatte die Zenkerin die letzten Feste vom Fenster aus genau im Blick behalten. Bierbankgarnituren, befand sie, gebe es regelmäßig zwei bis drei zu wenig.

Richtig, meist hatte die Iglhaut noch Stühle von oben dazugeholt, und immer lagerten irgendwann auch welche auf der Werkbank in ihrer Garage.

In den letzten zwei Jahren sei Radler beliebter geworden, sagte die Zenkerin. Sie empfehle eine weitere Kiste, dafür weniger Bier. Und weniger Weißbrot fürs Buffet.

Auch richtig, stellten Tildi, die Iglhaut und Valeria fest.

Die Zenkerin bot an, im Getränkemarkt ihres Cousins anzufragen. Der mache ihnen bestimmt einen Sonderpreis.

Da brach es aus Tildi heraus: «Wusste ich doch, dass du ein Goldstück bist! Warum hast du den Vollidioten bloß jetzt erst rausgeworfen?»

Die Zenkerin sprang auf, packte Handtasche und Block. Sie werde das mit ihrem Cousin klären, sagte sie knapp, aber jetzt müsse sie los, nach den Kindern sehen.

«Dass man jemanden auch mit Lob vergraulen kann», murrte Tildi, als die Nachbarin aus der Tür war, und riss eine Tupperdose auf. Darin geschnittenes Gemüse: Ronnie L.s Versuch, ihren Snackbedarf gesünder zu gestalten.

«Bedient euch.»

Valeria griff nachdenklich nach einer Karotte. «Das ist jetzt ein schmaler Grat», sagte sie. «War höchste Zeit, den Zenker rauszuschmeißen, klar. Aber das kann man sich erst nach und nach eingestehen.»

Tildi knallte Mayo-Dip neben die Tupperware. «Den muss man doch bloß einmal anschauen und weiß schon, was Sache ist. Dazu der Lärm nachts und das Geschrei. Ich bitte dich!»

Die Iglhaut nickte, überlegte, ob sie das Bild wieder verkomplizieren sollte, indem sie von ihrer letzten Begegnung mit dem Zenker berichtete, entschloss sich dagegen. Bereute ihre Entscheidung gleich wieder, denn Tildi und Valeria hatten ein neues Thema gefunden: sie.

Was bei ihr eigentlich los sei?, wollten sie wissen. So langsam stehe wohl eine Entscheidung an, für den einen oder gegen den anderen. «Die kommen doch nicht beide zum Fest?»

Die Iglhaut zuckte mit den Schultern. Die Iglhaut wiegte, die Iglhaut schüttelte den Kopf.

«Oder du machst einfach so weiter», schlug Valeria als Alternative vor. «Anwalt und Zahnarzt sind schon mal praktisch, aber ein Versicherungsheini, der uns unter der Hand berät, und ein Elektriker wären auch noch nicht schlecht.»

Sie fischte kichernd eine Selleriestange aus der Tupperdose.

«Genug gelacht!» Die Iglhaut wollte zum Thema zurück. Ob außer ihr noch jemand bemerkt habe: Ulis Geburtstag sei dieses Jahr genau zum Sommerfesttermin.

«Ist doch gut», sagte Tildi. «Dann fällt es nicht so auf, dass er praktisch keine Freunde hat.»

Valeria ignorierte den Kommentar. «Wir brauchen ein Geschenk. Aber nicht aus der Werkstatt!»

«Schon kapiert. Holzpräsente stehen bei dir nicht hoch im Kurs.»

Valeria strich ihr besänftigend über den Arm.

«Zigarren?», überlegte die Iglhaut laut.

«Waschset?», fragte Tildi.

Valeria biss sich auf die Lippe.

«Also doch etwas aus der Werkstatt», beschloss die Iglhaut. Sie wollte nach Hause, da wartete nicht nur die Kanzlerin.

Tildi hatte den Mayo-Dip geleert, räusperte sich, setzte eher widerwillig zum Sprechen an. «Ist weithin bekannt, Uli und ich sind nicht die besten Freunde. Sein aufgesagtes Wissen verträgt sich nur schwer mit meinem Intellekt. Aber», sagte sie, «es ist doch vollkommen offensichtlich, was ihr ihm schenkt!»

Der Vorschlag wurde einstimmig angenommen und die Iglhaut, als diejenige mit der meisten Zeit und der größten Mobilität, dazu verpflichtet, das Gemeinschaftspräsent zu besorgen.

Valeria gab ihr zum Abschied einen Klaps auf den Hintern und wünschte: «Noch viel Vergnügen mit dem Kleinen.»

KATER

Die Iglhaut hob die Hand zur Stirn, drehte den Kopf. Neben ihr, offener Mund, traulich schnarchend: immer noch Tim. Ein Blick aufs Telefon: Wochenende. Heute war das Fest. Sie hatten bloß gestern schon gefeiert. Sie streckte sich. Und vorgestern. Und vorvorgestern. Jetzt aufzustehen, sich ein Glas Wasser holen: unausdenkbar kompliziert.

Eine Weile saß die Iglhaut so da und überlegte, wie sie die Beine zu Boden bringen, das Gesäß heben sollte. Sie könnte sich auf alle viere fallen lassen und, Hand um Hand, Knie um Knie, Richtung Küche robben?

Einige tiefe Atemzüge gaben ihr Energie für den Weg. Doch statt den Wasserhahn anzusteuern, bog die Iglhaut ab zum Kabinett. Es war noch nicht mal Mittag. Sie rührte sich einen Old Fashioned, sah aus dem Fenster.

Gestreift von spätsommerlichem Morgenlicht: Valeria, Thea und Uli, im Begriff, Leuchtgirlanden zu entwirren.

Ein Teil der Iglhaut fühlte sich verpflichtet, selbst hinauszugehen. Aber noch mächtiger zog es sie zurück ins Bett, zurück zu Tim. Alles andere hatte Zeit, Aufschieben war der Plan, nur noch ein bisschen, die Unterstützung draußen, ihre Antwort an Dori. Der hatte ihr eine Nachricht geschrieben, er sei zurück und die Iglhaut hoffentlich immer noch seine?

Sie legte sich zurück ins Bett. Schnupperte an der Nacktheit neben sich, atmete … Praktikantengeruch?

Tim erwachte und packte zu, packte erst die Iglhaut, riss sie an sich, und dann die Bierbankgarnituren, vier mehr als letztes Jahr. Er stellte sie auf, wischte sie sauber. Zusammen mit Lila schleppte er Getränkekisten, die der Cousin der Zenkerin nur bis zur Einfahrt gebracht hatte. Stellte den Grill auf. Versah die nunmehr entwirrten Leuchtgirlanden mit Strom.

Valeria zwickte die Iglhaut in die Hüfte. Elektriker brauchten sie also doch keinen mehr.

Die Iglhaut wedelte mit den Händen – weiter, nur immer weiter –, wedelte noch mehr Humor auf ihre Kosten herbei.

«Komm. Du hältst es auch mal fünf Minuten ohne ihn aus.» Valeria nahm sie mit zu sich in die Wohnung. Backstube, war heute das passende Wort. Muffins im Ofen. Duftender Blechkuchen stand zum Abkühlen auf Theas Schreibtisch.

Vom Fenster aus sah die Iglhaut zu, wie Tim sich weiterhin nützlich machte. Er stand auf ihrer Leiter und half, Theas selbst gebastelte Kirschblütengirlande an den kümmerlichen Ästen des Hofbaums anzubringen. Denn auch das hatten die letzten Tage gebracht. Tildis Anruf bei der Hausverwaltung hatte zu einem Gutachten geführt. Die Kirsche war unrettbar und würde in den kommenden Wochen gefällt.

Besonders üppig waren die Seidenpapierblüten nicht, dachte die Iglhaut. Sie konnten die kahlen Äste nicht kaschieren. Wie eine Todgeweihte im Kleid ihrer Jugend sah der Baum für sie aus.

Was war denn jetzt das? Die Iglhaut fuhr sich über die Augen. Natürlich hatte sie wenig geschlafen diese Nacht, die letzten Tage, Wochen. Natürlich kamen ihr die Tränen. Wie anders, wo sie sich dem Baum da unten so nah fühlte.

«O weh, dir geht's ganz schön mies.» Valeria tätschelte ihr den Rücken, schob sie zur Ablenkung Richtung Bettsofa, wo eine gewaltige Pappmaschee-Figur aufgebahrt lag.

«Wer soll das denn sein?», fragte die Iglhaut.

«Na, Hatschepsut, deine Schwester im Geiste», erklärte Valeria. «Die schöne Dicke mit den schlechten Zähnen. Extra gebastelt für dich.»

Der Iglhaut lachte, wenn auch unter Tränen. Valeria. Niemand, wirklich niemand, war so liebevoll und so boshaft wie sie.

SCHLÄGE

Uli Reizberg strahlte, als Valeria die Piñata in den geschmückten Kirschbaum hängte. «Extra fürs Geburtstagskind», log sie von der Leiter herunter. Der Ast mit der Hatschepsut knackte.

Uli verneigte sich, ob der Ehre. Piñata, das sei doch in ihrer Heimat ein wichtiges Ritual?

Valeria stieg die Leitersprossen herab. «Und wie», sagte sie. «Also pass auf.» Sie sprach von Todsünden, der Stock zum Schlagen versinnbildliche die Kraft, die Gott einem gebe, um das Böse zu bekämpfen, die verbundenen Augen den Glauben.

«Aha», machte Uli. «Was du nicht sagst. Aber habe ich dir schon erzählt ...»

«Nein, Uli, heute nicht», sagte Valeria, eine Spur zu ehrlich. «Erklär mir heute nicht die Welt.»

Uli wurde hochrot und nestelte am Reißverschluss seiner Windjacke.

Die Iglhaut hatte sich ein Radler aufgemacht und sah zu, wie sich der Hof langsam füllte. Herakles und die Mama kamen mit Töpfen und Tabletts aus dem Imbiss. Frau Ivanović stand schon am Grill.

«Das sollte ein Mann machen», klagte sie, während sie die Kohle anzündete und die Glut mit einer Kehrschaufel fachkundig anfächelte. Hilfe brauche sie keine, oh nein. Außer ihr könne hier im Haus keiner die Kohlen ebenmäßig, von der Mitte bis zum Rand, erhitzen.

Später, als zwischen der Ivanović und Jasmina die Auseinandersetzung hochloderte, ob Tofu-Würstchen auch auf den Grill durften, schwenkte die Iglhaut auf Bier um. Die Ivanović brachte fadenscheinige Argumente, aber mit Verve («Nur echtes Essen auf einen echten Grill!») – Jasmina redete jedoch so lange und ausdauernd auf sie ein, bis sie sich fügte.

Die Tofus gingen dann auch fast besser weg als die herkömmlichen Würste. Jasmina stolz, das liege an ihrer Spezial-Marinade. «Die könnte auch CO_2-Fleisch verfeinern», erklärte sie gut gelaunt. Bloß gäbe sie für so was ihr Rezept ums Verrecken nicht her. Sie wandte sich ihrem Telefon zu. Neue Nachricht von @LaDiosa: *Ganz genau. Alle Macht dem Bohnenquark!*

Die Iglhaut ließ den Blick schweifen. Thea spielte drüben halb an ihrem Telefon, halb war sie bei den Zenker-Kindern, die versunken zwischen Puzzleteilen am Boden saßen. Die Zenkerin schien sich über einen Scherz von Ronnie L. zu amüsieren. Wirklich wahr? Die Iglhaut war noch nicht betrunken genug für die Hoffnung, dass Ronnie L.s Liebesleben hier und heute eine folgenreiche Wendung nehmen könnte.

Sie ging zu Lila hinüber, die im Sessel vor ihrer Garage saß.

«Wir sind schon ein komischer Haufen», sagte Lila, als sie sich zu ihr auf die Lehne setzte. So schauten sie eine Weile vor sich hin (der Muskelkerl auf dem Werbebanner hatte auch eine Kirschblüte von Thea im Haar), bis Lila nachschob. «Du allein, Iglhaut, bist schon ein komischer Haufen.»

Von der Iglhaut kein Widerspruch. Ein Haufen, fand sie, war kein schlechtes Bild. Da war ausreichend Platz für kleines Glück (dass das Wetter heute so stabil war) und Melancholie (ein toter Baum in ihrer Mitte), und von ganz unten stieg auch schon wieder Freude auf (wie das Kleine da auf dem Schoß des netten Vaters auf ihrem Holzigel herumbiss).

Der ganze Haufen der im Hof Versammelten bedeutete Tildi Rolff, bitte leiser zu sein, aber die brüllte unbeirrt: «Ich seh Sie doch da am Fenster, Sie parasitäre Person! Nicht mit uns feiern, aber uns belauschen. Das hab ich gern!»

Ob da bei der Schriftstellerin tatsächlich ein Fenster zuging, konnte die Iglhaut auf die Distanz nicht sicher sagen. Eine junge Hand nahm sie am Arm. Thea, die fertig gepuzzelt hatte. Die Kinder umhüpften die Zenkerin und Ronnie L. indes wie ein Lagerfeuer.

«Jetzt kommt eine Weltpremiere!» Thea hielt ihr das Handy vors Gesicht. Auf dem Bildschirm: ihre eigenen Hände bei der Arbeit. Wie flott Theas kleiner Telefonkasten in dem Video gebaut war. Als habe es gar keine Mühe gekostet – so waren die Stunden zusammengeschnurrt.

«Gefällt's dir?»

«Gar nicht schlecht.»

Thea nickte eifrig. «Wenn du mir deine E-Mail gibst, schick ich's dir. Kannst Werbung damit machen.» Sie hatte das Video schon ins Mail-Programm hochgeladen, wartete ungeduldig darauf, dass die Iglhaut ihr den Kontakt diktierte.

«Und klappt das gut mit der Schatulle?», fragte die Iglhaut, während Thea auf Senden klickte und praktisch zeitgleich eine Nachricht von @KlimaWut beantwortete.

«Voll tolle Wertarbeit», sagte Thea, schon fertig mit Verschicken, «aber ehrlich gesagt auch naiv. So eine Kiste kann kein eigenes Zimmer ersetzen. Meint sie auch.» Thea deutete auf Valeria, die Blechkuchen aufschnitt und verteilte.

Die Kinder der Zenkerin hatten genug vom Mutterumhüpfen, sie zerrten wieder an Thea, sie solle Fangen mit ihnen spielen. Thea holte Luft, versuchte, alle Hoffnungslosigkeit abzuschütteln, und begann, die Kinder zu jagen.

Auch die Iglhaut brauchte jetzt Leichtigkeit. Sie ging hinüber zu Tim. Der war tief im Gespräch. Mit Herakles. Ausgerechnet. «Wo hast denn du dieses Prachtstück her?», fragte der gut gelaunt, als sie zu ihnen trat.

Das hob ihre Stimmung. Sie fühlte sich frei, Tim auf die Wange zu küssen. «Den hab ich mir gebaut!»

Herakles lachte gurrend. «Der sollte in Serie gehen.»

«Entschuldigung?» Tim tat beleidigt. «Ich bin ein Einzelstück.»

Die Iglhaut nahm ihm die Apfelschorle aus der Hand, trank einen Schluck, schmeckte die wohlbekannte Bitterkeit hinter der Süße. Tim drückte ihr einen Kuss in die Seite, gerade den Rand ihrer Narbe erwischte er.

«Ich hab dich aber auch mit ein paar guten Ersatzteilen versorgt.» Tim zeigte Zähne.

«Ach.» Herakles fasste ihn am Arm. «Du bist dieser billige Zahnarztsohn!»

Auf das Stichwort hin zog die Iglhaut lieber weiter. Tims Schorle blieb nicht ohne Wirkung. Es dauerte nicht lange, da wusste sie: Alle Gespräche, die hier geführt wurden, waren die *allerwichtigsten.* Niemand durfte ausscheren aus der Gruppe, keiner schon ins Bett. Alle, alle mussten sie zusammenbleiben, hier im Hof, die ganze Nacht und bis zum nächsten Morgen, nein, *bis in alle Ewigkeit.* Umarmen wollte sie. Ihre Schönheit feiern. Sie allesamt in Holz verewigen … Für einen Moment glaubte sie zu schweben, ihr Geist überspannte den ganzen Hof, nahm alle und alles hier in sich auf.

Valerias Stimme drang zu ihr: Sei es nicht langsam Zeit für Ulis Geschenk?

Die Iglhaut begriff und stimmte zu. Das fühlte sich groß an, als hätten sie soeben eine Resolution auf internationaler Ebene beschlossen. Ulis Geschenk aus der Wohnung zu holen, eine Aufgabe, so weitreichend wie der Menschheit das Feuer zu bringen.

Der Weg hinauf war aber beschwerlich. Vor ihrer Türe rang sie nach Luft. Und was für ein gewaltiges Ding! Ihre Arme reichten kaum um den Karton. Im Treppenhaus war es dunkel, aber Beleuchtung brauchte sie keine. Sie fühlte so viel, sie glaubte, alles erspüren zu können, und tastete sich die Treppen hinunter … Traf auf einen Widerstand.

Versuchte, ihn zu überwinden.

Doch der Widerstand blieb, begann zu lallen.

Jetzt suchte die Iglhaut doch mit dem Ellbogen nach einem Schalter. Es klingelte irgendwo. Ah, der darunter!

Grell. Die Iglhaut kniff die Augen zusammen. Vor ihr schon wieder der Zenker. Verheult sah er aus. In der Hand hielt er den Whiskey aus der Schnapskiste im Hof, die dort für die späteren Feststunden bereitstand. Rotz glänzte unter seiner Nase.

«Sie fehlt mir so.»

Die Iglhaut, das Geschenk in den Armen, wollte irgendwie an ihm vorbei. Das ließ der Zenker nicht zu, wurde scharf.

Sie habe seiner Frau doch eingeredet, sich zu trennen!

Die Iglhaut wich zurück. Kurz der Gedanke, den Vorwurf von sich zu weisen, aber irgendwo, ziemlich weit entfernt, da fuhr eine Carrera-Bahn, da heulte eine Sirene, eine Iglhaut hatte ehrlich zu sein!

Schon möglich, dass sie zu einer Trennung geraten habe, sagte die Iglhaut. Jedenfalls hatten sie mal über die Entrümpelung von Spielzeug gesprochen.

Spielzeug!, spuckte der Zenker. Wundere ihn nicht, der Vergleich.

Das Treppenlicht erlosch. Aber der Schalter befand sich nicht mehr, wo er eben noch gewesen war. Dafür war der Zenker ganz nah, mit heißer, höhnender Stimme.

Sie solle mal nicht glauben, dass nur seine Wohnung hellhörig sei.

Er machte hechelnde Geräusche.

Na und? Dann habe er halt was gehört. Sie versuchte wieder, an ihm vorbeizukommen. Aber der Zenker packte sie, überzog sie mit Schimpfwörtern. Sie versuchte, sich aus seinem Griff zu winden. Wo war denn dieser Lichtschalter?

Zenkers Hände gruben sich in ihre Schulter, fixierten sie. Und dann sagte er etwas, was nichts mehr mit ihr zu tun hatte, sondern mit Dori. Es war so verächtlich und so verachtenswert, dass die Iglhaut Ulis Geschenk fallen ließ. Der Allesmixer dröhnte in seiner Verpackung, Zorneskräfte bündelten sich in der Iglhaut, wuchsen über sie hinaus.

Sie ballte die Faust, sah trotz Dunkelheit sehr genau, wo sie ihn treffen musste. Spürte es splittern unter der Faust.

Der Zenker ging ächzend zu Boden.

Die Iglhaut war zurückgestolpert zum Fest, mitten hinein in die Freude, hörte kaum Valerias Frage nach dem Paket. Sie nahm Tim in den Blick, war so aufgewühlt, konnte sein Gesicht erst nicht fixieren. Ein Wirbel von Mund und Augen. Erkannte dann doch etwas. Seine Hand. Streichelte die … Herakles' Kinn?

Die Iglhaut ging auf die beiden zu. Je näher sie kam, desto deutlicher wurde es. Ja, er fuhr über Herakles' Lippen, ja, er streichelte Herakles, nicht nur sein Kinn. MeinTimmi, Dein-

Timmi, mit dem Talent, andere glücklich zu machen. Nein, nicht andere, ALLE.

Die Iglhaut hob die schmerzende Faust, atmete durch, tippte ihn dann nur sanft am Rücken an.

«Ich will eigentlich gar nicht stören, Tim. Aber ich glaube, dadrinnen wird ein Zahnarzt gebraucht.»

LANGSAM HERBST

HOLZWERKSTATT IGLHAUT

Rechnung 14

Reparatur Pfeilerkommode (Nussbaum)

Sie warf ihre Pullover in die Umzugskiste. Hektik. Stress. Allerdings guter. Übermorgen musste sie aus der Wohnung. Raus hier. Endlich. Sie wäre auch morgen schon los. Nur hatte sie der Freundin und Kollegin versprochen, ihr, während sie auszog, auch noch beim Einzug zu helfen. Das war Teil der Abmachung.

Die Schriftstellerin nahm ihren Schal zur Hand, roch daran. Irgendwann würde sie den waschen müssen. Nicht jetzt, beschloss sie. Keine Zeit. Sie ließ das muffige Stück Strick zu den Pullovern in die Kiste fallen.

Die Freundin und Kollegin … Wie aufgeschreckt sie sich bei ihr gemeldet hatte! Ihr Partner hatte sie bei einer ihrer sporadischen Nächte mit dem Kindsvater ertappt und fühlte sich schlimmer hintergangen, als wenn es irgendwer gewesen wäre. Nichts wolle er mehr mit ihr zu tun haben. Sie müsse ausziehen mit dem Kind, sagte die Freundin und Kollegin, und zwar *asap*.

Eigentlich hatte die Freundin und Kollegin nur jemanden zum Zuhören gebraucht. Jemanden, bei dem sie klagen konnte, dass sie natürlich nicht zum Kindsvater zurückwolle, so eine sentimentale Idee!

Noch während sie das sagte, war ihr klar geworden, dass auch mit ihrer derzeitigen Beziehung etwas nicht gestimmt haben konnte. Da war es der Freundin und Kollegin schon leichter gewesen ums Herz.

«Und du? Wolltest du hier nicht eh schon längst weg?», hatte die Freundin und Kollegin gefragt. Diese Wohnung wäre nämlich perfekt für sie und das Kind.

Erst hatte die Schriftstellerin geglaubt, die Freundin und Kollegin wolle ihre Ungebundenheit ausnutzen. Aber das war nur düstere Erwartung. Natürlich hatte die Freundin und Kollegin auch ein Angebot für sie in petto gehabt.

Die Schriftstellerin wickelte die Teller einzeln in Zeitungspapier. Sie konnte es immer noch nicht fassen, wie sich nun alles fügte. Die Freundin und Kollegin hatte nämlich gerade erst eine Wohnung gekauft. Zur Alterssicherung, in Berlin. Diese Wohnung, ein Zimmer, Küche, Bad, habe sie schon zur Vermietung inseriert. Die Anzahl der Bewerbungen sei überwältigend gewesen. Sie habe nur noch keine Ruhe gehabt, sich die potenziellen Mieter anzusehen. Aber vielleicht müsse sie das auch gar nicht. Sie vermiete ohnehin lieber an jemanden, den sie kenne. Weshalb nicht an sie?

Die Schriftstellerin konnte nicht ganz sagen, wieso, aber sie hatte sich geziert, behauptet, sie müsse noch darüber schlafen. Wahrscheinlich, um es der Freundin und Kollegin nicht allzu leicht zu machen. Dabei war ihr vom ersten Augenblick klar: Das war der Ausweg, es war ideal! Sie hatte ihr Schreibvorhaben gerade verworfen. Das Leben hier ergab einfach nichts. Wie die Rolff sie dann noch beschimpft hatte, in voller Hoflautstärke, während des Fests, das war der Sargnagel gewesen.

Was bildeten sich die Leute hier ein? Die einen meinten, sie könnten ihr Fabeln in die Feder diktieren, und die anderen wollten ihre Kunst torpedieren. Unmöglich. Nicht mit ihr!

Entschlossen hatte die Schriftstellerin alle Dateien zu dem Projekt noch in derselben Nacht über dem Gelächter im Hof in den Papierkorb gezogen. Hatte, als sie von der tätlichen Auseinandersetzung zwischen der Frau Iglhaut mit dem Herrn Zenker gehört hatte, kurz erwogen, den Ordner doch wieder herzunehmen.

Bloß irgendwie war keine Glut mehr darin. Wie sie dann mitbekommen hatte, dass der Herr Zenker wieder bei seiner Familie eingezogen war, hatte sie das Schreibvorhaben endgültig ad acta gelegt.

Menschen! Die einen trennten sich, kamen ohne Not wieder zusammen, die anderen gingen wegen Nichtigkeiten auseinander, schacherten um Quadratmeter und Likes, betrogen sich noch um das ganz kleine Glück – und wofür? Da konnte sie auch gleich wieder zu ihren Affen zurück.

Die Schriftstellerin faltete einen weiteren Umzugskarton auf, überlegte. Der Badkasten stand noch unten in der Werkstatt. Passte das alte Ding überhaupt in ihr neues Wannenbad in Berlin? Vielleicht, überlegte die Schriftstellerin, könnte sie es einfach hier «vergessen» und die Rechnung dazu? Schließlich hatte sie trotz der zukünftig geringeren Miete zusätzlich Ausgaben. So ein Umzug kostete ja auch.

WUNDER

So frisch hatte sie sich schon lange nicht mehr gefühlt. Die Iglhaut streckte sich, öffnete die Augen. Schlaf war neuerdings das gut geölte Scharnier einer Kommodentür, eine feine Schatulle, gelungenes Schnitzwerk, ganz allgemein.

Unter ihr Lilas Musik. Die war wohl gerade vom Nachtdienst zurück. Die Iglhaut erhob sich, stieg ein paar Leitersprossen hinauf und holte der Kanzlerin ein Spielzeug aus der oberen Etage. Lockte den Hund zu Lilas Melodien.

Der Kanzlerin schien der Morgenwalzer zu gefallen. Gemeinsam trippelten sie in die kleine Küche zum Frühstück, bevor es in die Werkstatt ging.

Dort zeichneten Späne und Staub noch die Umrisse auf dem Boden nach, wo die Pfeilerkommode gestanden hatte. Beinahe wäre ihr die Schriftstellerin entwischt. Der Umzugswagen war schon gepackt, als die Iglhaut sie abgepasst hatte. Die Pfeilerkommode, ohne die wolle sie doch bestimmt nicht weg?

Die Schriftstellerin hatte viel zu vehement den Kopf geschüttelt, um glaubwürdig zu wirken. Ach je, in alldem Trubel hätte sie die beinah vergessen …

Die Iglhaut hatte sie sicherheitshalber zum Bankautomaten begleitet. Sie könne gerade nur Barzahlungen annehmen, hatte sie geflunkert, um ganz gewiss an ihr Geld zu kommen, bevor die Schriftstellerin gen Nordosten verschwand.

Das war nun schon eine Weile her, doch die Iglhaut hatte in ihrer Garage seitdem nicht gefegt. Die Umrisse der Kommode erinnerten sie daran, wie erleichtert sie sich gefühlt hatte, als sie den Kasten – und seine Besitzerin! – los gewesen war.

Der Mieterwechsel im Dachgeschoss hatte natürlich Gerede verursacht. Tildi Rolff: «In die Hauptstadt. Überrascht mich nicht. Da landen solche Wichtigtuer irgendwann.»

Frau Ivanović hatte sie extra aufgesucht, um loszuwerden: «Mit den Dachschrägen wäre die Wohnung eh zu klein für meinen Neffen samt Familie gewesen ...»

Und das hatte die Iglhaut auf etwas gebracht.

Valeria weinte bei dem Angebot, drückte und küsste die Iglhaut. Könne sie das annehmen? War das nicht zu viel verlangt?

«Natürlich ist das zu viel verlangt», sagte die Iglhaut. «Sonst wären wir doch längst draufgekommen.»

Jetzt nächtigte sie also unten im Stockbett, die Kanzlerin zusammengerollt zu ihren Füßen, das Hundespielzeug lagerte oben, unterm Plafond. Der Wohnungstausch war eine Behelfslösung. Valeria suchte nun mit viel mehr Nachdruck und in einem Radius weit außerhalb ihres Karrees.

Wenn es nach ihr, der Iglhaut, ging, musste sie so schnell auch wieder nicht zurück. Sie wollte Valeria nicht missen, und im Vorderhaus konnte sie außerdem den Zenker leichter ignorieren. Dass die Zenkerin sich mit ihm ausgesöhnt hatte, ging ihr nicht in den Kopf. Na. Wenigstens schlief sie besser, seit der nicht mehr über ihr trampelte.

Aus der Vorderhaus-Perspektive war auch die Rodung des maroden Kirschbaums leichter zu ertragen. Oder jedenfalls war sie nicht so nah dran, als die Baumarbeiter die Kreissäge am Stamm anlegten.

Der Umzug, der Verlust der Kirsche hätten ihr in Sachen Veränderung vollkommen ausgereicht. Schließlich verlangte das, was blieb, genug Aufmerksamkeit. Das Rede- und Nähebedürfnis des Vaters war gerade besonders groß. Denn er hatte beim Onlinedating, wie er zugab, «leider schon eine Reihe von Frauen meines Alters verbrannt».

Auch die Mutter zerrte an ihr: «Du musst dich mit deinen Narben beschäftigen. Besonders mit der von unserer Niere. Das müssen wir angehen. Zusammen!»

Die Werkstatt brummte nicht unbedingt, aber hier und da kam etwas Neues herein, das immerhin. Gerade schreinerte sie eine neue Eckbank für das Café Alighieri (Auftrag 17). Schwester Amalburga hatte sie der Besitzerin als «extravagant» und «günstig» empfohlen. Wenn das nicht ein kleines Wunder war …

Sie schmirgelte gerade ein Brett für diese Eckbank, als Ronnie L. vorbeischaute. Er hatte seinen letzten Dienst bei Tildi beendet, wollte sich verabschieden.

«Himmel, wie werde ich dich vermissen!», sagte die Iglhaut, zitierte ihn bewusst.

Ronnie L. schulterte seinen Rucksack, als mache er sich auf zu einer langen Reise. «Neues Beet, neues Glück.» Klopfte dabei schon wieder seine Hosentaschen nach etwas ab.

Die Iglhaut ärgerte sich ein bisschen, dass sie ihm so gedankenlos dazu geraten hatte, sein eigenes Leben zu leben. Das hatte sie nun davon, jetzt verließ er nicht nur Tildi, sondern auch sie. «Darf ich dich noch zum Abschied umarmen?»

Ronnie L., den gefundenen Radschlüssel in Händen, ließ es geschehen. Angenehm war ihm die Berührung offenbar nicht.

Rasch löste er sich aus Iglhauts Armen – «Joah dann, man sieht sich, gell» –, entsperrte sein Dienstfahrzeug und radelte davon.

Die Iglhaut griff in ihre Jackentasche, Ronnie L.s Entschuldigungsjoint war da, immer noch, war jetzt ein Erinnerungsstück geworden. Sie legte das Brett für die Eckbank zur Seite. Ihr Tagwerk war getan.

Die Iglhaut stupste den Hund hinaus, verschloss die Garage, überlegte, was sie später zu Abend essen könnte. Auf Skepasti hätte sie Lust. Aber noch mied sie den Imbiss. Nicht aus Groll, eher um möglichen Verwicklungen dort zu entgehen.

Sie pfiff nach der Kanzlerin. Doch die hatte anderes vor, stromerte wedelnd hinaus aus dem Hof. Es hatte zu nieseln begonnen. Feine Spitzen trafen die Iglhaut ins Gesicht. Sie gab dennoch nach, folgte ihr. Sich die Beine vertreten war keine schlechte Idee. Sie gingen am Hexenladen vorbei. Dort im Schaufenster stand immer noch das Sonderangebot. Sie kreuzten das Klohäusel, drüben der Eingang zur U-Bahn-Station. Brav wartete der Hund an der Ampel, bis die Iglhaut ihm das Signal gab für Grün.

Da ging eine Nachricht für sie ein. Die Iglhaut griff nach dem Telefon.

17:32 Uhr
Zenkers Anwalt nimmt seine Anzeige gegen dich zurück, wenn du auch deine zurückziehst.

Die Iglhaut schnaubte, tippte:

17:33 Uhr
Auf gar keinen Fall. So leicht kommt der mir nicht aus.

Ein simples, aber klares Ausrufezeichen schickte Dori darauf zurück. Er, als ihr Anwalt, stimmte ihr zu. Die Iglhaut war froh darum. Und um die Fragezeichen zwischen ihnen beiden müssten sie sich später kümmern, dachte sie. Mehr konnte sie im Augenblick nicht verlangen, mehr würde sich zeigen mit der Zeit. Wenn es etwas gab, was eine Iglhaut richtig gut konnte, war es die Dinge auf sich zukommen lassen.

Die Kanzlerin an der Straßenecke schien zu fragen: In welche Richtung?

Die Iglhaut wies ihr den Weg zum Park, trotz des Niesels, der langsam erstarkte. Der herbstliche Regen störte sie nicht. Sie war gut im Tritt. Sie hatte sich gerade warm gelaufen. Für eine lange, weite Runde.

DANK AN
Benjamin Fröhlich, die Adlers, die Fröhlichs, Katja Sämann, Thomas Hölzl und Laura Alvarado.

Weitere Titel

Ida

Iglhaut

Die Rowohlt Verlage haben sich zu einer nachhaltigen Buchproduktion verpflichtet. Gemeinsam mit unseren Partnern und Lieferanten setzen wir uns für eine klimaneutrale Buchproduktion ein, die den Erwerb von Klimazertifikaten zur Kompensation des CO_2-Ausstoßes einschließt.
Weitere Informationen finden Sie unter
www.klimaneutralerverlag.de

FSC
www.fsc.org
MIX
Papier | Fördert gute Waldnutzung
FSC® C083411